초신자의 질문

단단한 믿음을 위한
알쏭달쏭 성경 질문

초신자의 질문

초판인쇄 2017년 4월 17일
초판발행 2017년 4월 21일
지은이 권문상
펴낸이 장병주
펴낸곳 예책
등록번호 제17-311호
주소 서울시 동작구 노량진로26길 13-10(본동)
영업부 02-3489-4300
출판부 02-6401-2657
FAX 02-3489-4309

책 값은 뒤표지에 있습니다.

ISBN 978-89-98300-13-5 03230

편집부에서 독자의 의견을 기다립니다.
jesusbooks@naver.com

단단한 믿음을 위한 알쏭달쏭 성경 질문

초신자의 질문

권문상 지음

모두가 알고 있는 것 같지만

아무나 쉽게 답하지 못한 질문에 명쾌히 답하다!

예책
Jesus'books

여는 글

질문을 던지면 믿음이 단단해진다

교회에 새신자가 들어오면 새신자 부서의 담당 사역자와 함께 섬기는 분들이 얼마나 열심히 새신자를 섬기는지 모른다. 새신자 교육을 잘 마치고 교회에 등록하면 구역이나 순 모임, 목장 등에 속하게 되고 일대일 양육을 받으면서 말씀을 읽고, 배우고, 삶에서 실천하며 믿음이 자라간다. 그때가 가장 말씀이 달고, 교회가 사랑스럽고, 어떤 헌신도 즐거운 시기가 아닐까 생각한다.

그런데 사탄은 그렇게 멋지게 성장해 가는 성도를 그냥 두지 않는다. 슬슬 시험에 빠지게 할 작전을 세우는 데 여러 방법이 있겠지만 대개 말씀에 관한 의문, 구원에 관한 의문, 교회에 관한 의문, 세상 사람들의 질타, 세상 상식과 믿음의 충돌 등을 이용해서 믿음을 흔들기 시작한다. 다는 아니겠지만 성숙한 성도가 되는 과정에 그런 시기가 있다. 그때 좋은 리더나 순장이나 목자를 만난 분들은 좋은 양육을 받으면서 지혜롭게 그 시기를 넘기겠지만, 미처 의문을 다 해소하지 않고 그냥 믿음으로 넘긴 분들은 그 의문의 찌꺼기가 남아서 두고두고 의심을 키우게 되지 않나 싶다.

이렇게 공동체의 일원이 된 성도가 성경을 읽다 보면 잘 이해되지 않는 부분을 만나게 되는데, 이때 나타나는 반응 중에 두 가지 잘못된 유형이 있다. 하나는 포기형이고, 또 하나는 관심형이다. 전자의 경우, 이 말씀은 몰라도 믿음을 확실하게 다져 줄 다른 말씀들이 넉넉하게 있다고 스스로 위로하면서 그 말씀을 그냥 지나친다. '그런 헷갈리게 하는 말씀은 전문가의 몫일 뿐 나 같은 초신자는 몰라도 상관없다'고 생각하는 것이다. 후자의 유형에 해당하는 사람들은 호기심이 충천하여 묻고 또 고민하지만 결국 의문을 풀지 못하여 그동안 정성 들여 쌓아 온 믿음마저 흔들리는 모습을 보인다.

그런데 포기형이든 관심형이든 둘 사이에는 공통점이 있다. 기독교가 가르쳐 주는 것은 이제 어느 정도 알고 있다는 자신감이다. 심지어 어떤 사람은 자기가 "다 알고 있다"고 자신한다. 그래서 난이도가 높은 성경 구절을 만날 때는 '상상하여' 용감하게 창의적으로 해석한다. 이럴 때 진리가 왜곡되는 일이 벌어진다.

물론, 그런 말씀 중에 굳이 깊이 연구하지 않아도 될 만한 것들이 있기는 하다. 구원과 직결되는 긴급한 내용이 아닐 수 있기 때문이다. 그러다 보니 어떤 분은 거기까지만 알면 됐다며 더 이상 깊이 알려 하지 않기도 하고, 또 어떤 분은 성경 말씀에 관한 의문을 세상 지식으로 풀려고 하기도 한다. 그러나 아무리 매달려도 의문을 풀지 못하여 시험에 빠지고 결국 기독교를 떠나기도 한다. 이처럼 믿음의 문제를 세상 지식으로 풀려고 하면 절대로 풀리지 않을 것이다.

아무튼, 아무런 질문도 하지 않은 채 의문을 의문으로 남겨 두려는 것도 문제이고 세상 지식으로 성경의 의문을 풀려고 하는 것도 문제다. 이 책에서는 성경에 관한 모든 의문을 풀지는 않는다. 하지만 초신자가 말씀을 읽다가 또는 교회에서 대화하다가 세상에서 믿지 않는 사람들이 던지는 질문들에 최대한 대답해 보려고 노력했다.

어쩌면 자신은 다 알고 있다고 착각하고 있을지도 모른다. 그런데 막상 그런 질문들을 받을 때는 명확하게 설명하지 못하는 질문들이 있을 것이다. 또 그동안 한국 교회가 이 질문들을 외면하거나 방임해 왔는지도 모른다. 그 결과, 많은 성도가 유치한 반지성주의 신앙인이 되었고, 이단에 쉽게 빠져 기독교를 반대하는 유사 기독교인(pseudo-Christian)이 되거나 심하게는 자유주의, 종교다원주의에 빠지고, 기독교인이라고 하면서 교회에 나가지 않는 가나안 성도가 되기도 했다. 안타까운 일이다.

이 책을 쓴 목적은 간단하다. 교회에 정착한 초신자가 던질 수 있는 질문들에 대해 신학적으로 답변하기 위해서다. 이미 알고 있을지도 혹은 알고 있다고 생각하지만, 정확히 답변하지 못했던 질문들일지도 모르겠다. 하나님에 관한 참된 지식을 얻는 일은 결코 쉽지 않다. 엄밀한 의미에서 하나님이 어떤 분이신지, 예수님이 어떻게 우리의 구주가 되시는지, 왜 누구는 구원받고, 누구는 구원받지 못하는지를 제대로 알기란 어렵다.

왜냐하면, 하나님의 인격과 구원 역사와 섭리는 우리가 갇혀 있는 시공간의 4차원 세계와는 완전히 다른 5차원 이상의 세계에서 이루어지기 때문이다. 그러니 4차원에서 사는 우리가 시공간을 초월해 계시는 그분을 다 안다는 것은 불가능하다. 어항 속 물고기가 어항 밖의 인간을 의식할 수 없는 것과 마찬가지다.

그래서 우리는 그분의 세계에서 그분을 보고 그분의 사역을 관조해야 한다. 다행히 어항 속 물고기와 달리 우리에게는 어항 밖의 전혀 다른 차원의 세계를 접할 기회가 있다. 성경 말씀에서 다른 차원의 세계에 계시는 하나님을 만날 수 있다. 성경은 교과서처럼 '논리적'으로 구성해 놓은 책이 아니다. 하나님의 역사와 인간의 반응을 파편적으로 기록해 놓았을 뿐이다. 당연히, 이런 성경 말씀을 우리가 '쉽고 간단하게' 이해하기란 불가능하다. 그래서 하나님이 다음과 같이 말씀하셨다.

"네가 하나님의 오묘함을 어찌 능히 측량하며 전능자를 어찌 능히 완전히 알겠느냐"(욥 11:7).

"깊도다 하나님의 지혜와 지식의 풍성함이여, 그의 판단은 헤아리지 못할 것이며 그의 길은 찾지 못할 것이로다"(롬 11:33).

그동안 성경 말씀, 이만큼만 알면 됐다고 손을 놓았다면, 혹은 나는 성경을 다 알고 있다고 큰소리쳐 왔던 분이라면 다시 한 번 차분하게 성경을 앞에 두고 겸허하게 첫 장을 넘기며 읽어 가면 좋겠다. 그러다 의문이 들면 넘어가지 말고, 세상 지식으로 풀어 보려고 하지 말고 질문을 정리하고 책을 찾으면서 믿음의 선배들이 어떻게 그 문제를 해결했는지 확인해 보면 좋겠다. 물론 이 책 안에 그 질문이 있다면 함께 도움을 받아도 좋다. 그동안 세속적 욕구를 충족시킬 말씀만 즐겨 읽거나, 자신의 영적인 자존감이나 신앙인으로서의 고상한 욕구로 말씀 공부에 집중하거나 그런 말씀만 좋아했다면, 이제는 편식하지 말고 모든 성경 말씀을 두루 읽으며 그동안 의심되거나 이해하지 못했거나 내 뜻과 달라 보였던 하나님의 뜻을 더 깊이 알아가면 좋겠다.

나는 우리 한국 성도들이 명품 신앙인으로 자라나기를 기대한다. 그래서 이 책은 알쏭달쏭한 성경 본문들에 주목했다. 아마 초신자라면 궁금해하며 당장 질문하고 싶은 내용이 아닐까 싶다. 물론 모든 성도가 묻고 싶어 하는 주제들이기도 하다. 기독교에 대해 비판적인 사람들도 함께 읽으면 좋겠는 주제들도 많다. 그래서 그동안 꺼려 왔거나, 풀지 못하고 의심으로 남겨 놓았던 난해한 구절들에 다시 한번 용감하게 도전해 보기를 기대한다.

세상을 사는 데는 덧셈, 뺄셈, 곱셈, 나눗셈만 잘하면 되지만, 하나님을 아는 더 깊은 지식으로 '미적분'의 세계도 경험하길 바라면서 이 책을 썼다. 그리하여 예수를 더 깊이 믿고, 하나님을 제대로 알며, 세상 어떤 의문에도 흔들리지 않는 단단한 믿음을 키워 가길 진심으로 바란다.

그러나 혹시 미적분이라고 해서 어렵지 않을까 오해하지 않았으면 좋겠다. 이 책은 평범한 성도들이 나와 함께 끝까지 같이할 수 있도록 쉽게 썼다. 그런 뜻에서 이 책을 쓰기 위해 참고한 여러 전문 서적 중에 특별한 경우를 제외하고는 각주 처리를 하지 않았음을 밝힌다.

이 책에서 두 편을("왜 의인이 고통을 겪는가?", "술 좀 마시면 안 되는가?", 「새벽나라」, 두란노서원, 2006년) 제외한 모든 글은 원래 월간지 「주만나」(꿈이있는미래, 2012~2016년)에 연재되었던 것들이다. 단행본 출간에 맞게 재구성하여 실을 수 있도록 허락해 준 두란노서원과 꿈이있는미래의 오륜교회에 감사한다. 특히 오륜교회의 김은호 담임목사님과 주경훈 목사님, 그리고 「주만나」를 창간할 때 함께 참여했던 설삼열 목사님께 깊은 감사를 드린다. 아울러 이 책이 원만하게 출판되도록 힘써 준 예책의 여러 직원들에게 고마움을 표한다.

2017년 4월

용인 연구실에서

권문상

차례

PART 2

교회가 왜 그래요?

PART 3

하나님은 왜 그러셨대요?

PART 4

성경이 뒤죽박죽이네요

PART 6

예수님의 정체가 뭐예요?

PART 7

어떻게 살아야 할지 모르겠어요

PART 1

사랑이 많으신 하나님이라면서요

"여호와께서 이르시되 네 아들 네 사랑하는 독자 이삭을 데리고 모리아 땅으로 가서 내가 네게 일러 준 한 산 거기서 그를 번제로 드리라"(창 22:2).

성경을 읽다 보면 하나님이 참 잔인한 분같이 보일 때가 있다. 사람이 억울하게 죽는 것에 그다지 괘념하지 않으시는 듯하다. 죄를 범한 한 사람만 벌주어도 될 텐데, 다른 사람들까지도 죽게 하시니 말이다.

다윗이 죄를 범했을 때, 그만 혼내면 되지 왜 그의 갓난아기를 데려가셔야만 했는지 여간 당황스럽지가 않다. 더욱 전율을 느끼게 하는 사건은, 아브라함에게 아들 이삭을 번제로 드리라고 명령하신 일이다. 당대에 자식을 번제로 드리는 종교의식이 있었다고 해도, 어떻게 하나님이 그러실 수 있느냐고 물으면 얼른 답하기가 곤란하다. 그 외에도 하나님이 전쟁을 좋아하시는 것처럼 보이는 이야기, 가나안을 정복할 때 거주민을 다 죽이고 재물을 불사르라고 명령하신 이야기, 택함 받은 백성이 이방 신을 섬기는 자들에게 억울하게 고통당하도록 하신 이야기 등 믿지 않는 친구들이 선뜻 받아들이기 힘든 이야기들이 많다.

안 믿는 사람들은 "이렇게 잔인한 하나님이라면 교회에 나가고 싶지 않다"고까지 말한다. 그런 하나님은 싫다는 것이다. 나아가 그런 신은 필요 없다고 부정하기까지 한다. 안 믿는 친구들로부터 그런 반응을 받을 때마다 성도들은 하나님을 변호하느라 여간 곤혹스럽지 않다.

이제부터, 믿음 없이는 절대 받아들이고 싶지 않을 이야기 여섯 편을 살펴보고자 한다. 잔인하게 보이는 하나님 때문에 진저리칠 그런 이야기들 말이다. 그러나 이 글을 읽고 나면, 하나님이 잔인한 분이라는 선언은 섣부른 판단에 지나지 않았음을 깨닫게 될 것이다. 이 글들이 믿지 않는 친구들에게는 하나님에 대한 오해를 푸는 계기가 되기를 희망한다.

1.

그런데 왜 아들을 바치라고 하셨어요?

–이삭을 번제물로 요구하신 하나님에 관한 이해(창 22:2)

"여호와께서 이르시되 네 아들 네 사랑하는 독자 이삭을 데리고 모리아 땅으로 가서 내가 네게 일러 준 한 산 거기서 그를 번제로 드리라"(창 22:2).

아비에게 어린 아들을 번제물로 바치라는 하나님을 우리는 어떻게 이해해야 하는가? 비속살해를 사주하신 것인가? 만일 그렇다면, 오늘날 법감정이 도저히 용납할 수 없을 것이다. 하나님이 아동학대자이시란 말인가?

물론, 우리가 아는 대로 하나님은 살인을 계획하신 적이 없다. 번제할 제물은 모리아 산에 숨겨 둔 채, 아브라함이 하나님의 말씀을 믿고 정말로 순종하는지를 알고자 하셨을 뿐이다. 단순히 아브라함을 시험하려고 하셨던 것이다(창 22:1).

그럼에도 불구하고, 키르케고르S. Kierkegaard가 『공포와 전율』(1843년)

에서 묘사한 것처럼 아들 이삭은 아버지 아브라함이 자신을 포박할 때, 불안과 두려움을 느끼고 서슬 퍼런 칼날의 바람 가르는 소리에 극심한 공포로 몸을 떨며 살려 달라고 애원했을지도 모른다. 아니, 아브라함이 그냥 게임일 뿐이라고 아들을 속여 밧줄로 몸을 감고 눈을 가려 전혀 눈치채지 못하게 했다고 해도, 현대 법 적용에서는 아동학대 죄로 형사 처분받기에 충분하다. 어찌 되었든 아브라함은 비난받아 마땅하다고 생각할 수 있다. 자기 아들을 실제로 죽이려고 했기 때문이다.

하나님이 어린 이삭을 죽일 생각이 없었다면, 왜 굳이 번제로 바치라고 하셨을까? 이스마엘이 이삭과 경쟁할 때, 하나님은 약속하신 아들 이삭을 위해 이스마엘과 하갈을 내쫓으셨고, 오직 이삭을 통해서야 아브라함의 언약이 이어져 갈 것을 선언하셨다(창 21:10~12). 그런데 왜 인제 와서 그를 죽이라고 명령하시는가? 우리는 하나님이 아브라함에게 아들 이삭을 번제로 바치라고 하신 명령을 어떻게 이해해야 하는가?

하나님은 아동학대자가 아니다

첫째, 하나님은 아동학대자가 아니시다. 어린 이삭의 입장에서 아브라함의 행동을 보면, 아브라함에게 아들을 번제로 바치라고 명령하신 하나님이 아동학대자로 보일 수 있다. 수년 전 세간의 이목을 끌었던 사건이 떠오를지 모르겠다. 아버지가 비정하게도 어린 딸을 굶기고 때려죽였던 사건 말이다.

그러나 하나님은 아동 살해와 번제를 용인하신 적이 없으시다. 하나님이 이방 민족의 자녀 살해와 번제 의식을 따르던 이스라엘 백성들에게 매우 분노하며 금하셨다는 사실에서 인간 희생제물을 용납하지 않으셨음을 확인할 수 있다(왕하 17:15~17, 31; 대하 28:3; 렘 7:31, 18:21; 겔 16:21). 하나님은 아이에게 감당할 수 없는 공포를 주는 행위에 대해 적개심을 나타내셨다. 이런 의미에서 하나님은 처음부터 아브라함의 아들 이삭을 번제물로 받을 계획이 없으셨다고 하겠다.

따라서 이런 추측을 해 본다. 아마도 하나님은 소년 이삭이 공포를 느끼지 않도록 어떤 식으로든 간섭하지 않으셨을까? 성경에서 이삭의 반항을 암시하는 내용이 전혀 발견되지 않는 점, 이삭이 번제물을 가져가지 않는 것을 의아해하며 질문하자 아브라함이 아들을 안심시키면서 번제물은 하나님이 친히 준비하실 것이라고 대답한 사실(창 22:8) 등에서 아버지 아브라함이 어떻게 해서든 아들 이삭으로 하여금 자신이 번제물임을 전혀 눈치채지 못하도록 조치를 취했던 것으로 생각할 수 있다.

진정성 있는 번제 요구

둘째, 이삭을 죽일 의도가 없는데도 왜 하나님은 어렵게 주신 약속의 자녀를 죽여서 번제로 바치라고 말씀하셨는가? 아브라함을 기만하신 것인가? 시간을 초월하여 존재하시는 하나님이 아브라함이 하나님의 명령대로 이삭을 죽이려고 할 것을 미리 알고, 느긋한 마음으로 명령하신 것은 아닌가 하는 질문이 있을 수 있다.

그러나 하나님은 아브라함을 속이는 짓궂은 장난을 하지 않으셨다. 아주 진지하게 명령하셨다. 집에서 가까운 야산이나 들판 어귀에서 번제를 드려도 될 텐데, 3일 길이나 되는 먼 길을 걸어가서 번제를 바치라고 하신 것은 어떤 특별한 의도가 없는 한 설명되기 어렵다. 그만큼 하나님의 번제 요구에는 진정성이 있었다.

하나님이 예지 능력으로 곧 일어날 일을 아신 상태에서 아브라함에게 가뿐하게 번제를 요구하셨을 것이라는 해석은 꽤 합리적으로 보이지만, 이는 하나님을 전적으로 오해하게 만든다. 만일 그렇다면, 하나님이 주시는 모든 명령이 궁극적으로 우리의 도덕적 의무를 정당화하지 못할 것이기 때문이다. 개인의 신앙과 양심, 상식과 지식, 도덕적 의지와 행동 등이 무용지물이 되고 마는 것이다.

하나님은 '지금, 여기서'의 결단과 순종을 보시고, 이를 통해 역사를 이루어 가신다. 하나님은 아브라함에게 "네가 네 아들 네 독자까지도 내게 아끼지 아니하였으니"(창 22:12)라고 말씀함으로써 하나님을 '경외'하는 그의 믿음을 인정하셨다. 그래서 그에게 "큰 복을 주고" 자손이 번성하여 "하늘의 별과 같고 바닷가의 모래와 같게" 하며, "그 대적의 성문을 차지"하게 할 뿐만 아니라 그의 자손으로 말미암아 "천하 만민이 복을" 받게 하시겠다고 하셨다(창 22:16~18). 이를 두고 야고보는 "우리 조상 아브라함이 그 아들 이삭을 제단에 바칠 때에 행함으로 의롭다 하심을 받은 것이 아니냐"라고 말했다(약 2:21).

키르케고르가 아들 이삭을 번제물로 바치는 아브라함의 행동을 보고, 진정한 신앙이란 '신 앞에 선 단독자'의 결단하는 모습임을 발견했다고 말한 것은 어떤 의미에서 틀리지 않는다. 하나님이 아들 이삭을 바치라고 하신 것은, 아브라함이 절대적으로 두려워해야 할 존재이자 절대로 항거할 수 없는 존재가 바로 천지를 창조하고 섭리해 가시는 하나님임을 우리에게 알려 주기 위한 것이다. 세상을 다 주고도 바꿀 수 없는 아들이라도 하나님과는 견줄 수 없는 것이다.

진정한 신앙은 하나님 외에 모든 것을 상대화한다. 하나님은 이러한

1. 그런데 왜 아들을 바치라고 하셨어요? ______

믿음을 아브라함에게서 보고 싶으셨다. 또한, 이 사건이 오늘날 우리에게 참 신앙의 본보기가 되도록 기획하셨다.

참 예배의 장소를 예표하다

셋째, 이 사건은 미래에 이스라엘 백성이 예배할 예루살렘 성전과 예수 그리스도의 죽으심과 부활을 가리킨다. 아브라함에게 3일 길이나 먼 모리아 산으로 가도록 하신 것은, 바로 그 산이 장차 솔로몬이 성전을 세울 곳이기 때문이다(존 칼빈). 하나님을 향한 절대적 신앙으로 어떤 명령에도 순종하는 자리야말로 진정한 예배 장소임을 보여 주신 것이다. 다윗이 건축하려던 성전은 그런 곳에 세워져야 한다는 뜻이다.

아울러 예수 그리스도가 스스로 제물이 되어 구속을 완성하심으로써 더 이상 어린 양 제물을 바칠 필요가 없는 영적 성전이 되심을 설명하는 것이기도 하다. 아브라함에게는 이삭이 죽었다가 부활한 셈인데(실제로 그는 이삭을 죽여도 하나님이 그를 능히 다시 살리실 것을 믿었다! 히 11:19), 예수께서 바로 그러한 죽음과 부활의 사건을 일으키실 것을 암시한 것이다. 나아가 그리스도 안에서 죽었다가 살아난 참믿음의 소유자가 하나님께 진정으로 예배드리는 자가 될 수 있음을 보여 준다.

이제 이 사건의 의미를 요약해 보자. 하나님의 소년 이삭 제물 요구 사건은 인간의 눈에는 잔인한 요구처럼 보이고, 이러한 하나님의 명령에 순종한 아브라함은 고지식하고 무지한 광신도로 인식된다. 하지만 실제는 이와 다르다. 하나님은 자기의 독생자를 십자가에 못 박혀 죽게 할지언정 인간의 죽음을 통한 희생제물은 전혀 고려하지 않으셨다.

나아가 우리는 이 사건을 하나님에 대한 아브라함의 절대적인 믿음이 곧 진정한 신앙임을 보여 주는 예로써 이해해야 한다. 따라서 믿음의 조상 아브라함의 후손으로서 우리는 설령 잃고 싶지 않은 자녀와 물질이 있다고 해도, 그것은 하나님을 사랑하고 그의 명령에 절대적으로 순종하는 것과는 결코 견줄 수 없는 것임을 인정해야 한다.

끝으로, 성경의 어느 사건도 무의미한 것이 없으며 특별히 독립하여 존재하지 않는 법인데, 이 사건 역시 그러하다. 아브라함은 갈 바를 알지 못한 상태에서 하나님의 부르심에 순종하였고(히 11:8), 노인이 되어 자식을 포기했던 때에 자손을 주실 것을 믿어 이것이 하나님께 '의'로 여기심을 받을 정도로(창 15:6) 출중한 믿음의 사람이었기에 이삭 번제 사건이 없었더라도 하나님의 구속사는 차질 없이 진행되었을 것이다.

그럼에도 불구하고 이 사건은 매우 중요하다. 참 예배의 장소와 실현을 미리 암시해 주고 있기 때문이다. 온전한 믿음에 근거한 참 예배를 드릴 처소, 곧 예루살렘 성전의 건축과 온전한 성전이 되시는 그리스도 예수 안에서의 참 예배, 곧 온전하고 절대적인 믿음을 통한 진정한 예배와 하나님 섬김을 예표로 보여 주신 것이다.

1. 그런데 왜 아들을 바치라고 하셨어요? ________

2.

한 사람 때문에 다 죽어야 하나요?

–아간, 한 사람의 범죄로 많은 사람을 죽게 하시다(수 7:1)

"이스라엘 자손들이 온전히 바친 물건으로 말미암아 범죄하였으니 이는 유다 지파 세라의 증손 삽디의 손자 갈미의 아들 아간이 온전히 바친 물건을 가졌음이라 여호와께서 이스라엘 자손들에게 진노하시니라"(수 7:1).

본문은 아이 성 정복 실패의 원인이 매우 독특했음을 보여 준다. 이스라엘 자손들이 하나님의 명령을 어기고 '온전히 바친 물건'을 착복한 죄 때문에 정복에 실패했다는 것은 이해할 만한데, 범죄 행위를 한 자가 아간 한 사람뿐이었다는 사실에 호기심이 생기기 때문이다. 아간 한 사람의 죄를 이스라엘 자손 전체의 죄로 규정한 것은, 하나님의 말씀에 순종했던 거의 모든 이스라엘 백성들에게는 너무 억울한 일이 아닌지 의문을 제기할 수 있다.

수십 명 혹은 상당수 사람이 '온전히 바친 물건'을 공공연하게 빼돌린 것도 아닌데, 단 한 사람이 저지른 죄 때문에 전쟁에 패했다는 것은 쉽게 이해되지 않는다. 아간의 범죄 행위에 가담하거나 연루된 적이 전혀 없는 모든 이스라엘 사람들을 범죄자로 낙인찍는 것은 하나님의 무리한 기소 행위가 아닌지 반문할 수 있다. 특히 아간 한 사람 때문에 전쟁에서 패배하면서 죽은 삼십육 명과 아간의 가족은 어떻게 설명해야 할지 난감하다.

이 사건을 요약하면 다음과 같다. 이스라엘 백성이 여리고를 정복한 후, 아이 성을 공격하다가 뜻밖에 패배를 당한다. 삼천 명 정도의 병력으로 아이 성을 공격했는데, 이 작은 전쟁에서 이스라엘 군사 삼십육 명이 죽은 것이다. 패배의 충격으로 여호수아는 깊이 상심했고, 이스라엘 백성들에게 지도자로서 설 면목이 없어졌음이 틀림없다.

여리고 성을 정복한 후에 얻지 못한 교훈

이스라엘이 여리고를 쳐부순 후에 너무 자만해서 아이 성을 과소평가했던 탓일까? 그렇지는 않은 것 같다. 여리고 성을 정탐했을 때처럼 이스라엘은 아이 성 정탐에서 공격하는 데 적절한 정보를 얻었을 것으로 추정하기 때문이다. 그들은 작은 병력으로도 아이 성을 정복할 수 있다고 합리적으로 판단했을 것이다.

이스라엘의 패전 소식을 들은 가나안의 다른 족속들이 사기를 얻어 이스라엘을 치러 올 것을 우려한 여호수아가 여호와 하나님께 엎드려 호소한다. 이때 여호와께서 아이 성 전투에서 패배한 이유를 말씀하신다.

"이스라엘이 범죄하여 내가 그들에게 명령한 나의 언약을 어겼으며 또한 그들이 온전히 바친 물건을 가져가고 도둑질하며 속이고 그것을 그들의 물건들 가운데에 두었느니라"(수 7:11).

아이 성 전투의 패배는 여호수아 7장 1절과 11절에서 확인하듯이 하나님이 정하신 법도를 어긴 대가였던 것이다. 하나님은 "이스라엘이 범죄하여" 아이 성 전투에서 격퇴되었다고 말씀하셨다. 구체적인 죄목은 여호수아 6장에서 찾을 수 있다.

"너희는 온전히 바치고 그 바친 것 중에서 어떤 것이든지 취하여 너희가 이스라엘 진영으로 바치는 것이 되게 하여 고통을 당하게 되지 아니하도록 오직 너희는 그 바친 물건에 손대지 말라 은금과 동철 기구들은 다 여호와께 구별될 것이니 그것을 여호와의 곳간에 들일지니라 하니라"(수 6:18~19).

물건에 손대지 말고 온전히 바치라는 말씀을 어긴 것이다. 하나님은 "그 성 안에 있는 모든 것을 온전히"(수 6:21) 바치라고 말씀하셨다. 그래서 이스라엘은 여리고 성을 정복한 후에, "그 성과 그 가운데에 있는 모든 것을 불로 사르고 은금과 동철 기구는 여호와의 집 곳간에"(수 6:24) 두었다. 즉 이스라엘 백성들은 여리고를 정복한 후에도 단 한 가지 물품도 자기 주머니에 넣거나 자기 곳간에 가져갈 수 없었다. 여호와의 곳간에 들일 은금과 동철 기구를 제외한 나머지는 모두 불살라야 했던 것이다.

"온전히 바친 물건"은 히브리어로 '헤렘חֵרֶם'이라 하여 '저주받은 것' 또는 '파멸되기로 정한 것'이라는 뜻이다. 또한, '분리하다'라는 동사에서 나온 단어이기도 하다.[1] 하나님이 여리고의 모든 물건을 헤렘이라고 하신 것은 거룩한 이스라엘 백성이 이방 신상을 섬기는 우상 숭배자들의 어떤 모양에도 오염되지 않도록 철저하게 분리시키시는 의도를 나

---

1 Walter C. Kaiser, Jr., *More Hard Sayings of the Old Testament*, (IVP, 1992), 117.

타낸 것이다. 이방 신을 섬기던 여리고 백성의 모든 삶의 방식이 이스라엘 백성에게는 하나님으로부터 '저주받은 것'이며 '파멸되기로 정한 것'이었다. 그러므로 이스라엘 백성은 여리고 방식의 삶을 아예 맛볼 수 없도록 모든 물품을 불살라야 했다.

그런데 아간이 하나님의 깊으신 뜻을 무시하고 범죄를 저질렀다. 제비뽑기를 통해 결국 죄가 드러난 아간은 자신이 노략한 물건들, 곧 "시날 산의 아름다운 외투 한 벌과 은 이백 세겔과 그 무게가 오십 세겔 되는 금덩이 하나" 등을 보이며 죄를 시인하기에 이른다. 아간과 그의 가족이 '고통'이란 뜻의 아골 골짜기에서 돌에 치여 죽고, 그들에게 속한 모든 재산은 불살라 없애졌다(수 7:24~26).

누룩을 조심하라

왜 하나님은 아간 한 사람의 범죄를 이스라엘 전체의 범죄로 간주하셨는가? 연좌제가 사라진 지금, 상식적으로 이해되지 않는 부분이다. 어떤 의미에서 "각 사람은 자기 죄로 말미암아 죽임을 당할 것이니라"(신 24:16)라는 말씀과도 배치된다고 볼 수 있다.[2] 다만 이 경우는 지극히 개인적인 형사 사건의 죗값을 구체적으로 물을 때에 해당하는 말씀이다.

그에 비해, 이스라엘에 아간의 죗값을 물으신 것은 하나님이 사회적 범법 행위로 규정한 명령에 해당한다. 왜냐하면, 여리고의 삶의 방식은 종교적으로 여호와를 거스름으로써 '헤렘'이며, 그것이 이스라엘에는 작은 '누룩'이 될 수도 있기 때문이다. 누룩이 전체를 오염시키는 것은

2 Walter C. Kaiser, Jr., *More Hard Sayings of the Old Testament*, (IVP, 1992), 117.

시간문제다. 실제로 이스라엘은 가나안 땅에 들어간 이후, 그 땅 사람들의 종교를 받아들여 우상 숭배에 빠지곤 하지 않았는가.

하나님은 이스라엘 백성들을 이방의 우상 숭배 행위로부터 철저하게 보호하고 싶으셨다. 이런 연유로 비록 한 사람이 죄를 범했지만, 그 죄가 이스라엘 전체를 위기에 빠뜨릴 만한 '사회적' 범죄이므로 이스라엘 백성이 죄를 범한 것으로 간주하신 것이다.

이러한 '공동체적' 정죄 규정 선언은 무가치하거나 비실제적이지 않다. 선거에서 한 표 차이로 낙선해도 그를 지지했던 모든 사람이 패배한 것이나 다름없다. 실제로 그들 모두가 선거 패배에 책임이 있다고 할 수 있다. 오늘날 우리 교회도 마찬가지다. 한 사람의 부도덕한 행위와 게으른 신앙생활이 교회 전체의 명예를 훼손하고, 신앙의 열정을 상실하게 만들 수 있다.

아간 사건을 통해 우리는 개인의 신앙이 실제로 상당한 사회적 무게를 지닌다는 것을 확인할 수 있다. 이것이 이스라엘 공동체의 삶을 통해 우리에게 주시는 교훈이다. 이런 의미에서 개개인이 가족과 교회의 '대표자'로 자신을 인식하는 것은 책임 의식을 더욱더 공고히 하며 윤리적인 삶을 살게 한다.

3.

하나님은 전쟁을 좋아하세요?

–이방 민족을 몰살시키려 하시다(수 11:6)

"여호와께서 여호수아에게 이르시되 그들로 말미암아 두려워하지 말라 내일 이맘때에 내가 그들을 이스라엘 앞에 넘겨 주어 몰살시키리니 너는 그들의 말 뒷발의 힘줄을 끊고 그들의 병거를 불사르라 하시니라"(수 11:6).

과연 하나님은 전쟁을 즐기시는가? 마치 투견꾼이 돈을 걸고 상대편 개가 참혹하게 물어뜯겨 죽기를 바라고 쳐다보듯이 말이다. 한두 명 죽이고 마는 것이 아니라 "몰살"시키라고(수 11:6) 하시니 섬뜩하다. 가나안 정복 전쟁 이야기를 읽고 우리는 하나님이 너무 잔인하신 것은 아닌지 의심하곤 한다.

네가 죽든 내가 죽든 해 보자는 식으로 전쟁을 일으키는 것 외에는 다른 대안은 없었을까? 인간의 생명이 고귀하거늘 가나안 족속들을 멸하지 않고도 이스라엘이 그 땅에서 살길은 없었는지 생각하게 된다. 인간애 차원에서 휴머니즘적 상상을 하는 것이다. 특히 평화주의 입장에서 전쟁 무용론을 제기할 수 있다. 어떤 이들은 예수님의 "너희 원수를 사랑하라"(마 5:44)는 말씀에 비추어 마치 전쟁을 부추기시는 듯한 구약의 하나님을 노골적으로 거부하기도 한다. 기독교인이든 아니든 신약을 읽어 본 사람은 종종 구약에 등장하는 '전쟁의 하나님'이 불편하게 느껴진다고 말한다.

어떻게 하면 가나안 정복 전쟁을 제대로 이해할 수 있을까? 우선, 공의라는 하나님의 속성을 인식할 필요가 있다.

하나님은 우리에게 원수까지 사랑하라고 하신 만큼 그의 자비와 긍휼로 모든 인류를 품어 주신다. 그와 동시에 자기 백성을 양육하고 세우며 번영을 누리게 하시는 하나님의 은혜를 인정하지 않거나 저버리는 자, 나아가 그의 유일하신 신적 지위를 존중하지 않는 자들에 대해서는 그 책임을 물으신다. 이 세상을 주관하며 섭리하시는 유일신 야훼 하나님의 말씀에 순종하며 사는 것은 모든 인간이 준수해야 할 의무이기 때문이다. 생사화복의 근원이 되시는 하나님을 매사에 인정하면 축복을 받지만, 저항하면 진노를 산다. 하나님을 거부하는 것은 죄이며, 죄는 반드시 대가를 치러야 하기 때문이다.

살 기회를 주셨던 하나님

공의의 하나님이 공의를 이루시는 것은 당연하다. 이 원칙은 이스라엘 백성에게도 예외일 수 없다. 구약시대에 이스라엘 백성이 하나님을 버리고 우상 숭배를 하는 바람에 얼마나 큰 고통을 겪었으며, 그로 인해 결국 나라까지 잃었다는 사실을 우리는 잘 알고 있다.

하나님은 출애굽 사건을 통해 세상에 자신을 유일신으로 직접 알리셨다. 홍해를 건넌 사건과 이스라엘 백성들이 광야에서 40년간 기적적으로 생존한 사실로 이를 입증하셨다. 사람이 자기 힘으로 사는 것이 아니며, 권력자라도 스스로 세상을 움직이는 것이 아니라 하나님이 그의 뒤에서 은혜와 공의로 역사하고 계심을 보여 주신 것이다. 하나님은 모세의 율법을 통해 이스라엘 백성이 하나님의 명령에 순종해야 함을 명문화하셨다.

하나님의 특별한 역사를 이스라엘 주변 나라들이 알고 있었다. 가나안 입성을 앞두고 여호수아와 그의 백성들이 여리고 성을 함락할 때, 살아남은 라합의 이야기를 보라. 이 여인은 이스라엘이 출애굽 하여 홍해를 건넌 역사와 요단 강 근처의 족속들을 전멸시킨 일 등에 관해 들었다고 고백했다(수 2:9~14). 여리고 성의 모든 세력가와 주민들도 다 알고 있었다는 뜻이다. 당대에 이스라엘의 막강한 세력이 가나안 땅의 다른 족속들에게도 널리 알려졌었다.

이런 의미에서 기생 라합은 제대로 회심한 셈이다. 이스라엘 백성이 믿는 야훼 하나님만이 참 신임을 인정하고, 하나님을 참으로 경배하고 의지해야 할 유일하신 분임을 인정했던 것이다. 결국, 라합과 그 가족만이 구원받았고 나머지 사람들은 모두 죽임을 당했다.

이후 기브온 주민들 역시 하나님이 이스라엘과 함께하신 소문을 듣고 항복했다. 이스라엘과 화친조약을 맺어 이스라엘의 종이 되겠다고 하여 목숨을 건진 것이다(수 9:3~15). 그러나 다른 왕과 족속 들은 이스라엘 백성을 인도하시는 참 하나님에 대해 들었음에도 "모여서 일심으로 여호수아와 이스라엘에 맞서서 싸우려"고 했다(수 9:2).

신은 오직 한 분뿐임을 알리신 하나님

하나님은 이스라엘 백성과 함께하면서 그들을 보호하고 기적적으로 인도하셨다. 이러한 역사를 이루신 이유는, 신은 오직 야훼 하나님 한 분뿐임을 알리기 위해서다. 하나님의 '자기 PR'은 느브갓네살 왕의 꿈과 다니엘의 꿈 해석 사건에서 노골적으로 드러난다(단 2:31~47 참조).

이것은 단순히 이스라엘 백성을 편애하시기 때문만이 아니다. 아브라함을 택하여 수많은 자손을 낳게 하고 큰 민족을 이루게 하시겠다는 것(창 12:2)은 훗날 이스라엘의 건국을 가리켜 하신 말씀이지만, 거시적 안목으로 보면 하나님 백성의 탄생을 가리킨다. 국적, 인종, 성별을 떠나 누구나 하나님의 백성으로서 이스라엘이 되는 것이다.

그래서 라합과 그의 가족이 이스라엘 백성, 곧 영적인 의미에서 하나님의 백성이 되고 예수 그리스도의 족보에 오르는 축복을 누릴 수 있었다. 다시 말해, 가나안 땅의 왕과 백성들이 라합과 기브온 족속처럼 전지전능하신 유일한 하나님을 믿는 이스라엘과 함께했더라면 죽임을 당하지 않았을 것이라는 뜻이다.

이런 의미에서 많은 가나안 족속이 죽임을 당한 것은 하나님을 적대하고 하나님의 역사를 무시하며 부인한 대가라고 할 수 있다. 그것은 곧 우상 숭배, 즉 그들이 믿어 온 바알과 아세라를 계속해서 섬기겠다고 선언한 것에 불과하기 때문이다. 그들의 토속신앙은 지극히 현세적이며 인간을 중심으로 세속 가치에 치우쳐 있어서 하나님을 중심에 두고 영원한 나라를 소망하며 살아가는 이스라엘 백성의 신앙 철학과는 배치되었다. 따라서 하나님은 그들이 자발적으로 항복하면 살게 하고, 그렇지 않으면 하나님께 적대적 행위를 한 것으로 간주하여 살려 두지 않으셨다. 공의의 하나님이 죄인들에게 벌을 내리시는 것은 당연하다.

나아가 영적인 의미에서 가나안 정복 전쟁은 유일신 하나님을 섬기지 않고, 하나님을 대적하는 사탄과 그의 일당들, 세속적 권세를 누리는 세상 모든 세력가에 대한 심판을 가리킨다. 이는 요한계시록이 잘 보여 주고 있다. 종말에 하나님은 자기를 대적하고 그의 백성을 박해하는 모든 반기독교적 세력을 심판하실 텐데, "큰 음녀", "큰 바벨론"으로 상징된 악의 권세들과 그에 빌붙어서 부와 권세를 누리는 "땅의 상인들"을 초토화하실 것이다(계 17:5~18, 18:2~24 참조).

새 예루살렘 건축의 그림자

요한계시록 말씀에 비추어 볼 때, 가나안의 모든 세력은 사탄의 조종을 받고 사탄의 종노릇하며 세상의 부와 명예와 권세를 누리는, 자기중심적이며 세속 가치를 절대화하는 인간들인 것이다. 이런 의미에서 하나님은 가나안 정복 전쟁을 통해 종말에 사탄과 세상 세력들을 심판하실 것이며, 마지막 때에 새 하늘과 새 땅, 곧 영원한 하나님 나라 새 예루살렘을 세울 것을 미리 보여 주셨다.

결론적으로, 하나님이 가나안 사람들을 멸절하라고 하신 것은 전쟁을 즐기셔서가 아니다. 그들의 죽음은, 기적적인 출애굽 역사와 이스라엘의 승전보로 점철된 '복음'을 거부함으로써 자초한 것으로 죄에 대한 불가피한 대가였으며, 이는 곧 하나님의 공의 실행을 의미한다. 나아가 가나안 정복 전쟁은 사탄의 권세를 꺾는 기쁨의 선취이자 맛보기였다.

다만 21세기 평화주의 시대에 이 전쟁을 무리하게 적용하여 종교 전쟁을 꿈꾸거나 '땅 밟기'와 같은 종교 행위를 정당화하지 않도록 경계해야 한다. 전쟁이 일상이었던 수천 년 전과 전쟁을 기피하는 오늘날은 각기 다르게 적용해야 할 것이다.

4.

하나님도 높은 사람만 좋아하시나 봐요?

–납치된 어린 소녀와 한센병에 걸린 나아만 장군(왕하 5:1~3)

"아람 왕의 군대 장관 나아만은 그의 주인 앞에서 크고 존귀한 자니 이는 여호와께서 전에 그에게 아람을 구원하게 하셨음이라 그는 큰 용사이나 나병환자더라 전에 아람 사람이 떼를 지어 나가서 이스라엘 땅에서 어린 소녀 하나를 사로잡으매 그가 나아만의 아내에게 수종들더니 그의 여주인에게 이르되 우리 주인이 사마리아에 계신 선지자 앞에 계셨으면 좋겠나이다 그가 그 나병을 고치리이다 하는지라"(왕하 5:1~3).

이스라엘의 한 어린 소녀가 이방 족속인 아람 사람에게 잡혀갔다. 성경은 이 소녀가 이스라엘 땅에서 떼를 지어 달려든 아람 사람에 의해 납치되어 아람 장군 나아만 집의 노예로 여주인을 섬기다가 나병에 걸린 장군을 위해 이스라엘의 선지자 엘리사를 소개했다는 사실을 기록할 뿐 이 소녀가 겪었을 아픔에 관해서는 아무 말이 없다.

이 때문에 성경을 읽다가 누군가는 당황할지도 모르겠다. 어린 소녀의 납치 사건은 소녀와 가족 모두에게 형언할 수 없는 고통이었을 것이기 때문이다. 지금처럼 인권 개념이 없던 고대라고 해도, 당시에 아이가 받았을 심리적 충격과 육체적 고통을 충분히 미루어 짐작할 수 있다. 어린 소녀는 떼를 지어 달려드는 아람 사람을 보고 겁에 질려 살려 달라고 소리 질렀을 것이다. 공포에 떠는 모습이 그려진다. 상상만 해도 마음이 아픈데, 본문은 소녀의 아픔에는 전혀 주목하지 않는 듯하다. 더욱이 이 아이는 하나님의 택한 백성, 이스라엘에 속한 자가 아니던가?

애굽에 팔린 요셉의 고통에 관해 특별한 언급을 않으시다

성경은 왜 아이의 인권에는 무관심하고, 엘리사와 나아만의 만남을 주선하는 연결 고리로만 소개하는가? 왜 하나님은 이 납치 사건의 부당함과 소녀의 고통에 관해서는 침묵하시는가? 납치당한 자의 소리에 왜 귀를 닫으시는가? 이 질문들에 대한 뚜렷한 답을 성경에서 찾기는 어렵다.

다만 다음 몇 가지 사례에서 우리는 억울하게 납치당한 소녀가 느꼈을 두려움을 하나님이 외면하지 않으셨음을 짐작할 수 있다. 우선, 아브라함의 첫아들이면서도 아버지의 사랑을 받지 못하고 쫓겨난 어린 이스마엘의 소리를 하나님이 들으셨다는 이야기가 있다(창 21:17). 성경은 무자비하게 내쳐진 아이와 그 어미가 느낀 고통을 기록했으며, 서러움에 받혀 울부짖는 아이에게 하나님이 귀 기울이셨다고 말한다. 그리고 애굽에 합법적으로 거주하던 이스라엘 백성이 어느새 노예로 전락했을 때 하나님이 그들의 고통 소리를 들으시고 "아브라함과 이삭과 야곱에게 세운 그의 언약"을 기억하셨다고 한다(출 2:24). 또한, 시편에는 하나님이 환난 중에 부르짖는 자들의 소리를 들으셨다는 표현이 자주 등장한다(시 18:6 참조).

비록 본문에는 납치당한 소녀의 하얗게 질린 얼굴을 하나님이 돌아보셨다는 기록이 없지만, 비슷한 상황의 여러 구절을 보아 아마도 하나님이 이 소녀에게도 무정하게 대하지는 않으셨으리라 짐작할 수 있다. 게다가 성경이 우리 관심을 어디에 집중하도록 하는지를 안다면, 불쌍한 소녀와 하나님의 직접적인 대화가 기록되지 않았다고 해서 무작정 하나님을 무정하고 무감각한 분으로 단정 지을 수는 없을 것이다.

그뿐 아니라 인신매매를 당한 요셉과 납치를 당한 소녀의 처지가 비슷한 걸 볼 때, 우리의 짐작이 충분한 설득력을 지닌다고 볼 수 있다(창 37:28 참조). 요셉이 누구인가? 신앙, 윤리, 능력 등 다방면에서 타의 추종을 불허하는 고결한 인격을 지닌 하나님의 사람이었다. 예수님의 모형이라고 할 만한 인물이다.

그러나 성경은 그가 형들에게 미움을 받아 미디안 사람에게 팔렸을 때, 그가 느꼈을 두려움과 고통에 침묵한다. 그때 하나님의 반응에 대해서도 전혀 언급하지 않는다. 요셉 이야기의 목적은, 하나님이 요셉을 통해 그의 가족이 기근에서 벗어날 길을 찾고 나아가 이스라엘 백성의 구원 역사를 이루게 하심으로써 궁극적으로 예수 그리스도를 통한 우주적 구원을 모형론으로 보여 주시는 것이다. 즉 하나님의 원대한 비전을 보여 주기 위해 요셉의 생애를 소개하는 것이므로 그의 납치 사건에는 크게 주목할 일이 없는 것이다.

이러한 맥락에서 형들에게 버림받은 요셉과 아람 사람에 의해 납치된 이스라엘의 어린 소녀가 겪었을 서러움과 두려움과 원망을 충분히 이해하지만, 그들이 하나님에게서 외면당했다고 단정 지을 수는 없다. 하나님이 요셉에게 특별한 비전을 가지셨던 것처럼 아람에 납치된 이스라엘의 어린 소녀에게도 역시 특별한 계획을 가지셨던 것이다.

그 계획은 바로, 아람의 나아만 장군이 나병, 즉 한센병에 걸려 고통을 겪다가 어린 소녀를 통해 이스라엘의 엘리사 선지자를 만나 병을 낫게 되는 것이었다. 엘리사의 말대로 나아만은 요단 강에 일곱 번 몸을 담근 후에 온몸이 어린아이의 살 같이 깨끗하게 되었다(왕하 5:14). 기적을 체험한 나아만이 "내가 이제 이스라엘 외에는 온 천하에 신이 없는 줄을 아나이다"(왕하 5:15) 하고 살아계신 하나님을 인정하며 고백했다.

구원을 이루기 위한 큰 계획

우리는 이 사건에서 하나님이 이스라엘 백성뿐 아니라 이방인들도 야훼 하나님을 우주의 절대 주권자이자 유일한 신으로 인정하게 하겠다는 비전을 갖고 계셨음을 발견한다. 하나님이 소위 '구심적' 선교가 아닌 '원심적' 선교를 애초부터 계획하셨다는 뜻이다. 하나님은 이스라엘 백성만 구원하시려는 것이 아니었다. 그들을 통해 온 인류가 하나님을 믿고 인정하게 하기 위함이었다. 그들로 오랫동안 애굽의 종살이를 하도록 허락하신 것은 애굽 사람들도 유일하신 하나님을 알게 하려 함이었으며, 열 가지 재앙을 거친 후에 출애굽 하게 하신 것에서 이 계획의 절정을 보여 주셨다.

이러한 사례는 다니엘에게서도 찾아볼 수 있다. 하나님은 다니엘을 통해 자신이 우주의 주재권을 지닌 유일한 참 신임을 보여 주셨다(단 2~4장 참조).

어린 소녀의 납치 사건은 단순히 인간애적 관점에서 보기보다는 하나님의 원대한 구원사의 비전과 시각에서 바라보는 것이 그 의미를 정확히 이해하는 길이라 할 수 있다. 물론, 하나님은 납치를 미워하신다.

"사람을 납치한 자가 그 사람을 팔았든지 자기 수하에 두었든지 그를 반드시 죽일지니라"(출 21:16)라는 말씀은 비단 이스라엘 백성에게만 적용되는 것은 아닐 것이다.

또한, 하나님은 납치당한 어린 소녀의 고통을 외면하지 않으셨다. 성경에는 기록되지 않았지만, 하나님과 소녀 사이에 영적 교통과 위로가 있었으리라 추측해도 무리가 아닐 것이다. 요셉처럼 하나님이 함께하시므로 형통한 자가 되었다(창 39:2)는 말씀은 없지만, 어린 소녀를 위해 하나님이 맞춤형 임마누엘로 임하셨으리라 기대해도 좋을 것이다.

본문의 핵심은 하나님이 자신의 독특한 구원사를 위해 우주를 통치하는 주재권을 사용하신다는 점이다. 이런 의미에서 우리는 각자가 겪는 인간적 아픔을 인본주의적으로 평가하기보다는 하나님의 일하심을 거시적으로 바라보고 "합력하여 선을 이루시는" 역사를 존중해야 할 것이다.

5.

왜 남의 땅을 빼앗으라고 하세요?

–가나안 정복 전쟁의 의미(수 1:3~4)

"내가 모세에게 말한 바와 같이 너희 발바닥으로 밟는 곳은 모두 내가 너희에게 주었노니 곧 광야와 이 레바논에서부터 큰 강 곧 유브라데 강까지 헷 족속의 온 땅과 또 해 지는 쪽 대해까지 너희의 영토가 되리라"(수 1:3~4).

하나님이 이스라엘 백성들에게 거주할 땅을 주겠다고 하신 것 자체는 문제가 없다. 하지만 이미 다른 사람들이 거주하고 있는 곳을 빼앗아 가지라고 하시는 거라면 이런 하나님의 명령을 어떻게 해석해야 할지 난감해진다. 이런 식으로 땅을 얻는 것은 하나님의 정의에 배치될 뿐만 아니라 국제적 침략 전쟁을 정죄시 하는 현대 정서에도 반하는 것처럼 보이기 때문이다.

"너희 발바닥으로 밟는 곳은 모두 내가 너희에게 주었노니"(수 1:3)라는 말씀은 다른 나라 사람들이 평화롭게 살고 있는 집, 일터, 공공시설 등에 들어가 '땅 밟기'만 하면 이스라엘 백성의 것이 되게 하시겠다는 뜻인가? 이는 주거 침입이요 타인의 재산을 침탈하는 불법적 행위이다.

그렇다면 하나님은 평화를 깨뜨리는 것을 즐기시는 분인가? 인권과 재산권을 침범하면서까지 그들의 땅을 빼앗아 이스라엘 백성에게 주셔야 했는가? 그럴 필요 없이 전능하신 하나님이 아무도 거주하지 않는 땅을 미리 준비해 두었다가 이스라엘 백성들로 들어가게 하실 수는 없었을까? 가나안 정복 전쟁을 허락하신 하나님을 어떻게 변호해야 하는가?

전쟁이 일상다반사였던 시대

하나님을 믿지 않는 평화주의자나 반전론자는 하나님이 가나안 정복 전쟁을 용인한 것에 대해 매우 불쾌하게 여길 것이다. 그들은 하나님이 타민족의 거주권을 박탈하고 인명을 살상하는 잔인한 신이요 비도덕적이며 불의한 신이라고 말할 것이다.

그러나 3천 년 전 고대사회에 팽배했던 전쟁 문화 속에서 벌어졌던 소위 땅따먹기 싸움을 현대 법감정으로 해석하려는 것은 비현실적인 시도다. 동서양 할 것 없이 고대사회는 영토 확장을 위한 전쟁이 계속되는 약육강식의 문화였다. 군주의 야심을 채우기 위한 침략 전쟁이 다반사였지만 때로 '거룩한 전쟁'으로 미화되기도 했다.

고대사회뿐이겠는가? 오늘날에도 국제사회에서는 지극히 자국 중심적인 이해득실 계산에 따라 다른 나라를 침공하는 일이 빈번히 일어난다. 세계 제1, 2차 대전은 물론 영국과 아르헨티나의 포틀랜드 전쟁, 러시아의 우크라이나 침공, 아프리카에서 종종 일어나는 종족 간의 전쟁 등이 그 예다. 그러므로 고대 가나안에서 벌어졌던 전쟁들은 역사적 사실로 받아들일 뿐 현대의 도덕 감정으로 판단해서는 안 될 일이다.

일반 세계사적 측면에서 이스라엘의 가나안 진입과 그에 맞선 가나안 거주민들 사이의 영토 확장 다툼에서 불거진 긴장과 갈등을 바라봐야 한다는 뜻이다. 가나안 정복 또한 고대 부족 간에 일어난 전쟁으로 취급하면 아무 문제가 없을 것이다.

하지만 가나안 정복 전쟁을 보편 역사로만 볼 수 없다는 것이 문제다. 하나님이 특별하게 관심을 두고 만드시는 '특별한 역사'라는 측면에서도 바라봐야 하기 때문에 머릿속이 복잡해진다. 가나안 정복 전쟁은 다른 전쟁들과는 구별되는 지점이 있기 때문이다. 일반적으로 전쟁은 군주나 일부 호전적인 집단이 권력 쟁취의 욕심을 실현하기 위해 일으키는 데 비해, 가나안 정복 전쟁은 악으로 가득 찬 인간에 적극적으로 개입하신 하나님의 '특별한' 섭리의 실현이다. 주권적 작정과 역사적 섭리라는 '하나님의 일'의 특수한 관점에서 볼 때 그러하다.

왜 하나님은 가나안 족속들을 쫓아내는 일에 특별히 간섭하셨는가? 이스라엘을 편파적으로 돕느라 가나안 거주민들을 괴롭히신 듯하다. 그렇다 보니 하나님의 섭리가 잔인함과 불의함으로 드러나는 듯 보일 수밖에 없다.

그러나 하나님은 결코 그런 잔인한 분이 아니시다. 하나님은 가나안 족속들에게도 자연계를 통해 자신이 유일하신 참 신임을 계시해 주셨는데(롬 1:20), 타락한 그들이 하나님을 경외하지 않고 세속적인 야욕을 채우며 종교적 의식을 빙자하여 음란하게 생활한 것이다. 그러한 악에 대해 공의의 하나님이 '정복 전쟁'이라는 채찍으로 '심판'하셨던 것뿐이다. 그러므로 하나님이 잔인하고 불의하시다고 볼 수 없다.

여호수아가 그들의 완악함에 대해 이렇게 말했다.

"그들의 마음이 완악하여 이스라엘을 대적하여 싸우러 온 것은 여호와께서 그리하게 하신 것이라 그들을 진멸하여 바치게 하여 은혜를 입지 못하게 하시고 여호와께서 모세에게 명령하신 대로 그들을 멸하려 하심이었더라"(수 11:20).

하나님은 모세에게 그들의 악함에 관해 이미 말씀하신 바가 있다.

"이 민족들이 악함으로 말미암아 여호와께서 그들을 네 앞에서 쫓아내심이니라"(신 9:4).

가나안 족속은 바알 신을 숭배하며 성적으로 타락했고, 밀곰 신에게 자녀를 제물로 바치는 등 악행을 저질렀다. 그러므로 그들을 쫓아내신 하나님의 심판은 정당하며 오늘날 인본주의적 관점에서도 하나님을 잔인하다고 말할 수 없다.

더욱이 그들이 참 신이신 창조주 하나님을 섬기고 의롭게 살아갈 기회를 부여받았다는 면에서 가나안 정복 전쟁을 허락하신 하나님을 불의하다고 평가할 수 없다. 그들은 이스라엘 백성들이 야훼 하나님으로부터 특별하게 보호받고 있다는 사실을 이미 알고 있었다. 그러니 마음만 먹으면 '회심'하여 이스라엘 백성이 되는 '구원의 자리'에 들어갈 수 있었다. 다시 말해 멸망하지 않을 기회를 얻고 있었다는 뜻이다.

기생 라합을 보라. 그녀의 가족들은 구원의 기회를 얻었다.

"말하되 여호와께서 이 땅을 너희에게 주신 줄을 내가 아노라 우리가 너희를 심히 두려워하고 이 땅 주민들이 다 너희 앞에서 간담이 녹나니 이는 너희가 애굽에서 나올 때에 여호와께서 너희 앞에서 홍해 물을 마르게 하신 일과 너희가 요단 저쪽에 있는 아모리 사람의 두 왕 시혼과 옥에게 행한 일 곧 그들을 전멸시킨 일을 우리가 들었음이니라 우리가 듣자 곧 마음이 녹았고 너희로 말미암아 사람이 정신을 잃었나니 너희의 하나님 여호와는 위로는 하늘에서도 아래로는 땅에서도 하나님이시니라"(수 2:9~11).

라합은 하나님의 역사를 알았고 회심하여 구원받았다(수 2:12~24, 6:17~25; 히 11:31; 약 2:25). 기브온 주민들 역시 여호수아와 하나님이 여리고와 아이에 행한 일을 들었다고 했다(수 9:3).

"그들이 여호수아에게 대답하되 종들은 당신의 하나님 여호와의 이름으로 말미암아 심히 먼 나라에서 왔사오니 이는 우리가 그의 소문과 그가 애굽에서 행하신 모든 일을 들으며 또 그가 요단 동쪽에 있는 아모리 사람의 두 왕들 곧 헤스본 왕 시혼과 아스다롯에 있는 바산 왕 옥에게 행하신 모든 일을 들었음이니이다"(수 9:9~10).

그들은 살길을 찾아 이스라엘에 복속하여 구원받았다(수 9:11~24).

전쟁을 통해 구원의 모형을 보여 주시다

하나님은 자신이 만든 '기적적인' 역사를 팔레스타인 온 지역에 알리셨다. "여호와께서 여호수아와 함께 하시니 여호수아의 소문이 그 온 땅에 퍼지니라"(수 6:27). 누구든 원하면 우상 숭배를 버리고 이스라엘 백성이 되게 하신 것이다. 그러나 아이 성 함락 소식을 들은 헷, 아모리, 가나안, 브리스, 히위, 여부스 족속의 왕들은 "모여서 일심으로 여호수아와 이스라엘에 맞서서 싸우려"(수 9:1~2) 했다. 하지만 결국 그들은 모두 멸망되고 말았다. 하나님이 그들에게 구원받을 기회를 주셨으나 그들이 스스로 저버린 셈이다. 그러므로 그들에게 벌이 내려진 것은 정당하다.

또 다른 의미에서, 이 전쟁을 '구원의 모형'으로 볼 수 있다. 가나안 정복은 전적으로 하나님의 주권에 달려 있었다. "여호와께서 여호수아에게 이르시되 보라 내가 여리고와 그 왕과 용사들을 네 손에 넘겨 주었으니"(수 6:2). 그러니 이스라엘 백성은 스스로 자랑스러워 할 만하지 않았다(신 9:4). 즉 그들은 자신의 힘으로 가나안 땅에 들어간 것이 아니라 하나님이 계획하고 그들로 얻게 하셨기 때문이라는 것이다. 인간의 방법으로는 가나안으로 들어갈 길이 없었다. 그만큼 가나안 입성은 쉽지 않은 일이었다. 오로지 하나님의 역사로 주어진 선물이다.

이것은 신약에서 말하는 '은혜에 의한 구원'의 유비적 표현이다. 즉 우리가 천국에 들어가게 되는 구원은 "은혜에 의하여 믿음으로 말미암아" 얻게 된 "선물"인 것이다(엡 2:8).

하나님은 왜 이스라엘에 아무도 살지 않는 땅을 주시지 않고, 그들이 전쟁을 치르면서 가나안에 힘겹게 입성하도록 하셨을까? 그렇게 하실 능력이 없으셔서일까? 결코 그렇지 않다. 가나안 입성이라는 선물의 가치를 알고 그 은혜의 풍성함을 온전히 깨닫도록 하시기 위함이었다.

가나안 정복 전쟁 때문에 하나님을 잔인하신 분으로 묘사할 필요는 없다. 고대 세계에서 전쟁은 흔히 있는 일이었고, 비도덕적이며 타락한 종교에 빠져 있던 가나안 족속들에 대한 심판은 정당했다. 게다가 누구에게든지 구원 얻을 기회를 주셨기 때문에 이스라엘에 정복당한 그들에게는 변명의 여지가 없다.

결론적으로, 가나안 정복 전쟁은 보편사적 정당성을 갖는 동시에 심판의 성격이 농후한 하나님의 특별한 간섭이었던 것이다.

6.

고통은 왜 주시는데요?

—삶의 고통에 관한 이해(합 1:13)

"주께서는 눈이 정결하시므로 악을 차마 보지 못하시며 패역을 차마 보지 못하시거늘 어찌하여 거짓된 자들을 방관하시며 악인이 자기보다 의로운 사람을 삼키는데도 잠잠하시나이까"(합 1:13).

왜 하나님을 믿는 가정도 믿지 않는 가정과 마찬가지로 가난, 질병, 사고 등 많은 고통을 당하는가? 하나님이 축복하신다면, 안 믿는 사람들이 받지 못하는 특별한 도우심이 있어야 하는 것 아닌가? 신실한 가정에까지 아픔을 주시는 이유가 무엇인가? 주님은 좋은 것을 주신다고 했는데, 왜 아픔은 해결해 주시지 않는 것인가?

많은 기독교인이 이러한 질문들에 대해 어떻게 답해야 할지 난감해한다. 믿는 자들에게만큼은 고통과 아픔이 없었으면 좋겠는데, 현실은 그렇지 않으니 때때로 하나님이 우리 편이 아니신가 하고 의심하게 된다. 예기치 않은 사고를 당해도 무슨 뜻이 있겠거니 하지만, 자신에게 왜 그런 일이 일어났는지는 이해하기 어렵다. 특히 억울한 일을 당할 때는 더욱 그런 생각이 든다. 하박국의 하소연이 그렇다. 그는 이방 사람들이 하나님을 섬기는 백성을 괴롭히는 것을 하나님이 왜 그냥 놔두시느냐고 물었다.

하나님을 기계처럼 보는 데서 비롯된 오해

이 문제를 좀 더 철학적으로 생각한 이들이 있다. 18세기 영국의 이신론(理神論)자들이다. 그들의 변증을 들어보자. 벽에 걸린 시계를 한 번 보라. 그것을 만든 시계공이 잘 작동하는지 수시로 들여다보던가? 대개 시계공은 초침, 분침, 시침이 제시간에 돌아가도록 장치해 놓고, 예쁘게 단장하여 팔면 그만이다. 시계는 배터리만 있으면 알아서 잘 돌아간다. 창조주 하나님이 그러하시다는 것이다.

하나님은 우주 만물이 어떤 원리에 따라 움직이도록 장치하셨다. 그러다가 때때로 사고를 당한다. 버스가 급정거할 때 손잡이를 잡지 않은 채 있으면 어떻게 되는가? 앞으로 쏠려 넘어져 사고를 당하고 만다. '관성의 법칙'에 따른 결과다. 창문에 걸터앉아 유리를 닦다가 떨어져 사고가 나는 경우도 있다. '만유인력의 법칙' 때문이다.

사고를 당한 사람이 하나님께 불평한다고 생각해 보라. 그때 왜 하나님이 나를 붙잡아 주지 않으셨느냐고, 창문에서 떨어질 때 몸이 공중에 붕 떠 있게 해 줄 수는 없었느냐고 말이다. 그러나 만일 하나님이 그들 요구대로 매일 이적을 베푸신다면 자연 질서가 엉망이 될 것이다. 대혼란이 일어날 것이 불 보듯 뻔하다.

다행히도 그런 일은 일어나지 않는다. 때로 기적이 일어나기는 하지만…. 거의 일어나지 않아야 기적이라고 할 수 있다. 너무 자주 일어나면 자연현상이 될 텐데, 이는 하나님이 세우신 자연법칙에 어긋나는 일이다. 그러니 일상적 기적이란 것은 없다.

이신론자들은 하나님이 세상을 창조하실 때 우주가 자연법칙에 따라 움직이도록 만드셨다고 주장한다. 왜인가? 그래야 사고, 질병, 고통의 책임으로부터 하나님을 보호할 수 있기 때문이라는 것이다. 이게 무슨 말인가? 만일 하나님이 세상일에 일일이 간섭하신다고 하면, 우리가 겪는 모든 부당한 고난과 아픔에 대해 하나님이 책임지셔야 한다고 할 것이기 때문이다. 하나님이 섭리하시는 만큼, 우리가 당하는 고통에 대해 하나님은 책임을 면하시기 힘들다는 것이다. 그래서 하나님이 섭리하시지 않고, 창조만 하셨다고 주장한다.

그러나 이신론은 하나님을 무능한 신으로 만들고, 우리를 운명론자로 만든다. 어떤 법칙에 매여 살아야 한다면, 우리는 내일을 위해 열심히 일할 당위성을 찾기 힘들 것이다. 기도할 필요가 없는 것은 말할 것도 없다. '지금' 일하시지 않는 하나님께 기도해 봤자 응답하실 수 없을 테니 말이다. 창조주 하나님이 만물을 계속해서 다스리실 수는 없는가?

성경은 하나님이 지금도 일하고 계신다고 말한다. 예수님이 "내 아버지께서 이제까지 일하시니 나도 일한다"(요 5:17)고 말씀하셨다. 그래서 예수님은 늘 기도하셨고, 우리에게도 기도하라고 권하셨다. 하나님은 머리털까지 다 세실 정도로 우리 형편을 너무나 잘 아신다. 그리고 간섭하신다. 하나님은 섭리하시는 분이라는 뜻이다.

나아가 하나님은 악한 신과 달리 너무도 좋은 분이다. 〈전설의 고향〉에나 나올 법한 무시무시한 귀신이나 절이나 사당에 걸려 있는 그림처럼 무섭게 생긴 신이 아니시다.

창조주로서 섭리하는 전능하신 하나님이면서 좋으신 분이라면, 왜 인간에게는 고통, 고난, 슬픔, 괴로움, 번민, 사고가 끊이질 않는가? 이야기가 이쯤 되면 누구든 당황하지 않을 수 없다. 무엇이든 할 수 있는 으면서omnipotent 또한 좋기good도 하신 하나님이 왜 우리에게 나쁜 일이 일어나는 것을 방치하느냐는 것이다. 이것이 바로 철학자나 신학자를 가장 고민하게 만드는 '악의 문제'다.

이신론자들이 고민하던 것을 다시 한번 들여다보자. 그들의 말에 어느 정도 일리가 있다고 생각해야 한다는 뜻이다. 세상에서 일어나는 모든 재난에 관해 하나님은 책임이 없으시다는 것을 진지하게 받아들여야 한다.

이것은 하나님이 자연법칙을 주셨다는 사실을 전제한다. 봄, 여름, 가을, 겨울이 규칙적으로 돌아가게 하셨다. 겨울에 여름 날씨를 겪어 본 적이 있는가? 만일 그런 일이 생긴다면 환경파괴로 인한 이상기후일 것이다. 이는 인간의 책임이지 하나님의 책임이 아니다. 마찬가지로 우리가 겪는 개인적인 가난, 고통, 고난, 슬픔, 사고 등 모든 어려움은 '근본적으로' 우리 책임이지 하나님의 책임이 아니라는 것이다.

일본과 미국 서부는 지진이 자주 일어나기로 유명하다. 최근 우리나라도 지진이 잦아져서 안심할 수가 없다. 그런데 지진으로 사람이 다치거나 죽는 일은 하나님의 책임이 아니다. 지진이 자주 일어나는 곳인 줄 알면서도 사람이 살고 있기 때문이다. 만일 거기서 살다가 재난을 당한다면 그것은 그 사람의 책임이다.

1912년 타이태닉호가 북대서양에서 빙산과 충돌하여 침몰하는 사고가 일어났다. 이 사고를 하나님이 책임지셔야 할까? 사람이 전방을 주시하고 빙하의 위험을 피해 조심스럽게 나아가야 했지 않았을까? 이런 예들은 수도 없이 많다. 물론 예측하지 못한 곳에서 자연재해가 일어나기도 하기에 쉽게 단정 지을 수는 없지만, 하나님께 모든 책임을 돌릴 수는 없다는 뜻이다.

정말로 답하기 어려운 일은 아주 어린 나이에 백혈병과 같은 병으로 죽어 가는 경우일 것이다. 오래전에 잠시 머물렀던 미국 LA에서 누군가가 생후 몇 개월도 안 된 아기를 철로로 던져 죽인 끔찍한 사건이 있었다. 지진 해일로 일본에서 수천 명의 사상자가 나기도 했다. 홍수로 산사태로 때로는 전쟁으로 예기치 않게 무고한 사람들이 '피할 틈도' 없이 죽임을 당하기도 한다. 이유도 모른 채 억울하게 죽어 간 사람들이 얼마나 많은가. 손양원 목사님의 아들이 그랬고, 1980년 광주민주화운동에서 무참히 죽은 사람들이 그러했다. 그런데도 살인자나 독재자가 버젓이 살아가는 것을 보면 하나님의 섭리를 이해하기가 어렵다.

고통이 무가치하지는 않다

이제 답을 내려 보자. 첫째, 인간은 왜 자신이 고통을 당하는지 알 수 없다. 다만 알 수 있는 것은, 하나님은 자연법칙과 원리를 깨트리지 않으신다는 것이다. 때로 기적을 베풀기도 하시지만, 그것은 하나님의 주권하에 일어나는 일로 우리는 알지 못하는 신비의 영역이다. 분명한 것은 생로병사의 무대가 되는 이 세상이 전부가 아니라는 것이다. 이것은 두 번째 답과 관련 있다.

둘째, 죽음이 삶의 끝이 아니다. 믿는 사람도 다칠 수 있고, 병들 수 있고, 억울하게 고통을 겪을 수 있다. 실패하거나 불행하게 죽을 수도 있다. 그러나 그것이 끝이 아니다. 욥이 그것을 보여 준다. 하나님을 끝까지 의지하면, 나중에 고통 이상의 복을 얻을 것이라는 말이다. 조금 어려운 말로, '종말론적' 영광이 있다. 슬픔도 고통도 없는 영생의 나라 말이다(계 21:4).

억울하게 고통당하다가 죽은 것으로 치면 예수님 외에 누가 큰소리 칠 수 있겠는가? 불평할라치면 예수님과 비교해 보고 해야 할 것이다. 믿음의 조상들은 억울하게 죽으면서도 불평하지 않았다. 예수 믿는다는 이유로 억울하게 옥살이를 하거나 돌에 맞아 죽고 톱에 켜여 죽었다(히 11:37). 그런데도 바울 같은 사람은 감옥에서 기도하며 하나님을 찬송했다(행 16:25). 그들은 어떻게 그 '억울한' 고난을 견딜 수 있었는가? 영생의 나라를 보았기 때문이다.

바로 하박국 말씀에서 '종말론적' 믿음을 발견한다.

"이 묵시는 정한 때가 있나니 그 종말이 속히 이르겠고 결코 거짓되지 아니하리라 비록 더딜지라도 기다리라 지체되지 않고 반드시 응하리라 보라 그의 마음은 교만하며 그 속에서 정직하지 못하나 의인은 그의 믿음으로 말미암아 살리라"(합 2:3~4).

성도들은 이러한 믿음으로 하나님이 마지막에 '보응'하시고, 우리를 '새롭게' 하실 것을 믿으며 오늘을 견딘다!

그래도 이 세상에서 왜 고통을 겪어야 하는지는 여전히 답하기 어렵다. 육체적으로든 정신적으로든 고통을 겪고 싶은 사람은 없기 때문이다. 고통과 눈물이 없는 영생의 나라가 있다고 하지만, 왜 이곳에 고통과 눈물이 있어야 한다는 말인가? 의문을 갖지 않을 수 없다. 처음부터 영생의 나라를 주실 순 없었는가 말이다.

왜 '오늘' 우리는 고통을 겪어야 하는가? 이에 대한 세 번째 답으로 글을 마치고자 한다. 그것은 영생의 나라를 '진정으로' 즐기기 위해서다. 사람이 태어나면서부터 아무런 대가 없이 매일 선물만 받는다고 생각해 보라. 초등학생이 되어도, 중학생이 되어도 똑같이 말이다. 그가 과연 선물의 고마움을 알기나 할까? 청소를 하든 심부름을 하든, 자신이 한 일에 대한 대가로 선물을 받아야 그 가치를 알지 않을까? 눈물 젖은 빵을 먹어 봐야 '먹고사는 일'에 대한 고마움을 알 수 있다.

장차 누릴 영생의 나라의 가치를 실감하고, 감사히 여기도록 오늘 우리는 눈물을 흘리고 고통을 겪는다. 비록 원하지 않은 일이지만 말이다.

하나님은 자신의 독특한 구원사를 위해 우주를 통치하는 주재권을 사용하신다. 이런 의미에서 우리는 각자가 겪는 인간적 아픔을 인본주의적으로 평가하기보다는 하나님의 일하심을 거시적으로 바라보고 "합력하여 선을 이루시는" 역사를 존중해야 한다.

PART 2

교회가 왜 그래요?

"여자는 일체 순종함으로 조용히 배우라. 여자가 가르치는 것과 남자를 주관하는 것을 허락하지 아니하노니 오직 조용할지니라"(딤전 2:11-12).

선진국의 여러 교회를 다니면서 그들과 우리의 확연한 차이를 발견했다. 가장 큰 차이는 한국 교회에 기복 문화가 뿌리 깊이 박혀있다는 것이다. 또한, 교회의 역사가 오래된 유럽과 영미권에서는 상상할 수 없는 비윤리적 성직자와 성도들이 한국에서 버젓이 존재감을 드러내고 있다는 사실이다. 한국 교회가 유아기에 머물러 있는 이유가 여기에 있다. 세상이 달라지고 있는데 교회만 제자리걸음인 것이다. 그러니 세상이 교회를 폄하해도 대처하기가 쉽지 않다.

이에 자기 비판적 시각에서 한국 교회를 바라보고자 한다. 대대로 기복 신앙을 부추기던 샤머니즘이 사라지기는커녕 구약에서처럼 교회 안에 '산당'이 자리 잡고 있다. 우리 민족이 종교성이 강한 탓인지 신비주의가 여전히 힘을 발휘한다. 우리는 지금도 꿈을 신비하게 여기며 '성령 세례'를 초자연적인 방식으로 이해하는 경향이 있다. 그릇된 종말론이나 이원론적 신앙에 젖은 나머지 가정을 돌보지 않아도 교회에서 칭찬받기도 한다. 또한, 한국 교회 부흥에 가장 큰 공헌을 한 여자 성도들이 상대적으로 덜 인정받고, 박하게 대접받아 왔다. 이것이 한국 교회의 자화상이다.

과연 여자는 교회에서 조용해야 하는가? 예수님이 비판하신 '개, 돼지'는 누구일까? 혹시 나 자신이나 교회 지도자는 아닌가? 개 교회와 교계의 지도자가 뜨끔하게 여길 수도 있다. 그러나 자신을 스스로 돌아봐야 한다. 우리는 질문을 던지고 함께 고민해야 한다. 더불어 꿈에 관한 그릇된 생각을 파헤치고, 성령 세례에 관한 올바른 해석을 찾아보도록 하자.

1.

교회는 인륜을 무시하나요?

–땅에 있는 자를 아버지라 하지 말라(마 23:8~10)

"그러나 너희는 랍비라 칭함을 받지 말라 너희 선생은 하나요 너희는 다 형제니라 땅에 있는 자를 아버지라 하지 말라 너희의 아버지는 한 분이시니 곧 하늘에 계신 이시니라 또한 지도자라 칭함을 받지 말라 너희의 지도자는 한 분이시니 곧 그리스도시니라"(마 23:8~10).

"땅에 있는 자를 아버지라 하지 말라. 너희 아버지는 한 분이니 곧 하늘에 계신 분이시다"라는 9절 말씀은 마치 예수님이 가족 관계를 파괴하시는 분인 듯 보이게 한다. 정말로 육신의 아버지를 인정하지 말라는 말씀인가? 마찬가지로 "랍비나 지도자로 칭함을 받지 말라"는 말씀도 선뜻 이해하기가 어렵다.

우리 주위에 선생, 즉 가르치는 자들이 얼마나 많은가. 필자도 교수로 칭함을 받고 있다. 때때로 교회에서 지도자 역할을 하기도 한다. 그렇다면, 교수라는 직함을 버려야만 위 말씀에 순종하는 것일까? 하나님만이 유일하신 아버지이며 예수 그리스도만이 유일하신 선생이요 지도

자이니 아비와 선생과 지도자라는 칭호를 다 없애야 하는가 말이다.

말과 행동이 다른 지식 장사꾼이 되지 말라

그런데 예수님은 그와 정반대되는 말씀도 하셨다. 실제 예수님은 육신의 아버지를 인정하셨다.

"네 부모를 공경하라, 네 이웃을 네 자신과 같이 사랑하라 하신 것이니라"(마 19:19).

바울도 예수님과 똑같이 이 땅의 아버지를 부정하지 않았고, 부모를 공경하라고 명령했다.

"네 아버지와 어머니를 공경하라 이것은 약속이 있는 첫 계명이니"(엡 6:2).

나아가 바울 자신이 '아버지'됨을 스스로 선언하기도 했다.

"그리스도 안에서 일만 스승이 있으되 아버지는 많지 아니하니 그리스도 예수 안에서 내가 복음으로써 너희를 낳았음이라"(고전 4:15).

"믿음 안에서 참 아들 된 디모데에게 편지하노니 하나님 아버지와 그리스도 예수 우리 주께로부터 은혜와 긍휼과 평강이 네게 있을지어다"(딤전 1:2).

바울이 초대교회의 지도자인 것은 누구나 인정하는 바다. 또한, 베드로는 자신을 '장로'라 칭하며 교회 지도자임을 스스로 선언했다.

"너희 중 장로들에게 권하노니 나는 함께 장로 된 자요 그리스도의 고난의 증인이요 나타날 영광에 참여할 자니라"(벧전 5:1).

왜 예수님은 이 땅의 아버지를 아버지라 하지 말라고 하셨을까? 왜 이 땅의 선생과 지도자를 부정하셨을까? 만일 부모를 공경하라는 말씀의 진정성을 의심할 수 없고, 바울과 베드로가 자신을 아비와 지도자로 자처한 것이 '의미 있는' 하나님의 말씀이라면, 예수님은 자기모순처럼 들리는 급진적인 말씀을 왜 하셨을까? 예수님의 의도하신 바가 무엇인가?

예수님이 아비, 선생, 지도자라는 호칭을 부정하신 이유는 그 앞뒤 구절을 보면 잘 드러나 있다. 예수님은 모세의 자리에 앉은 서기관과 바리새인들이 그들 자신의 가르침과 다르게 행동하는 것을 보고 언행의 불일치를 지적하셨다(마 23:2~3). 그들은 자신이 대단한 존재인 양 자신을 과시하며 거들먹거렸다(마 23:5~6). 예수님은 자기가 가르치는 지식의 진정한 의미도 모르면서 대접만 받으려는 그들의 저급한 지식 장사꾼의 모습을 꼬집으며 그들의 가르치는 지식은 배우되 그들의 행동은 본받지 말라고 하셨다.

당시에 그런 거짓 랍비들이 워낙 많았다. 그들 자신은 그렇게 살지도 못하면서 온갖 규칙과 법도를 만들어 사람들에게 그대로 살라고 가르쳤고, 사람들은 그것들을 지키느라 스트레스를 받았다. 그들은 자신의 가르침을 스스로 지키기는커녕 요령껏 불법을 저질렀다. 그 때문에 예수님이 제자들에게 그런 못된 랍비가 되느니 아예 랍비 소리를 듣지 말라고 하신 것이다.

그런데 육신의 아버지까지 싸잡아 비판의 대상으로 삼으신 것은 좀 과하지 않은가? 거짓 랍비들이야 비난받아 마땅하지만, 육신의 아버지까지 비난할 필요가 있었을까? 생각할수록 해석하기가 쉽지 않은 주제다.

아버지 하나님을 보고 배우라

해석의 열쇠는 여기에 있다. 이 땅에서 '가르치는 자'로 대접받는 모든 사람이 실은 자기 가르침대로 살아 내지 못한다는 것이다. 여기에 지도자도 포함된다. 우리나라만 봐도 남을 지도하는 위치에 있는 사람이 스스로 법을 어기고 무시하는 경우가 얼마나 많은가. 국회의원을 비롯한 정관계 사람들은 물론이고 기업 임원들 역시 비난을 면하기 어렵다.

이 관점에서 보면, 예수님이 말씀하신 의도를 어렵지 않게 파악할 수 있다. 예수님은 인륜을 거스르거나 인간관계를 부정하라고 하시지 않았다. 사회체제를 부정하거나 무정부주의를 의도하신 것도 아니다. 언행일치의 진정한 삶을 사는 자가 도대체 있느냐고 질타하신 것이다.

랍비라 칭함 받던 서기관과 바리새인은 눈에 보이는 예에 불과하다. 가정에서 가장 권위 있는 자로 여겨져야 할 육신의 아버지 또한 완전한 인간이 아니며, 사회에서 존경받아야 할 지도자들도 완전한 인간이 아니다. 오직 하나님만이 완전하시다.

그러므로 우리가 따를 진정한 모델은 하나님 아버지뿐이며 하나님은 사랑과 긍휼이자 우리 생명의 진정한 원천이시다. 언행일치의 삶을 산 참사람은 예수 그리스도 한 분뿐이며 그는 겸손의 왕으로 우리가 품어야 할 마음을 보여 주신 참지도자다(빌 2:5).

여기서 우리는 두 가지 교훈을 발견한다. 첫째, 세상에는 진정으로 존경하고 따를 인간이 존재하지 않는다는 사실이다. 그러므로 교회나 직장에서 성인聖人 대접을 받아 마땅한 사람은 아무도 없다. 그런 대우를 받기 위해 스스로 애써서도 안 될 일이다.

둘째, 진정한 아버지, 진정한 선생, 진정한 지도자가 되려면 주님처럼 남을 섬기고 스스로 낮추는 자가 되어야 한다(막 10:45). 예수님이 말씀하셨다.

"너희 중에 큰 자는 너희를 섬기는 자가 되어야 하리라 누구든지 자기를 높이는 자는 낮아지고 누구든지 자기를 낮추는 자는 높아지리라"(마 23:11~12).

예수님의 말씀은, 우리에게 아버지나 선생이나 지도자가 필요 없다는 뜻이 아니다. 그들이 있어야 사회가 어느 정도 안정을 이룰 수 있기 때문이다. 그러나 아버지로서 진정한 역할을 하려면 하나님을 보고 배워야 한다. 자녀를 자기 소유물로 생각하고, 비인격적으로 대하지는 않는지, 쓸데없이 자녀를 노엽게 하지는 않는지 돌아봐야 한다.

주님이 인정하시는 선생이요 지도자가 되려면 주님처럼 모든 사람을 형제로 여기고 자신을 낮추어 겸손하게 섬겨야 한다(마 23:8). 그런 선생과 지도자야말로 이 시대가 필요로 하는 진정한 사표다. 예수님의 말씀이 우리에게 그 기준을 명확히 제시해 준다.

2.

교회에 웬 샤머니즘?

–산당을 제거하지 않은 왕들(왕하 15:1~5)

"이스라엘 왕 여로보암 제이십칠년에 유다 왕 아마샤의 아들 아사랴가 왕이 되니 그가 왕이 될 때에 나이가 십육 세라 예루살렘에서 오십이 년간 다스리니라 그의 어머니의 이름은 여골리야라 예루살렘 사람이더라 아사랴가 그의 아버지 아마샤의 모든 행위대로 여호와 보시기에 정직히 행하였으나 오직 산당은 제거하지 아니하였으므로 백성이 여전히 그 산당에서 제사를 드리며 분향하였고 여호와께서 왕을 치셨으므로 그가 죽는 날까지 나병환자가 되어 별궁에 거하고 왕자 요담이 왕궁을 다스리며 그 땅의 백성을 치리하였더라"(왕하 15:1~5).

하나님을 철저하게 섬기지 않은 악한 여러 왕들은 물론 여호와 앞에 온전했던 아사 왕(왕상 15:14), 여호와 앞에서 정직히 행하였던 여호사밧 왕(왕상 22:43), 여호와 보시기에 정직히 행했던 유다 왕 아마샤와 웃시야로도 불리는 아사랴 왕(왕하 15:3), 그리고 여호와께서 보시기에 정직히 행했던 웃시야의 아들 요담 왕(왕하 15:34) 등 경건한 왕들도 산당을 제거하지 아니하였다. 이스라엘이 남과 북으로 나뉘기 전인 솔로몬 왕 시대에도 산당이 있었다(왕상 3:3). 더 거슬러 올라가면, 사무엘 선지자 시대에도 산당이 훼파되지 않은 채 남아있어서 백성들이 산당에 올라 하나님께 제사를 드리기도 했다(삼상 9:12). 사무엘 선지자는 그에 대해 일절 반응을 보이지 않았다.

도대체 산당에 무슨 힘이 있기에 신앙이 꽤 좋다던 왕들도 산당 세우기에 열심이었을까? 무엇이 아쉬워서 하나님이 제거하라고 하신 산당을 남겨두었는지 이해되지 않는다. 무엇이 그들을 사로잡았던 것일까?

말년에 산당 문화를 즐겼던 솔로몬

하나님은 이스라엘 백성이 이방 나라의 우상 숭배를 본받지 않도록 그들을 몰아내고 우상을 깨뜨리며 산당을 헐어 버릴 것을 모세에게 명령하셨다(민 33:52). 이런 사실에 비추어, 여호와께 제사를 드리는 장소는 전통적으로 이방 신을 섬기던 산당이 아닌 다른 곳이어야 했다. 산당을 깨끗이 제거하고 다른 곳을 찾는 것이 당연지사다.

급기야 이스라엘 백성은 이방 신들의 산당에서 하나님 대신에 바알, 아세라, 밀곰 등 우상을 섬기는 배교를 저지르고 말았다. 열왕기 상하는 그들이 산당을 제거하지 않았다는 사실을 여러 곳에서 언급하며 그것이 하나님 보시기에 악하므로 하나님이 산당을 불쾌하게 여기셨다고 기록했다(왕상 15:14, 22:43; 왕하 15:35, 17:9, 17:11, 17:32, 18:22, 23:9, 23:19).

솔로몬은 그의 말년에 산당 문화를 즐겼다. 그 결과, 나라가 북이스라엘과 남유다로 쪼개졌다. 더욱 한심한 것은, 분열된 두 왕국이 모두 산당 문화를 무비판적으로 수용했다는 점이다. 이스라엘 백성이 산당을 버리지 못한 데 가장 큰 영향을 준 인물이 솔로몬이라는 점을 고려하면, 후대 왕들의 책임이 약간은 경감될 수 있다. 그러나 여호와를 믿고 따랐다는 왕들조차 하나님이 싫어하시는 산당을 끝내 제거하지 못했다는 사실은 여전히 용납하기 어렵다.

백성들은 말할 것도 없이 왜 왕들이 산당을 가까이할 수밖에 없었을까? 아마도 일차적인 이유는 하나님께 예배드릴 성전이 아직 없었기 때문일 것이다.

"그 때까지 여호와의 이름을 위하여 성전을 아직 건축하지 아니하였으므로 백성들이 산당에서 제사하며"(왕상 3:2).

그러나 솔로몬은 성전을 건축한 후에도 후궁들이 산당에서 이방 신을 제사하는 것을 방조하다 못해 자신이 적극적으로 참여하기까지 했다(왕상 11:4~8). 산당을 쉽게 떨치지 못하는 또 다른 이유를 떠올릴 수밖에 없다. 바로 뿌리 깊은 기복 문화가 원인이다.

뿌리 뽑지 못한 기복신앙이 가져온 폐해

출애굽에 성공한 이스라엘 백성은 가나안에 입성하자 문화 충격에 부딪혔다. 유목민이 농경 생활을 시작하게 된 것이다. 그들은 농사를 지으면서부터 다른 부족들이 풍년을 기원하며 이방 신에게 제사하는 모습에 매료되었다. 당시 근동 지역 사람들은 일월성신, 바알, 아세라, 몰렉, 밀곰 등 잡다한 우상들이 농경을 관장하며 풍요로운 수확을 보장해 준다고 믿었다. 배금주의로 치닫는 세속 문화를 정당화해 주는 이방 신 숭배가 이스라엘 백성들에게는 매혹적으로 느껴졌을 것이다. '거룩함'을 강조하는 야훼 신앙에 물린 그들에게 산당 제사는 피할 수 없는 유혹이었다.

산당은 히브리어로 바마하בָּמָה인데 '높은 곳'high place이란 뜻이다. 높은 산에 올라 하늘에 가까이 닿을수록 기도가 더 빨리 응답되리라고 믿었던 것으로 보인다. 그러한 원시 신앙을 하나님도 무시하지 않으신 것 같다. 하나님도 높은 시내 산에서 모세를 통해 이스라엘 백성에게 십계명을 주셨다. 이스라엘 백성들은 예루살렘 성전보다 높은 산에서 드리는 제사가 더 효험 있게 느껴졌을 것이다. 신을 가까이 접할 수 있는 곳에서 풍요라는 현세적 축복을 기원하는 산당 제사가 '보통 인간'에 불과한 이스라엘 백성들에게는 쉽게 떨칠 수 없는 유혹이었다.

다시 말해, 북이스라엘에서나 남유다에서나 백성들은 한편으로는 하나님을 믿는 신앙을, 다른 한편으로는 기복 신앙을 가졌었다는 것이다. 그들의 신앙은 한마디로 이중적이었다. 높은 산에서 하나님께 제사하던 관습과 개인의 축복을 기원하는 이방 신 숭배가 맞물리면서 산당 제사에 힘이 실렸다. 이로써 십계명의 제1,2계명이 점차 잊혀 갔다. 혼합주의 신앙으로 급속하게 물들어 갔다. 인간의 원초적 갈망을 부추기는 기복 신앙이 산당 제사를 쉽게 무너뜨릴 수 없는 관행으로 만들어 갔다.

산당 제사는 기복 신앙이다. 그러나 하나님의 도우심과 평강의 은혜를 간구하고, 범사에 강건하기를 구하는 것은 신앙에 위배되지 않는다(요삼 1:2). 문제는 물질욕이나 명예욕이 신적 위치를 점하는가 하는 것이다. 만일 우리가 거룩과 헌신, 봉사와 섬김보다 건강과 입신양명, 또는 통장과 금고에 쌓아 놓은 재물을 최우선 가치로 삼는다면 그것이 바로 기복 신앙이다.

산당 제사를 포기하지 못했던 북이스라엘은 결국 BC 721년에 앗수르에, 남유다는 BC 586년에 바벨론에 멸망했다. 여러 가지 이적을 통해 신앙을 체득했던 이스라엘 백성과 왕들도 산당의 유혹을 견뎌 내지 못했다는 점에 유의하자.

우리 신앙이 그들보다 더 견고한가? 한국의 샤머니즘은 건강과 재수財數를 최고의 미덕으로 꼽는다.[3] 우리 앞날을 누가 알겠는가? 우리도 21세기식 산당 제사를 즐기다가는 옛 이스라엘처럼 하나님의 진노를 피하지 못할 것이다. 하나님이 원하시는 신앙을 사수하는 것이 얼마나 어려운가를 아는 것이야말로 지혜다.

3 권문상, 『성경적 공동체: 삼위일체 하나님을 닮은 가족교회』 (용인: 킹덤북스, 2013), 78~84.

3.

여성 차별적인 것 아니에요?

–일체 순종함으로 조용히 배우라(딤전 2:11~12)

"여자는 일체 순종함으로 조용히 배우라 여자가 가르치는 것과 남자를 주관하는 것을 허락하지 아니하노니 오직 조용할지니라"(딤전 2:11-12).

이 구절은 아마도 성경에서 가장 이해하기 힘든 말씀 중 하나일 것이다. 마치 하나님이 교회의 여성 리더십을 허락하지 않으신 것처럼 보이기 때문이다. 만일 이것이 사실이라면 오늘날 주일학교나 어떤 공동체 모임에서도 여자가 가르치는 일은 마땅히 금지해야 할 것이다. 여자가 가르치고 주관하는 일을 허용하거나 장려하기까지 한다면, 이는 바울의 명령 아니 하나님의 말씀을 거역하는 셈이 될 것이다. 본문을 문자적으로 이해하면, 여자는 교회에서 가르치는 역할을 할 수 없다. 교회에서 여신도는 조용히 듣고 배우기만 해야 한다.

여성이 정 · 재계에서 활발히 활동할 뿐 아니라 대통령까지 되는 시대이지만, 바울의 가르침을 따르자면 교회에서는 여성 리더십을 허락하지 말아야 하는 듯 보인다. 그럼에도 불구하고 우리는 말씀대로 행하지 않는 불경한 행위에 관해서는 침묵한다. 여자가 가르치고 주관하는 일을 막지 않는다. 그러면서 교회 분쟁에 여성이 조금이라고 연루되어 있으면 이 구절을 확대 적용한다. 교회 일에 여자가 이렇다 저렇다 하며 나서지 말라는 것이다. 여신도들도 대부분 슬며시 꼬리를 내린다. 누가 감히 하나님 말씀에 도전하랴!

여성 리더십을 세웠던 바울

그러나 교회 안에서 이미 많은 여성이 주일학교 교사와 리더로 세워져 왔다. 그런데 인제 와서 여성의 가르치는 일을 그만두게 할 수 있겠는가? 헌신적인 여신도들을 벙어리로 만들어야겠는가? "정말 그래야 하는가?" 하고 질문하며 살펴야 한다. 실제로 말씀의 의도와 전혀 상관없는 그릇된 요구이기 때문이다.

디모데전서에서 여자를 차별하는 발언을 했던 바울이 갈라디아서에서는 남자와 여자가 그리스도 안에 하나라고 말했다(갈 3:28). 남녀평등에 관한 그의 선언은 당시에 파격적이었을 것이다. 같은 맥락에서 그는 고린도 교회에 보내는 서신에서 "주 안에는 남자 없이 여자만 있지 않고 여자 없이 남자만 있지 아니하다"고 말하며 평등한 성 역할을 제시했다(고전 11:11). 이는 고린도 교회에서 여자들이 말씀을 가르치고 있었다는 증거임이 분명하다(고전 11장). 초대교회에서부터 여성 리더십이 인정되었던 것이다.

바울이 남녀평등을 최초로 선언한 것은 아니다. 태초에 하나님이 인류를 창조하실 때부터 있어 온 개념이다. 남자와 여자가 하나님의 형상대로 지음 받았다는 선언에서 이를 발견한다(창 1:26). 처음부터 남녀 간에 인격적인 차이가 존재하지 않았음을 알 수 있다.

바울은 이 개념을 여성 리더십을 세우는 데 적용했다. 하나님이 남녀를 평등하게 창조하셨기 때문에 여자도 교회에서 가르칠 수 있는 것이다(창 1:26~27, 2:23). 바울이 교회 안에 여자 교사, 곧 여성 리더십을 인정하였다는 증거가 명백하다. 디도에게 여자들이 가르치는 일을 하도록 훈련할 것을 명한 것이다.

"늙은 여자로는 이와 같이 행실이 거룩하며 모함하지 말며 많은 술의 종이 되지 아니하며 선한 것을 가르치는 자들이 되고"(딛 2:3).

그런 그가 왜 디모데에게는 여자가 교회에서 조용해야 한다고 명했던 것일까? 다른 바울 서신과 다른 내용을 어떻게 해석해야 할까?

거짓 교리를 가르친 자들을 지적하다

바울은 에베소에서 목회하던 디모데에게 편지를 보냈다. 당시 에베소 교회는 거짓 교리를 퍼뜨리는 일로 시끌벅적했다. 그는 디모데에게 교회에 남아 성도들이 "신화와 끝없는 족보에 몰두하지 말게" 하라고 했다(딤전 1:4).

"사람들이 이에서 벗어나 헛된 말에 빠져 율법의 선생이 되려 하나 자기가 말하는 것이나 자기가 확증하는 것도 깨닫지 못하는도다"(딤전 1:6~7).

아마도 에베소 교회에는 정통 신앙에서 벗어나 하나님의 법과 명령을 왜곡하여 전하는 자들이 많았던 모양이다. 거짓 교리를 신봉하고 가르치는 자들 가운데 여자들이 있었던 듯하다.[4] 구체적으로 그들이 어떤 교리를 잘못 가르쳤는지는 분명하게 알 수 없다. 오늘날 구원파처럼 율법의 폐기를 주장했거나(딤전 2:7~8 참조), 교회 안에서의 직제에 관해 시비를 걸거나 미혹하게 하는 거짓 영을 전파하거나 귀신을 따르는 자들 혹은 음식물 금지 목록을 만들어 가르치는 자들이었을 것이다(딤전 3:1~4:5 참조). 아니면 거짓 교리를 가르치는 이들에게 미혹되어 자칫 에베소 교회 전체에 악영향을 끼칠지도 모르는 상황이었을 것이다.

"그들 중에 남의 집에 가만히 들어가 어리석은 여자를 유인하는 자들이 있으니 그 여자는 죄를 중히 지고 여러 가지 욕심에 끌린 바 되어 항상 배우나 끝내 진리의 지식에 이를 수 없느니라"(딤후 3:6~7).

실제로 에베소 교회 남자들의 리더십이 심각하게 훼손되었던 것 같다. 여자들의 입김이 얼마나 거셌는지는 알 수 없으나 남자들이 대응하기에는 버거웠던 모양이다. 예나 지금이나 입씨름에서만큼은 여자들이 남자들에게 결코 뒤지지 않는다. 어쩌면 상당한 다혈질에 남성 호르몬이 과잉 분비되는 여장부들이었는지도 모른다. 여자들의 말발에 짓눌린 나머지 교회가 파국을 맞을 위기에까지 처했다.

이런 이유로, 부득이하게 바울은 여자들에게 교회 안에서 아예 입을 다물라고 명했던 것이다. 공인된 복음과 진리에 굳건히 서 있는 남자들에게만 가르칠 자격을 인정했다. 그러나 디모데전서 말씀은 교회에서 여자가 가르치는 일에 참여해선 안 된다는 뜻으로 쓰인 것은 아니다.

교회에서 여자는 오로지 듣기만 해야 한다는 뜻으로 왜곡하여 해석한다면, 여권 신장과 여성의 사회 참여에 기여해 온 한국 교회는 심각

4 Manfred T. Brauch, *Hard Sayings of Paul*, (IVP, 1989), 255.

한 자기모순을 빠지게 된다. 남존여비 사상이 팽배한 근대에 한국 교회는 여신도들을 계도했다. 오늘날 교육 현장에 여교사들이 넘쳐나고 각 분야에 우수한 여성 인력이 채워지는 데 기여해 온 교회가 이 구절을 여성 차별적으로 해석하는 것은 있을 수 없는 일이다.

경험적으로, 가르치는 은사는 남자보다 여자에게 더 많이 주어지는 것 같다. 생물학적으로도 언어 능력을 관장하는 우뇌가 남자보다 여자가 더 발달했다고 하지 않는가. 그러므로 거짓 교리를 가르치지만 않는다면, 교회에서 여성 리더십을 세우는 데 주저할 이유가 전혀 없다.

4.

누구 보고 개돼지래요?

–거룩한 것을 개에게 주지 말라(마 7:6)

"거룩한 것을 개에게 주지 말며 너희 진주를 돼지 앞에 던지지 말라 그들이 그것을 발로 밟고 돌이켜 너희를 찢어 상하게 할까 염려하라"(마 7:6).

흔히 "미련하고 못난 사람"을 가리켜 '개돼지'라고 하는데, "개돼지만도 못한 X"이란 "성질이 아주 못되고 고약한 사람"을 비유적으로 일컫는 말이다. 이스라엘이나 우리나라나 돼먹지 않은 사람을 개돼지에 빗대는 모양이다. 물론 개와 돼지에 관한 주님의 비유는 그와 달리 영적 의미로 쓰였지만, 호기심이 많은 사람이라면 이런 질문을 가질 법하다.

"도대체 개, 돼지는 누구란 말인가?"

원수까지 사랑하라고 하신 예수님이 대체 어떤 사람들을 이렇듯 막말로 하대하시는가?

우리가 잘 아는 산상수훈은 한곳에서 일장 연설을 하신 것이 아니라 여기저기서 하신 말씀을 마태가 모은 것이다(마 5~7장). 그러므로 때로 앞뒤 문맥이 잘 연결되지 않곤 한다. 마태복음 7장에 기록된 이 구절도 마찬가지다. 이것은 남을 비판하지 말라는 말씀(마 7:1~5)과 하나님께 구하면 그의 자녀에게 좋은 것을 주신다는 말씀(마 7:7~12) 사이에 쓰여 있다.

어떤 학자는 이 구절을 앞뒤 주제를 연결해 주는 말씀으로 보아 남에게 이런저런 비판하는 말을 하지 말고, 이들과 서로 구별하는 정도로 살아가라는 뜻으로 해석하기도 한다.[5] 그러나 억지 해석처럼 보인다. 남을 비판하지 말라고 했으나 일단 남을 '개, 돼지'로 부르는 것 자체가 일말의 비판 의식을 드러내 보여 주고 있기 때문이다.

거짓 신앙은 진주를 못 알아보고 짓밟는다

본문 말씀은 앞뒤 구절과 상관없이 독립적으로 해석하는 편이 낫다. 굳이 다른 구절과의 관련성을 찾는다면, 다음 구절과 연결하여 읽기를 권한다. 본문을 더 정확하게 해석하는 데 큰 도움을 주기 때문이다.

"거짓 선지자들을 삼가라 양의 옷을 입고 너희에게 나아오나 속에는 노략질하는 이리라 그들의 열매로 그들을 알지니 가시나무에서 포도를, 또는 엉겅퀴에서 무화과를 따겠느냐 이와 같이 좋은 나무마다 아름다운 열매를 맺고 못된 나무가 나쁜 열매를 맺나니 좋은 나무가 나쁜 열매를 맺을 수 없고 못된 나무가 아름다운 열매를 맺을 수 없느니라 아름다운 열매를 맺지 아니하는 나무마다 찍혀 불에 던져지느니라 이러므로 그들의 열매로 그들을 알리라 나더러 주여 주여 하는 자마다 다 천국에 들어갈 것이 아니

5 F. F. Bruce., *Hard Sayings of Jesus*, (IVP, 1983), 87.

요 다만 하늘에 계신 내 아버지의 뜻대로 행하는 자라야 들어가리라 그 날에 많은 사람이 나더러 이르되 주여 주여 우리가 주의 이름으로 선지자 노릇 하며 주의 이름으로 귀신을 쫓아 내며 주의 이름으로 많은 권능을 행하지 아니하였나이까 하리니 그 때에 내가 그들에게 밝히 말하되 내가 너희를 도무지 알지 못하니 불법을 행하는 자들아 내게서 떠나가라 하리라"(마 7:15~23).

본문의 "거룩한 것"과 "진주"가 영적으로 무엇을 가리키는가를 판단하기는 어렵지 않다. 그것은 바로 복음이다. 거룩한 것이 무엇인지를 알려면 병렬로 언급된 진주가 무엇인지를 알면 된다. 성경은 자주 같은 내용을 다른 단어로 반복하여 사용하곤 한다. 이 구절에서도 거룩한 것과 진주는 같은 의미를 나타내는 표현으로 봐야 한다.

성경에서 진주는 14차례 언급되었는데, 값비싼 보석으로 평가되고 있다. 예를 들어, 다음과 같은 구절들이 있다.

"세상에 금도 있고 진주도 많거니와 지혜로운 입술이 더욱 귀한 보배니라"(잠 20:15).

"또 이와 같이 여자들도 단정하게 옷을 입으며 소박함과 정절로써 자기를 단장하고 땋은 머리와 금이나 진주나 값진 옷으로 하지 말고"(딤전 2:9).

"그 열두 문은 열두 진주니 각 문마다 한 개의 진주로 되어 있고 성의 길은 맑은 유리 같은 정금이더라"(계 21:21).

지금도 그렇지만 진주는 옛날부터 금과 비교될 정도로 비싼 보석이었다. 희소성으로나 그 고운 빛깔로 볼 때, 누구든지 갖고 싶어 하는 이 보석을 주님은 천국 복음에 비유로 사용하셨다.

"또 천국은 마치 좋은 진주를 구하는 장사와 같으니 극히 값진 진주 하나를 발견하매 가서 자기의 소유를 다 팔아 그 진주를 사느니라"(마 13:45~46).

천국은 세상의 그 어떤 재물보다 훨씬 더 값어치가 있다는 말씀이다. 그래서 천국 복음을 발견한 자는 자기 소유를 다 팔아 극히 값진 진주 하나를 사는 자와도 같아진다(마 13:45~46). 이처럼 본문의 진주는 바로 천국 복음을 가리키는 것이다.

그런데 예수님이 비유를 통해서든 직설적으로든 하나님의 비밀을 강론하실 때, 들을 귀 있는 자는 진주를 발견한 장사꾼과 같이 어떤 대가를 치러서라도 천국 복음을 받아들였지만, 서기관, 율법사, 사두개인, 바리새인 같은 기득권층은 끝끝내 거세게 저항했다. 세례 요한이 일찌감치 그들을 정죄했고, 예수님이 노골적으로 그들을 경계하며 말씀하기도 했다.

"요한이 많은 바리새인들과 사두개인들이 세례 베푸는 데로 오는 것을 보고 이르되 독사의 자식들아 누가 너희를 가르쳐 임박한 진노를 피하라 하더냐"(마 3:7).

"예수께서 이르시되 삼가 바리새인과 사두개인들의 누룩을 주의하라 하시니"(마 16:6).

진주를 못 알아보고 짓밟은 자들은 소위 '신앙이 좋다'고 일컬어지는 자들이었다. 예수님은 그들이 곧 거짓 선지자들이며(마 7:15), 마지막 심판 날에 그들의 '거짓 신앙'이 들통날 것이라고 말씀한다(마 7:22~23).

개돼지는 천국 복음을 멸시한다

그렇다면 누가 개, 돼지인지 분명해진다. 영적으로 '성질이 아주 못되고 고약한 가짜 성도', 즉 사회적 지위, 재물, 이념 등 자신의 기득권을 너무 사랑한 나머지 예수님이 전하시는 천국 복음을 멸시한 강퍅한 심령의 사람들이다. 바로 서기관, 율법사, 바리새인, 사두개인들 말이다.

그들은 야훼 하나님이 친히 세상에 오셔서 천국 복음에 관해 들려주시는데도 듣지 않고 저항했다. 하나님을 사랑하고 이웃을 사랑하라는 계명도 지키지 않았다. 이웃 사랑은 곧 하나님 사랑의 표현이자 열매인데, 그들에게서는 찾아볼 수 없었다. 복음이 천국이요, 천국은 사랑으로 충만한 곳인데, 그들의 언행과 심사에는 사랑의 흔적조차 없었다. '사랑의 화신'인 주님을 거부하였으니 그들의 신앙에는 진정성이라곤 없다.

놀랍게도 그들은 자신이 최고의 신앙인인 줄 알고 착각한다. 이것은 예나 지금이나 종말에도 똑같이 벌어지는 일이다. 그러나 그들은 확연히 드러난 값비싼 진주를 못 알아보고 무시하는 돼지나 다름없다. 또한, 자기가 배설한 지저분하고 악취 나는 것을 먹어치우는 개에 불과하다. 주님이 재림하실 때, 그들은 "주여 주여 우리가 주의 이름으로 선지자 노릇 하며 주의 이름으로 귀신을 쫓아 내며 주의 이름으로 많은 권능을 행하지 아니하였나이까"(마 7:22) 하며 주님께 아첨하겠지만, 주님은 "내가 너희를 도무지 알지 못하니 불법을 행하는 자들아 내게서 떠나가라" 하고 말씀하실 것이다(마 7:23). 끔찍한 선언이다!

복음은 차별 없이 누구에게나 전해져야 한다. 성경은 그에 관해 이렇게 말한다.

"너희는 온 천하에 다니며 만민에게 복음을 전파하라"(막 16:15).

"청함을 받은 자는 많되 택함을 입은 자는 적으니라"(마 22:14),

"누구든지 주의 이름을 부르는 자는 구원을 받으리라"(롬 10:13).

그런데 예수님이 천국 복음을 거부하는 자들을 개, 돼지로 부르며 그들에게는 복음을 전할 필요도 없다고 말씀하시는 듯하니 의아하게 느낄 수 있다. 그러나 앞에서 설명한 바와 같이 개돼지는 '절대로' 구원받지 못할, 심령이 강팍한 거짓 신앙인들을 가리킨 것이다. 그들이 복음을 거부했다는 것은 이미 그들에게 복음이 전해졌다는 뜻이다. 예수님은 그들이 복음에 관해 들은 것을 아셨고, 때로는 친히 말씀해 주시기도 했다. 즉 그들에게 거룩한 것을 주지 말라고 하신 것은 복음을 끝내 거부하는 그들의 고집스러움을 지적하고자 하신 말씀이다.

오늘날 천국 복음을 멸시하는 개돼지는 과연 누구인가? 그것은 주님만이 분명히 판단하실 수 있다. 우리는 다른 사람의 영적 상태를 쉽게 판단할 수 없다. 다만 이 질문을 자기 자신에게 적용하는 것은 중요하다.

마지막 심판 날에 나는 주님에게서 "내가 너를 도무지 모른다"는 말씀을 들을 만한 인물은 아닌지 돌아봐야 한다. 예수님이 꾸짖으시던 그 거짓 선지자의 모습이 바로 내 모습은 아닌지 살펴야 한다. 종교적, 사회적 지위와 부에 만족하여 남을 사랑할 줄 모르는 자가 되어서는 안 된다.

매사 낮은 자리에서 가난하고 심령이 상한 자를 섬기며 자기희생의 삶을 사는 사람은 절대로 개돼지가 될 수 없다.

5.

가정이 파탄 나면 책임질 건가요?

–사람의 원수가 자기 집안 식구리라(마 10:35~36)

"내가 온 것은 사람이 그 아버지와, 딸이 어머니와, 며느리가 시어머니와 불화하게 하려 함이니 사람의 원수가 자기 집안 식구리라"(마 10:35-36).

이 구절을 읽으면 마치 예수님이 가정을 파괴하러 오신 분처럼 보인다. 앞 구절의 내용은 더 노골적이고 끔찍하다.

"내가 세상에 화평을 주러 온 줄로 생각하지 말라 화평이 아니요 검을 주러 왔노라"(마 10:34).

정말로 주님은 세상이 화목하고 평화를 이루는 것을 원하지 않으시는 걸까? 가정이란 모름지기 사람에게 정서적으로 가장 큰 안정감을 주고 행복한 기억을 만들어 주는 곳인데, 주님은 우리의 스위트홈sweet home을 망가뜨리려고 하시는가? 사랑과 평화로 가득해야 할 집뿐 아니라 직장이나 학교도 사람들이 살기 어린 눈빛으로 서로를 대하는 불안과 공포의 장소가 되기를 바라시는가? 특히 부모에 대한 효를 강조하는 우리 정서에는 매우 무례하게 들리는 말씀이다.

물론 세상을 너무도 사랑하시어 우리를 구원하러 하늘에서 내려오신 주님이 우리가 사는 곳마다 전쟁터가 되기를 바라셨다는 말씀은 아닐 것이다. 그렇다면 우리는 이 말씀을 어떻게 해석해야 할까?

제자의 삶은 녹록지 않다

첫째, 장차 제자들이 겪게 될 현실적 고난의 삶을 강조하신 것으로 이해된다. 본문은 예수님이 열두 제자를 불러 그들에게 제자도를 가르치던 중에 주신 말씀이다(마 10장). 제자로서 살기란 결코 녹록지 않으리라는 말씀이 핵심이다.

주님은 제자들을 이리 가운데 던져진 양과 같다고 말씀하셨다(마 10:16). 그들 주위에는 그들을 옥에 던져 버릴 고소거리를 찾는 적들이 가득할 것이다. 한마디로 그들은 '미운 오리 새끼'가 될 것이다. 세상 사람들은 그들과 신앙과 가치관과 철학이 다르다는 이유로 미워할 것이다.

그래서 예수님은 "너희가 내 이름으로 말미암아 모든 사람에게 미움을 받을 것"(마 10:22)이라고 선언하셨다. 예수님 때문에 제자들은 세상의 존경이나 칭찬이나 부귀영화와 거리가 먼 삶을 살게 될 것이다. 그들에게는 세속적 안락함이 보장되지 않을 것이란 뜻이다. 주님을 따르겠다고 나서는 서기관에게 "여우도 굴이 있고 공중의 새도 거처가 있으되 인자는 머리 둘 곳이 없다"(마 8:20)고 말씀하신 주님처럼 그들도 머물 곳 없이 살게 될 것이다.

이처럼 본문은 제자들이 겪게 될 현실적 고난의 하나인 가족의 미움을 말씀하신 것이다. 보통 가족은 잘 먹고살기 위해 세상과 타협하며 살아간다. 세속적 욕심을 채우기 위해 우상에 복을 빌기도 한다. 또는 바리새인들처럼 율법주의적 가짜 신앙을 따라 살 수도 있을 것이다. 그러나 그리스도의 제자는 그들과 다른 삶을 살아야 한다.

부득이하게도 주님을 믿지 않는 부모와는 화평을 이룰 수 없을 것이다. 신앙이 다르다는 이유로 심지어 가족 간에 서로 원수가 될 수도 있다. 그래서 예수님은 "또 내 이름을 위하여 집이나 형제나 자매나 부모나 자식이나 전토를 버린 자마다 여러 배를 받고 또 영생을 상속하리라"(마 19:29)라고 위로해 주시기도 했다.

둘째로 이 말씀은 하나님 나라 건설의 긴급성을 확인시켜 주는 것으로 받아들여야 한다. 예수님이 참 자유와 구원의 복음을 주셨다. 죄로 인해 하나님 나라에 들어갈 수 없는 인간을 위해 대속하신 예수를 믿음으로써 구원을 얻도록 문을 열어 주신 것이다. 인간의 최우선 과제는 복음을 '지금' 받아들이는 것이다.

특히 예수님을 믿고 제자가 된 후에 그가 가장 먼저 해야 할 일은 복음을 '전하는' 일이었다. 그래서 예수님은 부친상을 당한 제자에게 "죽은 자들이 그들의 죽은 자들을 장사하게 하고 너는 나를 따르라"고 말씀하셨다(마 8:22). 어떤 사람이 예수님을 따르기에 앞서 먼저 가족과 작별하게 허락해 달라고 했을 때, 주님은 "손에 쟁기를 잡고 뒤를 돌아보는 자는 하나님의 나라에 합당하지 아니하니라"라고 하셨다(눅 9:62). 그러나 제자들이 세상과 단절하며 살아야 한다는 뜻은 아니다. 세속의 삶보다는 하나님 나라 건설이 더 시급한 일임을 강조한 것이다.

또한, 기온이 높은 근동 지역에서는 시신이 빨리 부패하므로 신속하게 장례를 치러야 한다. 그런 의미에서 제자의 부친상에 대한 예수님의 말씀은 '지금' 전하지 않으면 안 되는 복음 전파의 시급성을 암시하는 '모형적 메시지'로 이해하는 것이 옳다. 본문에 이은 다음 구절도 역시 모형적 메시지의 맥락에서 살펴볼 수 있다.

"아버지나 어머니를 나보다 더 사랑하는 자는 내게 합당하지 아니하고 아들이나 딸을 나보다 더 사랑하는 자도 내게 합당하지 아니하며"(마 10:37).

자기 가족을 돌보지 않으면 믿음을 배반한 자다

부모를 사랑하는 것은 절대 경시되어서는 안 될 일이지만 그것이 하나님 사랑에 우선할 수 없다. 그만큼 하나님 나라의 건설이 시급하며 모든 것에 우선되어야 한다는 뜻이다. 예수님은 부모의 장례를 무시하거나 부모와 자식 간에 불화를 일으키려고 하지 않으셨다. 복음 전파가 중요하고, 하나님 나라의 건설이 시급하므로 그만큼 우선되어야 한다는 뜻이었다. 그러나 가족, 특히 부모와 불화하게 하려고 오셨다는 말씀은 비윤리적으로 들린다. 비현실적으로 들리기까지 한다.

하지만 예수님은 이런 말씀을 하기도 하셨다.

"하나님이 이르셨으되 네 부모를 공경하라 하시고 또 아버지나 어머니를 비방하는 자는 반드시 죽임을 당하리라 하셨거늘 너희는 이르되 누구든지 아버지에게나 어머니에게 말하기를 내가 드려 유익하게 할 것이 하나님께 드림이 되었다고 하기만 하면 그 부모를 공경할 것이 없다 하여 너희의 전통으로 하나님의 말씀을 폐하는도다"(마 15:4~6).

십계명 중 제5계명을 언급하신 것을 보면, 예수님이 제자들에게 비윤리적이며 비현실적인 주문을 하셨다고는 생각되지 않는다.

따라서 마태복음 10장의 본문은 단순히 부모나 가족을 경시하거나 그들과 실제로 불화하라는 말씀이 아님을 알 수 있다. 이를 오늘날 교회에 적용한다면, 교회 일을 한다고 해서 부모나 자녀, 남편이나 아내에게 무관심하거나 집안일을 내팽개치는 것은 절대 성경적인 삶이 아니다. 만일 그렇게 주장한다면 예수님 말씀의 의도를 곡해한 것이다. 이런 자들은 광신자이거나 이단에 빠진 자들이라고 할 수 있다.

예수님의 가르침을 잘 이해한 바울이 말한 것을 되새길 필요가 있다. "누구든지 자기 친족 특히 자기 가족을 돌보지 아니하면 믿음을 배반한 자요 불신자보다 더 악한 자니라"(딤전 5:8).

6.

교회에서 웬 제비뽑기?

–맛디아 사도 선출과 제비뽑기(행 1:26)

"제비 뽑아 맛디아를 얻으니 그가 열한 사도의 수에 들어가니라"(행 1:26).

아마도 사도 맛디아에 관해 궁금한 사람이 많을 것이다. 구태여 그를 뽑은 이유가 무엇일까? 성경 어디를 보아도 이 구절 외에는 그가 구체적으로 어떤 사역을 하였는지 언급조차 없다. 왜 존재감이 없는 맛디아를 사도로 선택했는지 의구심이 들 만하다. 좀 더 기다렸더라면 바울이라는 출중한 인물이 사도로 선택될 수도 있었을 테니 말이다.

여기에 질문할 거리가 하나 더 있다. 왜 하필 제비뽑기로 사도를 뽑았는가 하는 것이다. 초대교회에서는 일꾼을 뽑을 때마다 제비뽑기를 했던 것일까? 그리고 이런 방식의 선출은 오늘날에도 유효한가? 예를 들어, 한국의 모 교단에서 실시하고 있는 총회장 제비뽑기는 성경적인가?

12사도로 온전함을 추구하다

성경이 증언하는 바에 따르면, 예수님은 제자들에게 성령이 임할 것을 기다리라고 명령하셨을 뿐이다(행 1:4, 8). 예수님이 승천하신 후, 제자들과 마리아, 예수의 동생들, 다른 여자들 등 120명이 모여 기도하며 성령의 임재를 기다렸다(행 1:13~14). 이때 느닷없이 베드로 사도가 120명 무리 앞에서 배신자가 된 가룟 유다 대신에 주의 부활을 증언할 사람을 하나 세우자고 제안하며 나섰다(행 1:15~22). 그때 천거된 두 사람 중에서 맛디아가 제비뽑기로 선택된 것이다.

먼저, 왜 맛디아를 사도로 선출해야 했는가에 관해 생각해 보자. 베드로는 예수님이 특별히 분부하신 일도 아닌데 왜 그런 제안을 했던 것일까? 그가 12라는 숫자에 집착했는지는 정확히 알 수 없다. 바울의 등장을 앞둔 시점이기에 당시 베드로의 제안이 너무 성급했던 것은 아닌가 하고 생각할 수 있다.

실제로 바울은 서신서 첫머리마다 스스로 이방인의 사도임을 확신 있게 자처하곤 했다(롬 1:1, 고전 1:1 고후 1:1, 갈 1:1 엡 1:1 골 1:1, 딤전 1:1, 딤후 1:1, 딛 1:1). 심지어 베드로를 "할례자[즉 유대인]의 사도로 삼으신 이가 또한 내게 역사하사 나를 이방인의 사도로" 삼으셨다고 선언하기도 했다(갈 2:8).

베드로가 예수님의 분부대로 성령의 임재를 기다리는 데 집중한 후에 바울을 만나서 그를 사도로 세웠더라면 하는 안타까움이 나올 법하다. 바울은 맛디아와 견줄 수 없을 만큼 위대한 복음 전도 사역을 감당했기 때문이다. 이런 점에서 베드로의 사도직 선출 결정이 아쉬울 수 있다.

그렇다고 해서 베드로를 비판하는 것은 지나치다. 왜냐하면, 그를 포함한 120명 무리가 모두 바울이 이방인의 사도로 부름 받을지 알 수 없었기 때문이다. 게다가 사도란 예수님을 직접 따랐던 자여야 한다는 제한 조건이 있던 데다가(행 1:22), 성경에 특별히 언급되지는 않았지만 베드로가 예수님께 열두 제자를 채우라는 말씀을 들었을 수도 있고, 아니면 예수님이라면 열두 제자를 채우셨으리라고 생각했는지도 모른다.

혹여 베드로가 개인적인 판단에 따라 열두 사도를 채우려고 했다고 해도 우리는 그의 제안을 비난할 수 없다. 왜냐하면, 사람의 행동 또한 하나님의 깊고 오묘한 섭리에 따라 이루어지기 때문이다.

하나님은 성경에서 12라는 숫자를 의미 깊게 사용하셨다. 12는 완전수로 하나님의 백성 전체를 가리킨다. 요한계시록에서 이것을 잘 확인할 수 있다. 하나님 앞에 선 24장로(계 4:4)는 구약의 12지파와 신약의 12사도를 가리키는 것으로, 구약의 택함 받은 백성과 신약의 교회를 포함한 하나님의 백성 전체를 의미한다.

그러므로 사도 선출을 통해 12사도를 중심으로 신약 교회가 새로운 형식, 즉 하나님의 온전한 백성으로서 출범함을 의도적으로 보여 주었다고 해석할 수 있다. 즉 이방인의 사도인 바울이 등장하기 전에 완전한 하나님의 백성을 드러내는 12사도라는 구도가 필요했다고 하겠다. 결론적으로 베드로의 사도 선출 제안은 신약 교회의 온전한 출범이라는 신학적 의미를 부여하는 의미 있는 행동이었다.

성경에 맛디아에 관해 이렇다 할 기록이 없기는 하지만, 그렇다고 해서 그의 사도직에 대해 회의적으로 생각할 필요는 없다. 맛디아뿐 아니라 다른 사도들도 성경에 기록된 부분이 많지 않기 때문이다.

제비뽑기, 정당하지만 항구적인 방법은 아니다

두 번째로 생각할 문제는 제비뽑기다. 왜 하필 제비뽑기인가? 맛디아를 사도로 뽑는 것이 정당했다고 해도 말이다. 일곱 집사 뽑을 때는 물론이거니와 장로를 선출할 때도 제비뽑기를 하지는 않았다. 그러나 결론부터 말하자면, 사도 선출을 위해 제비뽑기를 단행한 것은 문제 될 게 없다.

거룩한 전통의 연속선에서 볼 때, 초대교회의 제비뽑기는 정당한 행위였다. 유대인 공동체는 예부터 중대한 사안이 있을 때마다 하나님의 분명한 뜻을 확인하기 위하여 제비뽑기를 하곤 했다. 아론이 속죄를 위한 염소를 선택하기 위해 제비뽑기를 했으며(레 16:8), 이스라엘 백성이 아이 성 점령에 실패한 후에 제비뽑기를 통해 전리품을 훔친 아간을 가려냈고(수 7:16~18), 이스라엘의 가나안 땅 분배를 위해 하나님이 제비뽑기를 명령하셨다(민 26:55~56). 또한, "제비는 사람이 뽑으나 모든 일을 작정하기는 여호와께 있느니라"(잠 16:33)라는 말씀이 있는 것을 보면, 성경이 제비뽑기의 정당성을 보장해 준다고 하겠다.

베드로가 하나님의 뜻을 진심으로 구하고자 믿음과 전통에 따라 맛디아를 제비뽑기로 선출했다면, 그의 제안을 비난할 수 없다. 칼빈이 해석하듯이 교회 밖의 사람들이 이러한 행위를 미신적 혹은 마술적 의미를 두고 시행한다면 문제가 되지만, 교회 안에서 경건한 사람들이 하나님께 묻는 진지한 형식으로 사용했다면 정당하다고 하겠다.[6]

그러나 교회 안의 중요한 사안을 결정할 때마다 혹은 직분자를 선출할 때마다 항구적으로 제비뽑기 방식을 채택해야 하는 것은 아니다. 실

6 John Calvin, *Commentary on Acts 1:23*

제로 신약 교회는 맛디아 사도를 뽑는 일 외에는 어떤 사안에 대해서도 제비뽑기 방식을 취한 적이 없다. 일곱 집사도 합의를 통해 선출했다.

"그 때에 제자가 더 많아졌는데 헬라파 유대인들이 자기의 과부들이 매일의 구제에 빠지므로 히브리파 사람을 원망하니 열두 사도가 모든 제자를 불러 이르되 우리가 하나님의 말씀을 제쳐 놓고 접대를 일삼는 것이 마땅하지 아니하니 형제들아 너희 가운데서 성령과 지혜가 충만하여 칭찬 받는 사람 일곱을 택하라 우리가 이 일을 그들에게 맡기고 우리는 오로지 기도하는 일과 말씀 사역에 힘쓰리라 하니 온 무리가 이 말을 기뻐하여 믿음과 성령이 충만한 사람 스데반과 또 빌립과 브로고로와 니가노르와 디몬과 바메나와 유대교에 입교했던 안디옥 사람 니골라를 택하여 사도들 앞에 세우니 사도들이 기도하고 그들에게 안수하니라"(행 6:1~6).

열두 사도가 교회 성도들에게 일곱 집사를 택하라고 주문하였다. 왜 그들은 사도와 집사의 선출 방식을 달리했을까? 이에 대해 칼빈은 사도 선출의 특별함 때문이라고 말한다. "주의 입으로 (사도를) 임명하실 필요"를 채울 특별 방편으로 제비뽑기를 선택했다는 뜻이며 그 외의 직은 "사람을 통해서" 뽑으면 되므로 선거 제도를 활용했다는 것이다.[7]

또 다른 한 가지 이유는, 아마도 오순절 성령 강림 이후 사도와 성도들 대부분이 성령 충만하여 충분한 지혜와 덕을 갖추게 됨으로써 다툼이나 분쟁 없이 상호 의논하여 선출할 수 있는 성숙한 리더십을 갖게 되어서였을 것이다. 이런 의미에서 모 교단의 총회장 제비뽑기 선거는 초대교회의 성숙한 리더십을 이어받지 못한 증거임을 알 수 있다. 합의를 통해 선출할 수 있는 지혜와 덕이 부족하다는 뜻이다. 이 경우에 제

7 John Calvin, 『기독교강요』 (서울: 생명의말씀사, 1988), IV. iii. 13~14.

비뽑기는 성경적, 신학적 지지를 받을 수 없다. 비록 비리 선거를 미연에 방지하기 위해 채택한 것이라고 해도 말이다.

오순절 성령 강림 이후 우리는 하나님의 뜻을 발견할 지혜와 능력을 충분히 부여받았다. 그러므로 그에 걸맞은 성숙한 리더십을 발휘할 수 있어야 한다. 하루빨리 성숙한 리더십을 회복하여 제비뽑기보다 합의로 결정을 내릴 수 있는 지혜를 보여야 할 것이다.

7.

교회에서 웬 꿈타령?

–후일에 될 일을 알게 하셨나이다(단 2:28~30)

"오직 은밀한 것을 나타내실 이는 하늘에 계신 하나님이시라 그가 느부갓네살 왕에게 후일에 될 일을 알게 하셨나이다 왕의 꿈 곧 왕이 침상에서 머리 속으로 받은 환상은 이러하니이다 왕이여 왕이 침상에서 장래 일을 생각하실 때에 은밀한 것을 나타내시는 이가 장래 일을 왕에게 알게 하셨사오며 내게 이 은밀한 것을 나타내심은 내 지혜가 모든 사람보다 낫기 때문이 아니라 오직 그 해석을 왕에게 알려서 왕이 마음으로 생각하던 것을 왕에게 알려 주려 하심이니이다"(단 2:28~30).

꿈은 하나님의 계시인가? 심지어 하나님의 믿는 자녀가 아닌 이방인의 꿈을 통해서도 하나님은 그의 뜻을 알려 줄 수 있는가?

하나님을 믿지 않는 바벨론의 느부갓네살 왕이 꾼 꿈은 이 세상 역사를 주관하시는 하나님이 주신 계시였다. 느브갓네살만큼은 아니더라도 우리도 가끔 무언가 기억에 또렷이 남는 의미심장한 꿈을 꾸곤 하는데, 과연 그런 꿈들도 앞으로 일어날 어떤 사건을 하나님이 계시해 주시는 것인가?

군대 가기 전날, 어머니가 간밤에 꾼 것이라며 내게 알려 주신 꿈이 있다. 지금은 잘 기억나지 않지만 꿈에서 누군가가 열왕기상의 어느 구절을 펼쳐 보여 주었다고 한다. 어머니가 하도 진지하게 말씀하셔서 논산훈련소에 가져간 조그만 성경책에 그 구절을 적어 둔 기억이 난다. 하지만 훈련받는 내내 그 말씀이 군대 생활과 무슨 관계가 있는지 확신이 가지 않았다. 지금 생각해 보면 계시와는 거리가 먼 꿈이었던 것이다.

신앙을 떠나 우리 조상들도 길몽이니 흉몽이니 하면서 꿈이 미래를 알려 준다고 여겼었다. 성경에서도 개꿈이 아닌 이상, 꿈에 관해 어떤 의미를 부여하려는 태도가 보인다. 실제로 성경에 기록된 꿈은 어떤 신비한 계시적 성격을 드러내곤 하므로 우리 믿는 이들은 종종 꾸는 꿈에 기어코 어떤 계시적 의미를 부여하려고 애쓴다. 내 어머니처럼 말이다.

꿈을 통해 계시를 주시는 하나님

꿈은 정말 계시인가? 그렇다면 어떤 의미에서의 계시인가? 꿈의 계시적 기능은 일반적인가? 지금도 그러한 계시가 꿈으로 나타나는가?

성경에서 꿈은 하나님의 계시로 등장하기도 하지만, 거짓 계시에 불과할 때도 있다. 우선, 하나님이 믿는 자들에게 종종 꿈으로 계시를 보여 주시곤 하던 사례를 찾아보자. 야곱은 그의 후손의 번성과 모든 족속이 그와 그의 자손을 통해 복 받을 것이라는 계시를 꿈으로 받았다(창 28:12~15). 요셉이 꾼 꿈은 그의 일생에 그대로 실현되었다(창 37:5~10; 42:6; 43:28).

마리아의 남편 요셉은 꿈에서 마리아를 통한 구원자 예수의 탄생 예언을 들었다(마 1:20). 성육신에 관한 하나님의 계시가 실제로 역사 속에 일어난 것이다. 꿈의 계시적 기능은 예수님의 유아기 시절에도 반복되었다. 동방박사는 꿈에 헤롯에게로 돌아가지 말라는 지시를 받고, 다른 길로 고국에 돌아갔다(마 2:12). 마리아와 요셉은 헤롯을 피해서 애굽으로 내려갔다가(마 2:13~15) 꿈에 헤롯이 죽은 사실을 통보받고 이스라엘에 돌아왔다(마 2:19~21). 헤롯의 아들 아켈라오 등장 후에는 꿈에서 지시를 받고 나사렛에 거하게 되었다(마 2:22~23). 이 꿈들은 모두 하나님의 계시에 속한다.

그러나 하나님의 계시가 아닌 경우도 등장한다. 거짓 선지자들이 하나님의 백성을 회유하기 위해 '꿈에 나타난 하나님의 계시'라고 주장했던 것이다. 꿈을 이용하여 이득을 취하려는 사기 수법이다. 그래서 하나님은 모세를 통해 소위 해몽한다고 하는 거짓 선지자들을 따르지 말라고 명령하셨다(신 13:3).

신약에도 꿈꾸는 자에 관한 경고가 있다. 이단들이 꿈꾸며 꿈을 해석하는 자로 자처하며 성도들을 유혹했던 것이다(유 4, 8). 하나님은 그들이 하나님의 계시를 꿈으로 받았다고 하며 하나님의 백성과 성도들을 현혹한다고 단정하셨다. 하나님이 그 꿈꾸는 자들을 단죄하신 것은 다소 의외다. 요셉, 야곱, 마리아의 남편 요셉, 동방박사 그리고 다니엘 등의 사례에서 보듯이 하나님은 분명히 꿈을 통해 계시를 주시곤 했는데, 다른 사람들의 꿈은 평가절하하시기 때문이다. 그 이유가 무엇일까?

꿈을 통한 구속사적 계시는 완료되었다

첫째, 아마도 꿈은 하나님이 우리에게 주시는 계시의 '주된' 방법이 아니기 때문일 것이다. 둘째, 아울러 거짓 선지자와 꿈꾸는 자를 동일시하신 것으로 보아 하나님이 계시를 전달하기 위해 꿈을 사용하시더라도 꿈꾸는 자의 영적, 도덕적 상태가 그 기준이 될 수 있음을 알 수 있다. 셋째, 성경에 나타난 계시로서의 꿈은 대부분 하나님의 주권과 구속사적 역사를 알리는 데 그 목적이 있으므로(단 4:25), 여타 꿈은 하나님의 계시가 아닐 가능성이 크다. 본문에서 다니엘에게 알려 주신 내용이 이를 증언하고 있다. 이러한 의미에서 하나님의 특별한 작정과 결심이 있지 않고서는 꿈으로는 계시가 거의 주어지지 않음을 알 수 있다. 넷째, 꿈꾸는 행위가 비유적으로 쓰이기도 했기 때문이다. 요엘서의 다음 구절에 대한 베드로의 해석이 그 증거다.

"그 후에 내가 내 영을 만민에게 부어 주리니 너희 자녀들이 장래 일을 말할 것이며 너희 늙은이는 꿈을 꾸며 너희 젊은이는 이상을 볼 것이며"(욜 2:28).

베드로는 "말세에 내가 내 영을 모든 육체에 부어 주리니 너희의 자녀들은 예언할 것이요 너희의 젊은이들은 환상을 보고 너희의 늙은이들은 꿈을 꾸리라"(행 2:17)라고 말함으로써 오순절 성령 강림이 이미 구약에서도 예언된 바라고 선언했다. 즉 예수님의 구주되심을 증언하는 사건으로서 의미가 있는, 복음의 실현과 천국과 영생의 길을 능력 있게 전달하는 매개체로 꿈을 말한 것이다.

우리는 하나님이 나와 내 가정, 내가 섬기는 직장과 교회 그리고 우리나라의 미래에 대해 불길하든 복되든 어떤 메시지를 주시는 것 같은 신비한 꿈을 꾸었다고 생각할 때가 있다. 빌라도 총독의 아내가 그랬던 것처럼 말이다. 그녀가 구체적으로 어떤 꿈을 꾸었는지는 알 수 없으나 어떤 불길한 예감이 있었으므로 자기 남편에게 예수님과 관련한 일에 관여하지 말라고 했다(마 27:19). 우리에게도 이러한 경우가 있을 수 있다.

그러나 앞에서 살펴본 것과 같이 계시로서의 꿈은 극히 제한적이며 성경 말씀을 통해 하나님의 뜻이 이미 충분히 계시되었기 때문에 더 이상 꿈꾸기를 바랄 필요가 없고, 설혹 꿈을 꾸었다고 해도 그것을 하나님이 주신 신령한 계시로 확대 해석할 필요도 없다.

그런 꿈은 오히려 우리를 미혹하게 하려는 악마의 장난임을 알아야 한다. 구속사적 계시는 종료되었고, 성경의 계시로서의 꿈은 대부분 이미 완성된 계시에 속하므로 꿈을 통한 특별한 계시는 더 이상 없다고 봐야 한다.

하나님은 꿈꾸는 자와 이를 따르는 자들을 배교자로 선언하고, 그들을 죽이라고 하셨다(신 13:3~5). 또한, 거짓 꿈으로 하나님의 백성을 미혹하는 자를 치겠다고 말씀하셨다(렘 23:32). 따라서 자기가 꾼 꿈을 너무 이상화하거나 신성화하지 말아야 하며 해몽에 지나친 관심을 가져서도 안 된다. 정신분석학자나 정신과 의사들은 꿈이란 평소에 가지고 있던 관심과 희망 사항이 잠자는 동안 불규칙하게, 즉 논리적이지 않게 나타나는 것이라고 말한다.

하나님의 구속사적 계시가 완료된 이상, 꿈을 해몽할 사람을 찾거나 스스로 해몽하는 데 시간을 들이느니 하나님의 충분하고 완전한 계시인 성경 말씀을 읽는 편이 더 현명하다.

8.

방언쯤은 해 줘야 하나요?

–표적과 큰 능력을 보고 놀라니라(행 8:12~17)

"빌립이 하나님 나라와 및 예수 그리스도의 이름에 관하여 전도함을 그들이 믿고 남녀가 다 세례를 받으니 시몬도 믿고 세례를 받은 후에 전심으로 빌립을 따라다니며 그 나타나는 표적과 큰 능력을 보고 놀라니라 예루살렘에 있는 사도들이 사마리아도 하나님의 말씀을 받았다 함을 듣고 베드로와 요한을 보내매 그들이 내려가서 그들을 위하여 성령 받기를 기도하니 이는 아직 한 사람에게도 성령 내리신 일이 없고 오직 주 예수의 이름으로 세례만 받을 뿐이더라 이에 두 사도가 그들에게 안수하매 성령을 받는지라"(행 8:12~17).

사도행전은 초대교회의 '성령 세례'가 방언을 말하는 것뿐 아니라 귀신을 내쫓고 중풍병자, 걷지 못하는 자, 눈먼 자 등 병자들을 낫게 하고, 심지어 죽은 자까지도 살리는 기적의 능력으로 나타났다고 묘사한다.

21세기에도 초대교회에서처럼 능력 있는 성령 세례를 받아야 하는가? "성령 받기를 기도"하면 성령 세례를 받을 수 있는가? 이미 주의 이름으로 세례를 받았는데(12절), '성령의 내리심'(16절)을 또 받아야 하는가?

또한, 소위 사도행전식의 성령 세례를 받지 않고, 표적을 행할 능력이 없는 자들도 그리스도가 자기 안에 계시면 산 자요 그리스도인이라고 선언한 바울의 가르침은 어떻게 설명할 것인가? 바울이 고린도전서 12장 13절에서 중생한 그리스도인들 모두는 이미 성령 세례 받은 자로서 교회의 한 식구가 되었다고 선언한 것과는 어떻게 구분할 것인가?

오순절파 복음주의자들의 주장처럼 방언을 포함한 표적과 능력을 행사할 수 있게 하는 성령 세례를 받아야 하는가? 그런 능력을 은사로 받지 않으면 영적으로 열등감을 가져야 마땅한가? 아니면, 그러한 은사는 이미 종료되었으므로 사도행전식 성령 세례는 불필요하다고 주장하며 바울의 말처럼 이미 성령을 마신 자로 자부해도 되는가?

성령 세례에 관한 두 가지 견해

본격적으로 이 주제를 살피기에 앞서 우선 용어부터 정리하자. 성령 세례라는 용어에 관해 간단하게 설명해야겠다. 원래 성경에 이 단어가 분명히 기록되어 있지는 않지만 비슷한 내용의 말씀은 찾을 수 있다.

예를 들어, 세례 요한은 예수님의 신적 사역을 언급할 때 "그는 성령과 불로 너희에게 세례를 베푸실 것이요"(마 3:11, 눅 3:16), "그는 너희에게 성령으로 세례를 베푸시리라"(막 1:8), "그가 곧 성령으로 세례를 베푸는 이"(요 1:33)라고 선언했다. 부활하신 예수님이 제자들과 작별할 때 "요한은 물로 세례를 베풀었으나 너희는 몇 날이 못 되어 성령으로 세례를 받으리라"(행 1:5)라고 말씀하셨고, 후일 베드로가 그 말씀을 기억하여 언급했다(행 11:16). 바울은 "우리가 유대인이나 헬라인이나 종이나 자유인이나 다 한 성령으로 세례를 받아 한 몸이 되었고 또 다 한 성령을 마시게 하셨느니라"(고전 12:13)라고 선언했다.

또한, 성령과 세례라는 단어가 직접 등장하지는 않지만, 내용상 같은 의미를 갖는 세 개 구절이 있다.

"예수 그리스도의 이름으로 세례를 받고 죄 사함을 받으라 그리하면 성령의 선물을 받으리니"(행 2:38).

"이는 아직 한 사람에게도 성령 내리신 일이 없고 오직 주 예수의 이름으로 세례만 받을 뿐이더라"(행 8:16).

"이에 베드로가 이르되 이 사람들이 우리와 같이 성령을 받았으니 누가 능히 물로 세례 베풂을 금하리요 하고"(행 10:47).

이상의 여러 말씀에서 확인할 수 있는 바와 같이 성령 세례라는 직접적인 표현이 없지만, 내용상 '물세례'와 비교하여 '성령 세례'라고 칭하는 것이 문제 될 수는 없다. 예수님의 신적 사역에 대한 세례 요한의 증언이 이를 뒷받침해 준다.

다만 성령 세례를 다음과 같이 정의할 수는 있다. 첫째로, 복음서와 사도행전에 언급된 성령 세례는 초자연적 은사를 받아 영적인 능력을 행사하는 것으로 정의할 수 있다. 세례 요한이 예수님을 신적 권능을 지니신 존재임을 알려 주려고 성령 세례를 지칭하고 있다는 것과 예수님이 제자들과 작별하면서 제자들이 받을 신적 권능, 곧 오순절에 성령의 능력을 힘입게 될 것을 예언하고 있다는 점 그리고 예루살렘에 있는 사도들, 특히 베드로가 성령 세례를 이러한 신적 표적과 능력을 행할 영적 권능을 힘입는 것으로 이해했다는 점 등이 그 근거다.

둘째로, 바울의 증언에 따라 성령 세례는 이미 구원받은 자들이 누리는 영적인 상태라고 정의할 수 있다. 이들은 그리스도 안에 있는 영에 의해 지배받으므로 성령을 마신 참 그리스도인이기 때문이다.

물론 바울이 에베소 전도 여행에서 "너희가 믿을 때에 성령을 받았느냐"(행 19:2)라고 물은 뒤 안수하자 성령이 임하여 방언하고 예언하는 등 성령 세례가 임하였다. 그러나 그가 물은 것은 '성령 세례'를 받았는지 아닌지가 아니라 "성령의 은혜가 제자들에게 부여된다는 말을 듣지 못했는가"였다.[8] 진정으로 주를 믿는 자는 성령이 주시는 참된 기쁨과 평안, 영생에의 위로(롬 8:18~30), 빛의 자녀로 거룩한 삶을 사는 능력(빌 2:12~16), 사랑과 희락과 화평 등 성령의 아홉 가지 열매(갈 5:22~23) 등을 얻으므로, 바울은 그들에게 이를 재확인시켜 주고자 했던 것이다. 다만 성령께서 영적 능력이 특출한 바울의 복음 전파의 진정성을 증명해 주고자 특별히 임재하여 초자연적 능력을 부어 주셨다.

성령 세례에 관한 두 가지 견해는 서로 다른 개념이 아니라 두 가지 적용일 뿐이다. 전자는 성령의 초자연적 은사 경험이고, 후자는 구원받은 자와 성령이 하나 됨을 가리킨다. 아울러 전자가 임시적이라면 후자는 영원한 것이다.

사도행전식 성령 세례에 집착하는 것은 옳지 않다

예수님이 "몇 날이 못 되어"(행 1:5) 받을 성령 세례를 언급하신 바와 같이 이는 오순절 성령 강림(행 2:4)을 명시적으로 의미한다는 측면에서 그렇다. 초자연적 은사가 강력하게 임했기 때문이다. 물론 오순절 이후에도 같은 성령이 고넬료와 같은 이방인들에게도 임하시어 그들이 방언을 말하고(행 10:44~45), 심지어 바울이 에베소에서 제자들에게 안수할 때 성령이 임하여 그들이 방언하고 예언하기도 했다(행 19:6). 이처럼 성령 세례는 오순절 마가 다락방에서만 일어난 사건이 아니었다.

---

8 John Calvin, 『기독교강요』 (서울: 생명의말씀사, 1988), IV. xv. 18.

한동안 교회 안에 매우 빈번하게 일어나기도 했다. 왜 그랬을까? 아마도 이런 형식의 성령 세례는 복음 전파의 긴급성과 진정성 담보라는 측면에서 초대교회에 절대적으로 필요했을 뿐만 아니라 매우 광범위하고 지속해서 나타나야 했기 때문일 것이다.

그러나 하나님이 항구적으로 허락하시지는 않는다는 의미에서 이러한 종류의 성령 세례는 '임시적'이다. 이런 의미에서 칼빈의 말대로 사도행전식 성령 세례는 중단되었다고 말할 수 있다.[9] 초대교회처럼 초자연적 은사가 광범위하게 지속적으로 일어나지는 않기 때문이다. 그러나 방언, 병 고치는 은사 등 초자연적 성령의 역사가 전혀 일어나지 않는다고 단정할 수는 없다. 우리 주위에 실제로 이런 영적 체험을 한 신실한 사람들이 있기 때문이다.

그럼에도 불구하고 1세기와 똑같은 종류의 성령 세례가 오늘날에는 일어나지 않는 것도 역시 사실이다. 그런 측면에서 사도행전식 성령 세례에 집착하는 것은 복음적이지도 않으며 교회론적, 구원론적인 측면에서도 건설적이지 않다.

바울은 사도행전식 성령 세례를 경험했고 다른 사람에게 성령 세례를 경험하게 하기도 했다. 하지만 그가 어떤 은사보다도 사랑을 가장 강조했다는 사실에서 우리에게 필요한 것인지 무엇인지 알 수 있다(고전 12:3~13:13). 바울이 성령 세례가 항구적으로 주어진다고 믿었다면, 그것을 더 강조하지 않았을까? 오늘날 절실하게 요구되는 것은 성령 세례보다도 성령의 소욕대로 거룩하게 사는 진정한 성령의 사람이다.

또한, 은사주의는 자칫 사탄에 의해 이용될 수 있는 위험이 상존한

---

9 John Calvin, 『기독교강요』 (서울: 생명의말씀사, 1988), IV. xviiii. 6.

다. 사도행전의 시몬의 행태가 그러했다(행 8:19~20). 성령의 초자연적 은사를 사익 추구에 이용하는 악한 자들이 늘 있게 마련이다. 하나님은 미혹의 역사를 일으켜 거짓을 믿게 하여 심판하신다고 했다(살후 2:11~12). 진정한 믿음을 확인하기 위해 능력과 기적이 사탄에 의해 악용되도록 하신다는 것이다(살후 2:9).

우리는 그리스도의 영을 받아(롬 8:9) 하늘의 영광을 누리며 맛보고 산다(롬 8:30). 예수를 구주로 믿어 입으로 시인하여 구원 받았다면(롬 10:10), 우리는 이미 그리스도인이며 성령의 사람이다. 이미 성령 세례를 받은 자라는 뜻이다.

진정한 성령의 사람, 즉 성령 세례를 받은 자라면 교회를 하나로 이루는 사람이 되어야 한다. 지체 의식을 갖고 상호 은사를 존중하며 사랑으로 하나 되는 데 에너지를 쏟아야 한다(고전 12:13~31). 성령 세례 받은 자임을 자부하여 성령의 사람으로 사는 일에만 관심을 두는 것이 좋다.

1세기에 제한적으로 허락되었던 사도행전식 성령 세례는 특별한 일이 없는 한 우리에게 임하지 않으므로, 방언이나 예언을 하지 못한다고 하여 또는 병 고치는 은사가 없다고 하여 영적 열등감을 가질 필요는 없다. 필요하면 우리에게 허락하실 것이다. 그러나 우리가 모두 다 받는 것이 아니므로 절대적으로 추구할 은사는 아니다. 하나님의 주권에 맡기고, 우리는 사랑의 은사만 깊이 사모하자.

9.

예수 믿고 천당 가면 그만 아닌가요?

–다 그리스도 안에서 통일되게 하려 하심이라(엡 1:7~10)

"우리는 그리스도 안에서 그의 은혜의 풍성함을 따라 그의 피로 말미암아 속량 곧 죄 사함을 받았느니라 이는 그가 모든 지혜와 총명을 우리에게 넘치게 하사 그 뜻의 비밀을 우리에게 알리신 것이요 그의 기뻐하심을 따라 그리스도 안에서 때가 찬 경륜을 위하여 예정하신 것이니 하늘에 있는 것이나 땅에 있는 것이 다 그리스도 안에서 통일되게 하려 하심이라"(엡 1:7~10).

에베소서 1장은 예정론을 중시하는 장로교 교인들에게는 매우 익숙한 말씀일 것이다. 그러나 창세전에 우리를 택하셨다고는 하지만(엡 1:4~5), 무엇을 위해 택하셨는지는 잘 모르는 사람이 많은 것 같다. 아마도 본문의 "하늘에 있는 것이나 땅에 있는 것이 다 그리스도 안에서 통일되게 하려 하심이라"(10절)라는 말씀이 예정론과 관련하여 무엇을 의미하는지 명료하게 와 닿지 않기 때문일 것이다.

하지만 에베소서 전체를 정독하고 나서 본문을 읽으면 이 구절이 예정된 구원의 목적을 함축적으로 분명히 제시하고 있음을 알게 된다. 즉 예수 믿고 천국 가면 그만이라는 구원의 개인주의를 넘어선 무언가를 우리에게 요구한다는 것이다.

"그리스도 안에서 통일되게"(10절) 한다는 것은 무슨 뜻인가? 그리고 그렇게 되는 것과 구원받도록 예정된 우리와는 무슨 관계가 있는가? 앞서 말한 바와 같이 에베소서 1장 전체를 눈여겨보면 바울이 어떤 의도로 이 말씀을 했는지 그 실마리를 발견하게 된다.

"그의 능력이 그리스도 안에서 역사하사 죽은 자들 가운데서 다시 살리시고 하늘에서 자기의 오른편에 앉히사 모든 통치와 권세와 능력과 주권과 이 세상뿐 아니라 오는 세상에 일컫는 모든 이름 위에 뛰어나게 하시고 또 만물을 그의 발 아래에 복종하게 하시고 그를 만물 위에 교회의 머리로 삼으셨느니라 교회는 그의 몸이니 만물 안에서 만물을 충만하게 하시는 이의 충만함이니라"(엡 1:20~23).

개인 구원을 통해 교회를 세우시다

바울은 그리스도를 "하늘 보좌에 앉아 왕적 권세를 행사하시는 분"으로 묘사한다(엡 1:20~21). 한마디로 만물의 주인Lord이시라는 것이다. 실제로 그리스도는 부활 후에 하늘과 땅의 모든 권세를 가지셨다고 선언하셨다(마 28:18 참조). 만물의 주인께서 이제 교회의 머리가 되셔서 만물을 교회 아래 두고 교회를 통해 대리 통치하시겠다고 하신다(엡 1:22). 그러므로 교회는 만물에 대한 그리스도의 지배와 통치를 충만하게 보여 주는 역할을 한다(23절).

바울이 개인의 예정된 구원을 전하고 나서 곧바로 그리스도를 통해 하늘과 땅이 하나가 된다고 말한 이유를 이제 알 수 있다. 사탄의 공세로 하늘의 세계와 땅의 세계가 서로 분리되어 인간에게 어둠과 절망이 찾아왔고, 인류는 죽어 마땅한 존재가 되었다. 그러다가 하나님이 그리스도의 속죄 사역을 통해 사탄의 실제적 지배하에 있던 우주를 노예 상태로부터 해방시키고, 그리스도로 하여금 명실상부한 실권을 지닌 최고 통치자가 되게 하셨다는 것이다.

그리스도의 십자가 죽음과 부활이 하나님과 인간 사이의 막힌 담을 허물어뜨렸다. 이런 의미에서 속죄 사역은 개인 구원과 직접 관련되었다. 그래서 "우리는 그리스도 안에서 그의 은혜의 풍성함을 따라 그의 피로 말미암아 속량 곧 죄 사함을 받았"(엡 1:7)다고 말할 수 있다. 예수님이 속죄 사역은 일차적으로 개인 구원의 근거가 된다.

그러나 에베소서는 그리스도의 속죄 사역과 개인 구원과의 관계에 주목하기보다 그 이상을 말하고 있다. 그리스도가 우주 만물의 왕적 권세를 지닌 주인Lord이 되신다고 말한 것이다. 에베소서가 예수 그리스도가 이 세상의 유일한 실권 통치자가 되신다는 사실을 그의 속죄 사역 이후에 기술한 것은 매우 주목할 만하다. 단순히 나라는 개인적 차원에서 내세 신앙에 만족하며 살 것이 아니라 만세 전에 나의 구원을 예정하신 것은 나(교회)를 통해 그리스도께서 이 세상의 왕으로 통치하려 하셨던 것이다.

엄밀하게 말해서 그리스도가 머리가 되시는 교회는 교회 자체를 위해 존재하지 않는다. 교회 '밖의' 하늘의 영과 땅의 사람들과 관계한다. 그래서 바울은 교회가 하늘에 있는 악의 영들, 즉 "통치자들과 권세들에게"(엡 3:10) 그리스도의 주되심을 알려야 한다고 선언했다. 이것은 곧 "우리의 씨름은 혈과 육을 상대하는 것이 아니요 통치자들과 권세들과 이 어둠의 세상 주관자들과 하늘에 있는 악의 영들을 상대함"(엡

6:12)을 가리킨다.

땅의 사람들에 대한 교회의 관계는 바울이 에베소서에서 무수히 언급한 바와 같이 교회 성도들의 거룩한 삶을 교회 밖의 사람들에게 보여주어 교회의 도덕적 우위는 물론 우주의 실제 통치자이신 하나님을 전하는 것이다(엡 3:14~6:9). 한마디로 "빛의 자녀들처럼" 행하여 "빛의 열매"를 맺는 것이다(엡 5:8~9).

구원 예정에 관한 하나님의 고차원적 비밀을 충분히 알아서 하나님의 모든 충만으로 우리 속사람을 채워야 한다(엡 3:18~19). 즉 하나님이 창세전에 구원을 예정하신 것은 우리만을 위해서가 아니라 하나님 자신을 위해서라는 사실에 관한 충분한 지식을 쌓아야 한다는 것이다. 우리는 하나님의 온전한 주되심과 온 우주의 통치 완성을 목표로 사회적 책임을 다하며 살도록 택함 받았다. 그러므로 기도하고 찬송하며 예배드리는 종교 생활에만 만족할 게 아니라 어둠의 세력과 땅의 권세와 맞서 주의 왕 되심을 이루는 삶을 살아야 한다.

성도의 거룩한 삶을 통해 통치하시다

하나님의 대행자agent로서 합당한 역할은 서로 사랑함으로써 하나를 이루는 것이다(엡 4:1~6). "만유 위에 계시고 만유를 통일하시고 만유 가운데"(엡 4:6) 계시는 만유의 아버지, 한 분 하나님을 모시는 우리가 '하나' 되지 못하는 것은 어불성설이다. 그리스도를 참되게 믿는다면, 교회를 하나 되게 함으로써 교회를 통한 그리스도의 주되심을 만물 위에 세워야 한다. 교회 안에 분열과 분쟁이 계속해서 일어난다면, 그리고 그것을 순수성이란 이름으로 포장하여 정당화한다면 더 이상 참된 교회가 아니다.

바울은 교회가 하나 되어야 한다고 말한 후에 "내리셨던 그가 곧 모든 하늘 위에 오르신 자니 이는 만물을 충만하게 하려 하심"(엡 4:10)이라고 선언했다. 이로써 교회가 하나를 이루는 것은 기독론적 지평에 근거함을 알 수 있다.

그리스도의 낮아지심이 교회의 하나 됨을 이루는 원리이며, 그리스도의 대리자인 교회가 세상을 통치하는 능력을 얻게 하는 원천이었던 것이다. 성육신하여 하늘에서 내리셨던 주님이 죽으시고 부활 승천하신 것은 그의 권세로 만물을 충만하기 위함이었다. 그리스도의 속죄 사역의 놀라운 비밀을 깨닫고, 교회가 하나를 이루어 세상이 교회를 본받고 따르게 하여야 한다는 뜻이다.

또한, 도덕적으로 고결한 삶을 살며 부부간에, 부모와 자녀 간에 건강한 관계를 맺는 것은 물론 직장에서도 신앙적 관점에서 대인 관계를 잘 맺음으로써 그리스도가 만물을 지배하시는 분임을 알게 하여야 한다(엡 4:25~32, 5:22~33, 6:1~4, 6:5~9).

우리가 구원받은 것은 나의 힘과 지혜와 열심에 의해서가 아닌 전적인 하나님의 은혜요 선물이다. 그러므로 창세전부터 주님께 아신 바 되고 주의 자녀로 예정되었음을 확신해야 한다. 그러나 구원이 예정된 목적은 단순히 개인적으로 영적인 복을 얻게 하기 위한 것만이 아니라 성도의 거룩한 삶을 통해 그리스도께서 실질적인 왕이 되시기 위함임을 알아야 한다.

하나님은 나를 하늘로 올리시려는 것이 아니라 구원받은 나를 통해 이 땅에서(교회는 물론 가정과 직장에서도) 왕으로 대접받기를 원하신다.

PART 3

하나님은 왜 그러셨대요?

"여호와 하나님이 그 사람에게 명하여 이르시되 동산 각종 나무의 열매는 네가 임의로 먹되 선악을 알게 하는 나무의 열매는 먹지 말라 네가 먹는 날에는 반드시 죽으리라 하시니라"(창 2:16-17)

성경을 읽다 보면 때때로 하나님이 약속을 파기하거나 사람에게 거짓말을 하게 하거나 심지어 범죄를 사주하시는 듯 보일 때가 있다. 부인할 수 없는 사실이다. 그래서 믿지 않는 사람들은 그런 하나님을 비합리적이라며 공격한다.

기록된 '말씀'이 근본적으로 오류가 없다고 생각한다면, 비합리적이라 여겨지는 말씀들에 어떤 '감추어진' 메시지와 논리가 담겨 있지는 않은지 눈여겨볼 필요가 있다. 하나님은 선하고 의로우신 분이기 때문이다. 무엇이 하나님을 오해하게 만드는지 살피는 것은 믿는 자들이 의무이다.

실제로 우리의 하나님은 비합리적이지 않다. 인간들이 의롭고 선하신 하나님을 '이 땅에서' 발견하지 못할 뿐이다. 우리는 여기서 말씀에 담긴 하나님의 합리적 '비밀' 이야기를 발견할 것이다.

왜 '비밀'인가? 우리에게는 하나님의 섭리가 이 땅의 논리로 이해될 성질의 것이 아니기 때문이다. 그러나 하나님이 '비밀주의'를 고집하신 것은 아니다. 다만 우리가 하나님의 섭리를 이해하는 데 한계가 있을 뿐이다.

1.

권모술수에 능하신 거 아니에요?

–아합을 꾀어 길르앗에서 죽게 하자(왕상 22:20~23)

"여호와께서 말씀하시기를 누가 아합을 꾀어 그를 길르앗 라못에 올라가서 죽게 할꼬 하시니 하나는 이렇게 하겠다 하고 또 하나는 저렇게 하겠다 하였는데 한 영이 나아와 여호와 앞에 서서 말하되 내가 그를 꾀겠나이다 여호와께서 그에게 이르시되 어떻게 하겠느냐 이르되 내가 나가서 거짓말하는 영이 되어 그의 모든 선지자들의 입에 있겠나이다 여호와께서 이르시되 너는 꾀겠고 또 이루리라 나가서 그리하라 하셨은즉 이제 여호와께서 거짓말하는 영을 왕의 이 모든 선지자의 입에 넣으셨고 또 여호와께서 왕에 대하여 화를 말씀하셨나이다"(왕상 22:20~23).

하나님은 아합을 꾀어 죽게 할 자를 찾으셨다. 보좌 옆에서 하나님을 모시던 한 영이 나아와 그 일을 자청했다. 마치 하나님이 그에게 범죄를 시키신 듯 보인다. 진리와 정직의 하나님이 하늘의 영에게 거짓말을 하도록 하여 아합을 꾀어 죽게 하시다니, 하나님을 교사죄로 고소해야 하는 것은 아닐까? 교사죄란 "다른 사람을 꾀거나 부추겨서 죄를 짓게 함으로써 성립하는 범죄"다.

하나님 심판의 윤리적 정당성에 의문을 품으면 적절한 답을 얻기가 무척 어렵다. 아합에게 내려진 거룩한 심판이라고 해도 그 과정이 거짓과 배신과 술수 등으로 점철된 듯 보이기 때문이다. 선지자들에게 하나님의 뜻을 거짓 계시하여 그들이 아합에게 전달하여 믿게 한 것은 세상의 조폭 집단이나 권모술수에 능한 정치인들이 저지를 덫 놓기와 다를 게 없다는 말이다. 또 이런 말씀도 있다.

"만일 선지자가 유혹을 받고 말을 하면 나 여호와가 그 선지자를 유혹을 받게 하였음이거니와 내가 손을 펴서 내 백성 이스라엘 가운데에서 그를 멸할 것이라"(겔 14:9).

거짓말과 거리가 먼 하나님

정말로 하나님은 거짓과 술수로 통치하는 분이신가? 민수기는 "하나님은 사람이 아니시니 거짓말을 하지" 않으신다고 말한다(민 23:19). 하나님은 거짓말과 거리가 먼 분이시다. 거짓말하는 신은 믿을 수 없을 뿐만 아니라 따를 필요도 없다. 진리의 신이 아니기 때문이다.

또한, 거짓말하는 영으로 하여금 선지자들과 아합을 꾀게 하신 하나님이 거짓말하는 것에 대해 매우 비판적이니 자기모순이다. 예를 들어, 이스라엘 백성들에게는 속이지도 말며 거짓말을 하지 말라고 하셨고(레 19:11), 거짓말하는 사람과 속이는 자를 싫어한다고 말씀하셨으며 심지어 그런 자들을 멸망시키라고까지 하셨기 때문이다(시 5:6). "너희가 서로 거짓말을 하지 말라"(골 3:9)고 분명히 말씀하셨다. 그런 하나님이 아합과 관련해서는 하늘의 영들에게 거짓말을 분부하신 것이다.

거짓말은 하나님이 하실 일이 아니다. 그것은 오히려 마귀에게 속한 일이다. 예수님은 이를 분명하게 말씀하신 바 있다. 예수님은 자신을 죽이려 하던 유대인들에게 그들이 마귀에게서 났다고 꾸짖으면서, 마귀가 "거짓말쟁이요 거짓의 아비"(요 8:44) 지적하셨다.

1. 권모술수에 능하신 거 아니예요? ______

지금까지 열거한 내용을 논리적으로 판단할수록 매우 난감해진다. 거짓말은 마귀나 마귀에 속한 악한 자들이나 하는 짓이기 때문이다. 마귀나 할 법한 거짓 계시를 어떻게 하나님이 이스라엘 선지자들에게 전달하실 수 있는가? 이런 의문을 품는 사람들은 거짓말로 아합을 죽게 하는 것은 마귀의 방식이니만큼 아합에게 내리신 하나님의 심판은 정당하지 않으며 나아가 그런 하나님을 신뢰할 수 없다고 주장한다.

그러나 하나님이 마치 속이는 행위의 주체인 듯 보이는 것은, 실제로 하나님의 주권적 섭리를 표현한 것일 뿐이다. 하나님은 세상 만물의 생성, 변화, 소멸과 인간의 생사화복 모두를 관장하신다. 그분의 '허락' 아래 만물이 움직인다. "참새 두 마리가 한 앗사리온에 팔리지 않느냐 그러나 너희 아버지께서 허락하지 아니하시면 그 하나도 땅에 떨어지지 아니하리라"(마 10:29)라는 말씀과 같이 어떤 피조물도 하나님의 손에서 벗어나 존재하지 않는다. 이런 의미에서 아합의 심판 과정을 서술한 본문 말씀은 하나님의 주권적 섭리를 매우 사실적으로 묘사한 것이라고 하겠다.

그러나 하나님은 우주 만물을 단순히 타율적으로 움직이도록 만드시지 않았다. 하나님의 섭리는 우주 안에서 일어나는 만물의 생성과 소멸의 내적 원리, 인간에게 본성적으로 존재하는 자유의지와 자유의지에 따른 결정이나 행위 등을 무시하시지 않는다. 하나님이 거짓말하는 영을 보내어 하나님의 절대 주권 아래에서 아합을 심판하기로 하셨지만, 아합의 선지자들이 거짓 계시를 곧이곧대로 듣지 않을 수도 있다는 사실을 무시하시지는 않았다는 뜻이다. 즉 하나님이 거짓말하는 영을 허락하여 아합을 심판하신 것은 사실이지만, 아합의 선지자들이 영적으로 깨어 있었더라면 거짓말하는 영을 분별할 수도 있었다는 것이다.

하지만 그들은 아합의 우상 숭배를 꾸짖지도 않았고, 그가 하나님을 더 이상 배반하지 않도록 충언하지도 않았다. 그저 권력에 빌붙어서 자기 이득을 취하려는 자들에 불과했기에 악한 왕 아합이 듣기에 좋은 말만 했던 것이다. 영적 어둠에 갇힌 선지자들에게 거짓말하는 영의 실체가 느껴졌을 리가 만무하다. 그들은 엘리야와 미가야 선지자들과는 현저히 비교된다(왕상 22:8~28). 삶의 원리와 방식에서 같은 시대에 진리의 편에 섰던 두 선지자와 크게 달랐다.

하나님의 협력적 섭리를 알라

아합은 하나님의 계시를 들을 생각조차 없었다. 그는 이미 아람과 전쟁하기로 마음먹고 나서 하나님의 뜻을 구했다. 나쁜 선지자들은 아합의 친구로서 아합의 뜻에 맞게 하나님의 말씀을 곡해할 준비가 되어 있었다. 아합은 자기에게 하나님의 말씀을 정직하게 전해 주었던 미가야는 아예 찾지도 않았다.

미가야 선지자는 아합이 원하는 맞춤형 계시를 전해 주지 않았기에 왕의 미움을 샀다(왕상 22:8). 그래서 그가 하나님이 아합을 심판하기 위해 이스라엘 선지자들에게 거짓으로 계시하셨다는 하늘의 일급비밀을 누설했음에도 불구하고 아합은 물론 그의 선지자들도 귀를 막고 듣지 않았다.

만일 그들이 미가야의 천기누설을 듣고 두려움을 느껴 전쟁에 나가지 않았더라면 그들에 대한 하나님의 원계획(섭리)이 변경될 수도 있었다. 소위 섭리의 제2원인, 즉 인간의 자유행동에 따른 하나님의 반응으로 아합이 회개하게 되는 역사가 일어날 수도 있었다는 뜻이다. 마치 요나가 니느웨 백성에게 하나님의 심판을 설교하자 그들이 회개하여 하나님이 뜻을 돌이켜 재앙을 내리지 않으셨던 것과 같은 일이 일어날 수도 있었다는 것이다(욘 3:9~10 참조).

따라서 인간이 받는 고통과 악, 여기서는 아합의 죽음에 관한 책임을 하나님께 돌릴 수는 없다. 또한, 아합과 그의 선지자들의 자유의지를 막은 것은 아니므로 거짓말하게 하는 영의 활동 역시 하나님께 책임을 물을 수 없다. 인간의 생사화복 모두가 하나님께 달려 있기는 하지만 동시에 인간에게도 의무와 책임이 있기 때문이다.

결론적으로, 하나님의 주권적 간섭과 우리의 책임을 동반하는 협력의 섭리 모두를 동시에 고려해야 한다. 다만 우리는 하나님의 주권적 비밀 작업을 알지 못하기 때문에 우리 행동과 판단에만 집중해야 한다. 하나님이 우리 반응에 따라 일하시는 협력적 섭리에만 집중해야 한다는 뜻이다. 예를 들어, 결혼을 희망하는 사람은 지금 열심히 준비해야 한다. 우리 관심은 우리의 책임 있는 행동이어야 하기 때문이다. 이 행동이 하나님의 섭리에 영향을 주는 것이다.

하지만 하나님이 언젠가 짝지어 주시리라 믿고 몸과 마음을 잘 가꾸지 않은 사람은 겉으로 신앙이 좋아 보여도 실제 믿음은 매우 위험할 수 있다. 절대적 섭리만을 믿기에 섭리의 다른 측면, 즉 협력적 섭리를 간과하기 때문이다. 이런 경우, 원하는 결혼이 아닐 때는 그 책임을 모두 하나님께 돌린다. 이것은 그릇된 신앙이다.

올바른 신앙은 하나님의 절대 주권을 받아들이면서도 협력적 섭리를 중시한다. 하나님은 창세전에 미리 결정하시지만, 오늘을 사는 우리의 노력과 함께 일하신다.

2.

왜 이랬다저랬다 하세요?

–영원히 행하리라 하였으나(삼상 2:30)

"내가 전에 네 집과 네 조상의 집이 내 앞에 영원히 행하리라 하였으나 이제 나 여호와가 말하노니 결단코 그렇게 하지 아니하리라 나를 존중히 여기는 자를 내가 존중히 여기고 나를 멸시하는 자를 내가 경멸하리라"(삼상 2:30).

어떻게 하나님이 약속을 파기하시는가? 있을 수 없는 일이다.

"내 언약을 깨뜨리지 아니하고 내 입술에서 낸 것은 변하지 아니하리로다"(시 89:34).

"여호와는 맹세하고 변하지 아니하시리라 이르시기를 너는 멜기세덱의 반차를 좇아 영원한 제사장이라 하셨도다"(시 10:4).

성경은 하나님이 거짓말을 하실 수 없는 분이라 말한다(히 6:18). 실제로 하나님은 약속을 뒤집지 않으신다. 뜻을 정한 후에 그대로 행하시는 분이다(사 31:2; 히 6:17). 만일 인간에게 하신 약속을 어기거나 파기한다면 거짓말하는 분이 될 것이다. 한마디로 하나님은 하신 약속을 스스로 파기할 수 없는 분이시다.

하나님에 관한 상반된 진술

그러나 본문의 하나님은 약속을 파기하는 분인 듯 여겨지는 것 또한 사실이다. 엘리 제사상의 집안이 대대로 영원히 제사장이 될 것을 약속하셨는데, 이제 그 약속을 뒤집겠다고 말씀하고 있기 때문이다.

이와 비슷하게 하나님의 변심을 기록한 성경 구절들이 있다. 처음에는 니느웨 백성에게 재앙을 내리려 하였으나 그 뜻을 돌이키셨다는 내용이 그것이다.

"하나님이 그들의 행한 것 곧 그 악한 길에서 돌이켜 떠난 것을 감찰하시고 뜻을 돌이키사 그들에게 내리리라 말씀하신 재앙을 내리지 아니하시니라"(욘 3:10).

하나님에 관한 상반되는 진술을 어떻게 해석해야 할까?

우리는 하나님이 인격적인 분임을 알아야 한다. 하나님은 우리와 '변론'하기를 원하시며 우리 기도를 듣고 싶어 하신다. 우리와 대화하고 함께 일하기를 희망하신다. 하나님은 윤리적으로 올바른 언행일치의 삶을 살기를 바라시고, 하나님께 진실하게 예배드리고 헌신할 것을 요구하신다. 또한, 말씀에 순종하는 삶을 보고 기뻐하신다. 물론 정반대 행동을 하면 불쾌해하며 징계하기도 하신다. 한마디로 하나님은 인간의 반응에 따라 행동하신다고 말할 수 있다.

만일 인간이 어떤 행동을 하든 하나님이 동일하게 대응하신다면 기계와 다름없을 것이다. 로봇은 입력된 정보에 따라서만 행동하므로 환경이 달라진 경우에 스스로 변화할 수 없다. 아날로그 시계가 디지털

시대에 발맞춰 자기를 스스로 개조할 수 없듯이 말이다. 하나님은 기계가 아니시다. 니느웨 백성의 회개 기도를 듣고, 그들이 악행에서 돌이키는 모습을 본 후에 마음을 바꾸셨다. 마찬가지로 엘리 제사장의 두 아들의 행동을 보고 원래 뜻을 버리셨다. 인격적이며 살아계신 하나님이기에 때때로 마음을 바꾸시는 것이 당연하다. 그러면 불변하시는 하나님에 대한 진술은 옳지 않다는 말인가?

인간의 행동에 민감하게 반응하시는 하나님

하나님은 뜻을 정하여 반드시 이루시는 분이기는 하지만 기계적으로 일하시는 분은 아니다. 그렇다고 해서 자기모순적인 분도 아니다. 하나님은 영원히 변치 않으시는 분이라고 말하는 것이 옳기는 하지만, 우리와 만나시는 시간의 역사 안에서 자기 일을 창조적으로 행하신다.

만일 영원히 변치 않으시는 하나님을 기계적으로만 믿는, 그래서 하나님이 나와 내 가족과 교회에 영원한 구원과 행복의 삶을 정하셨다고 기계적으로 확신하는 사람이 있다면 그는 거짓과 악행에 대해 무감각해지거나 무시하게 되는 비윤리적인 삶을 살게 될 가능성이 있다. 엘리의 두 아들이 바로 그랬다. 순간의 잘못을 영원한 '축복의 기계' 아래 감추어, 스스로 윤리적으로 무책임하게 만들어 버리는 우를 범했던 것이다.

하나님은 인간의 일거수일투족에 매우 민감하게 반응하시는 분이다. 우리 일을 포함하여 인류사에 관한 하나님의 섭리는 하나님의 영원한 뜻(제1원인)과 더불어 인간의 행동(제2원인)이 함께 어우러져서 이루어진다.[10]

---

10 Louis Berkhof, 『조직신학 상』 (고양: 크리스천다이제스트, 1991), 379~383.

3.

마음이 약하신가 봐요?

–말씀하신 재앙을 내리지 아니하시니라(욘 3:10)

"하나님이 그들이 행한 것 곧 그 악한 길에서 돌이켜 떠난 것을 보시고 하나님이 뜻을 돌이키사 그들에게 내리리라고 말씀하신 재앙을 내리지 아니하시니라"(욘 3:10).

요나서의 큰 줄기는 하나님이 이방 나라 앗수르(지금의 이라크)의 니느웨 성에 재앙을 내리려 했다가 마음을 바꾸어 백성들을 살리셨다는 내용이다. 그런데 우리는 하나님이 요나서에 드러난 하나님의 뜻 바꾸기를 확인하면서 두 가지 의문을 갖게 된다.

첫째, 결국 하나님은 '뜻을 바꾸어' 니느웨 백성을 심판하지 않으셨는데, 그렇다면 왜 구태여 요나에게 그들에 대한 심판을 선포하라고 명하셨을까? 궁극적으로 재앙이 실현되지 않았음에도 재앙 선포를 하게 하신 하나님을 어떻게 이해해야 하는가?

요나가 40일 후에 니느웨 성이 무너지리라고 외친 것은 엄포용이 아니었다(욘 3:4). 재앙 계획은 사실fact이지 소설이나 허구fiction가 아니었다. 하나님의 보좌에는 실제 '재앙 심판 버튼'이 놓여 있었다는 뜻이다. 하나님은 그 버튼을 누르실 계획이었다.

기꺼이 뜻을 바꾸시는 하나님

전능하신 하나님은 계획한 대로 이루시는 분이다. 그러므로 재앙 버튼을 계획대로 누르셨어야 마땅하다. 그런데 니느웨의 재앙 계획은 실행되지 않았다. 재앙을 내리기로 하셨던 뜻을 돌이키신 것이다(욘 3:9). 요나가 우려했던 대로(욘 4:2) 하나님은 이미 오래전에 '니느웨 백성 구하기' 작전을 펼치고 계셨는지도 모른다.

왜 하나님은 요나를 통해 재앙을 예고하셨는가? 요나가 반문한 내용을 우리도 물을 수 있다. 요나가 몰랐던 중요한 사실 하나가 있다. 요나 자신이 니느웨 선교사가 되는 것이 바로 니느웨 백성을 구하기 위한 하나님의 유일한 방식이었다는 것이다. 그들이 요나를 통해 복음을 듣고 회개하여 구원받을 수 있게 하는 것 말이다. 하나님의 니느웨 백성 구원 계획의 디데이(D-Day)는 바로 그들이 회개하는 날이었던 것이다.

니느웨의 회개는 요나가 없었으면 불가능했다. 구원 계획의 궁극적 실현은 재앙 선포 혹은 복음 전파에 의해 이루어져야 했다. 여기서 우리는 니느웨 백성을 구원하시는 하나님의 공식을 발견한다. 심판 선포 혹은 '미련한 전도'를 통해서 구원을 이루신다는 것이다.

"하나님의 지혜에 있어서는 이 세상이 자기 지혜로 하나님을 알지 못하므로 하나님께서 전도의 미련한 것으로 믿는 자들을 구원하시기를 기뻐하셨도다"(고전 1:21).

하나님이 심판에서 구원으로 계획을 바꾸시기 위해서는 먼저 심판 선포, 즉 천국 복음 전파가 반드시 필요하다. 요나는 하나님의 뜻 바꾸기 요원으로서 니느웨에 침투해야만 했던 것이다.

둘째, 불변하시는 하나님과 뜻을 돌이키시는 하나님을 어떻게 조화시킬 수 있는가? 이것은 좀 더 근본적이고 형이상학적인 질문이다. 어떤 때는 계획대로 이루시고, 다른 때는 계획한 것을 돌이키시는 하나님을 어떻게 받아들여야 하며, 모순되어 보이는 하나님을 다른 사람에게 어떻게 설명할 수 있는가의 문제이기 때문이다. 종잡을 수 없이 일관성 없어 보이는 하나님을 어떻게 신뢰해야 하는가의 문제이기도 하다.

이러한 도발적 질문은 어떤 의미에서는 매우 비합리적이다. 하나님은 자유로우며 전능하신 분이므로 자의적 판단에 따라 계획하되 행동을 미루거나 취소하실 수 있다. '일관성이 없다'는 도식은 인간의 논리를 기준으로 만든 것이다. 하나님은 하나님만의 논리가 있으시다. 우리가 그것을 미처 헤아리지 못할 뿐이다.

그러나 어느 정도 헤아릴 수는 있다. 하나님의 또 다른 속성 때문이다. 그분은 요나가 인정했듯이 인자와 긍휼, 자비와 사랑이 무궁하신 분이다(욘 4:2). 하나님이 본래 긍휼과 자비가 무한하신 분임을 믿는다면, 회개하는 자들을 구원해 주시리라는 예측을 충분히 할 수 있다.

이런 의미에서 요나서의 중심 메시지는 이것이다. 하나님은 이방인이라도 뜻을 돌이켜 하나님을 믿기로 한 사람을 구원하신다는 것이다.

"내가 의인을 부르러 온 것이 아니요 죄인을 불러 회개시키러 왔노라"(눅 5:32).

예수님의 말씀처럼 하나님은 사람의 회개를 노심초사하며 기대하시는 분이다. 죽어 가는 사람을 살리는 데 규정이 어떻고 원칙이 어떻다고 따지는 것만큼 무책임한 행동도 없을 것이다. 하나님은 계획을 세우면 이루시는 분이지만, 스스로 규정을 넘어서실 만큼 무한한 자비를 가진 분임을 무시해서는 안 된다.

다만 간과하지 말아야 할 것은 니느웨 백성에게 회개의 기회가 주어졌으나 그것이 곧 구원을 보장하지는 않는다는 것이다. 그들이 회개하지 않았다면 재앙이 임했으리라는 사실은 명약관화하다. 따라서 하나님의 자비하신 뜻 바꾸기 때문에 하나님을 신뢰할 수 없다고 하는 것은 정당한 판단이 아니다.

우리 기도를 들으시는 하나님

하나님의 전지전능과 완전성에 비추어 볼 때, 불변성은 하나님의 기본 속성이다. 성경 곳곳에서 관련 내용을 찾아볼 수 있다.

"그 뜻이 변하지 아니함을 충분히 나타내시려고"(히 6:17).

"그의 마음에 서원한 것은 해로울지라도 변하지 아니하며"(시 15:4).

"내 언약을 깨뜨리지 아니하고 내 입술에서 낸 것은 변하지 아니하리로다"(시 89:34).

"여호와는 맹세하고 변하지 아니하시리라", 시 132:11 "변하지 아니하실지라"(시 110:4).

"나 여호와는 변하지 아니하나니"(말 3:6).

"그 뜻이 변하지 아니함을"(히 6:17).

하지만 실제로 하나님은 한탄하거나 후회하거나 정한 뜻을 바꾸기도 하신다.

"땅 위에 사람 지으셨음을 한탄하사"(창 6:6).

"내가 사울을 왕으로 세운 것을 후회하노니"(삼상 15:11).

하나님의 마음 바꾸기는 인간이 하나님을 쉽게 이해하도록 신인동형론적으로 설명한 것이 아니다. 자칫하면 쉬지 말고 기도하라, 구하라, 찾으라, 두드리라고 하신 말씀에서 진정성을 느끼지 못하고, 심지어 사기성이 농후한 거짓말로 받아들이게 될 것이기 때문이다. 이미 다 결정해 놓고 기도하라는 것으로 볼 수 있다는 뜻이다.

이 말씀들은 하나님이 우리 기도를 실제로 들으신다는 사실을 전제한다. 나아가 우리의 간절함과 진정성과 헌신도에 따라, 우리가 기도하지 않았다면 겪게 될 실패, 좌절, 고난을 완전히 변경하여 우리 바람대로 이루어 주신다는 것이다. 하나님은 여호수아의 리더십을 통해 여리고 성을 도는 것만으로도 성이 무너지게 하셨다(수 6:1~20). 다윗의 기도를 듣고 응답하셨다. 친구의 부탁도 들어주지 않는 사람이라도 누가 간청하면 그 때문에 하나님은 소원을 들어주시는 것이다(눅 11:8 참조).

기도 응답조차 모두 하나님의 계획 아래 있는 것이 아니냐고 반문할 수 있다. 물론 그렇기는 하다. 그러나 우리 노력을 통해 주신다. 그러므로 하나님의 계획은 불변하지만, 우리 노력 여하에 따라 마음을 바꾸기도 하신다!

전자가 하나님의 예정을 의미한다면, 후자는 우리와 협력하여 작정하고 함께 일을 이루시는 섭리를 의미한다. 두 가지를 조화시키기가 쉽지 않지만, 모두 성경적 사실이므로 하나님에게 이 둘은 하나이며, 우리는 믿음으로 이 사실을 받아들인다. 둘 중에 하나만 믿으면 신앙의 균형을 잃게 된다.

예를 들어, 불변하심만 믿으면 운명론, 신비주의, 율법 폐기론(구원파와 같은) 신앙에 빠지고, 인간에 의해 영향받으신다는 것만 믿으면 지성주의, 인본주의, 공로주의 신앙에 빠지기 쉽다. 엄밀히 말해 한 가지만 치중한 신앙은 진정한 신앙이 아니라고 할 수 있다. 하지간 세상의 논리 체계 안에서 억지로 이 둘을 하나로 묶어서도 안 된다. 그렇다고 이 둘을 분리할 수도 없다. 두 가지는 구별될 뿐 어느 한쪽도 제거해서는 안 된다.

마찬가지로 하나님의 니느웨 심판 명령도 사실이고, 니느웨 구원 실행도 사실이다. 니느웨 백성이 회개하지 않았다면 멸망의 심판을 받았을 것이다. 그러나 그들은 회개하였기에 구원을 받을 수 있었다. 그래서 하나님의 뜻 바꾸기가 이루어진다. 이런 의미에서 하나님의 뜻 바꾸기를 비합리적인 것으로 볼 수 없다.

4.

그렇게 하라고 시키셨잖아요?

—다윗을 격동시키사(삼하 24:1)

"여호와께서 다시 이스라엘을 향하여 진노하사 그들을 치시려고 다윗을 격동시키사 가서 이스라엘과 유다의 인구를 조사하라 하신지라"(삼하 24:1).

다윗이 인구조사를 감행한 대가로 이스라엘 백성 상당수가 생명을 잃게 되었다. 다윗이 큰 죄를 범했다고 고백하자 하나님은 죗값으로 이스라엘에 전염병을 내리시어 7만 명이 죽고 말았다(삼하 24:10, 15).

그런데 인구조사를 실시한 주체가 다윗이 아닌 하나님이셨다는 사실에서 몇 가지 의문이 든다. 만일 하나님이 인구조사를 명했다면, 왜 다윗은 큰 죄를 범했다고 자백하였을까? 같은 맥락에서, 하나님이 다윗에게 인구조사의 죄를 물으신 것이 과연 정당한가 하는 질문을 던질 수 있다. 또한, 이 사건으로 무죄한 7만 명을 죽이신 것은 불의하지 않으냐고 이의를 제기할 수 있다.

하나님이 매우 비도덕적으로 보이기까지 한다. 이스라엘 백성을 치기 위해 다윗을 격동하여 죄를 저지르게 하고, 그 책임은 다윗에게만 물으셨으니 말이다.

하나님은 다윗의 범죄에 개입하셨는가? 다윗의 범죄에 하나님은 어떤 역할을 하셨는가? 이와 반대로, 하나님이 다윗의 범죄에 전혀 관여하지 않으셨다면 어떤 의미에서 그렇다고 말할 수 있는가?

하나님의 주권적 섭리 아래 있는 세상

본문을 더 정확하게 이해하기 위해서 같은 사건을 기록한 다른 말씀을 살펴보는 것이 우선이다. 이 사건을 다룬 역대상 21장은 사무엘하 내용과 거의 유사하지만 판이하게 다른 곳이 한 군데 있다.

"사탄이 일어나 이스라엘을 대적하고 다윗을 충동하여 이스라엘을 계수하게 하니라"(대상 21:1).

여기서 나타나는 인구조사의 주체가 사무엘하와는 분명히 다르다. 하나님이 아닌 사탄이 인구조사를 하도록 하였다고 기록되었다. 같은 사건을 이같이 전혀 다르게 기록한 것에 충격을 느낄 수 있다. 하지만 두 본문은 다르지 않다. 모두 정확 무오한 하나님의 말씀임을 믿기에 그렇게 말할 수 있고, 하나님이 일하시는 방식을 충분히 설명할 수 있기에 두 본문은 모두 옳게 기록되었다고 할 수 있다.

다윗에게 인구조사를 명하신 분이 하나님이라는 사실도 맞고, 인구조사 행위를 통해 다윗이 죄를 범하도록 조종한 자가 사탄이라는 것도 사실이다. 이런 의미에서 인구조사 사건의 배후에 하나님이 계셨다고 지목하여 하나님의 부도덕성, 불의함을 말할 수는 없다. 그럼에도 불구하고 인구조사를 실시하게 하신 하나님에 관해 설명해야 할 숙제가 남아 있다.

우선, 하나님이 왜 분노하셨는지를 살펴보도록 하자. 본문과 이후에 이어진 다윗의 인구조사 실시와 그로 인한 형벌, 어디에서도 하나님이 분노하신 이유를 찾을 수 없다. 아마도 이스라엘 군대의 위력, 특히 다윗을 가까이에서 보좌하는 많은 용사가 영웅담 소설의 주인공처럼 등장하고, 그 이름이 자세하게 호명되고 있는 장면과 관계가 있을 것이다(삼하 23장).

주변 나라에서 두려워할 만큼 초강대국이 된 이스라엘은 하나님으로 말미암아 가능했노라고 다윗이 장황하게 읊으며 노래했지만(삼하 22장), 실제로는 장수들의 이름을 거론하며 막강한 군사력을 자랑함으로써 자신의 공로를 높였던 것이다. 따라서 자기 능력을 과시하던 다윗에게 하나님은 진노하실 수밖에 없었다.

하지만 하나님이 왜 인구조사를 명하여 이스라엘을 치려 하셨는지는 여전히 풀리지 않는 난제가 될 수 있다. 다윗과 이스라엘의 교만을 꾸짖기 위해 굳이 인구조사를 명하여 죄를 범하게 하실 필요는 없었을 테니 말이다. 아마도 하나님이 다윗의 명백한 범죄 행위를 찾고자 하셨던 것이 아닌가 생각할 수 있다. 인구조사를 통해 다윗이 자기 업적을 과시하는 교만한 행동을 뚜렷이 보일 것이기 때문이다.

여기에서 결론을 맺으면, 인구조사 사건의 귀책사유가 다윗이 아닌 하나님에게 있다고 될 것이다. 그렇게 되면 다윗에게 죄책을 묻고, 그 대가로 이스라엘 백성 7만 명을 죽이신 것도 모두 불의한 일이 될 것이며, 나아가 하나님의 행위가 부도덕했다고 선언될 것이다. 그러나 역대상 21장에서 보았듯이, 인구조사를 하게 하여 다윗 스스로 교만의 절정에 이르러 하나님께 죄를 범하게 한 것은 사탄이었다. 그런데 왜 사무엘하는 하나님이 인구조사를 명하셨다고 기록하였는가?

그 이유는 간단하다. 하나님의 손길 밖에서는 어떤 일도 일어나지 않기 때문이다. 하나님은 이 세상을 주관하며 다스리신다. 이 세계는 하나님의 소유이며 그분의 허락하에 움직인다. 주권적 섭리 아래 세상이 움직이는 것이다. 따라서 다윗의 모든 행동은 하나님의 손에서 이루어진다고 할 수 있다. 그런 의미에서 하나님이 다윗으로 하여금 인구조사를 하게 하셨다고 볼 수 있다.

그런데 하나님은 사람을 포함한 모든 피조물, 곧 자연계 전체가 움직이는 원리를 이용하여 섭리하신다. 그래서 인구조사의 경우, 1차로 피조물 중 하나인 천사와 사탄을 통해, 2차로 다윗을 통해 일하신 것이다. 만물과 세상사가 시간을 초월하여 계시는 전지전능하신 하나님의 손길 밖에서 이루어지는 일은 없다. 사탄이 욥을 시험하기 전에 하나님의 허락을 받아야 했던 것과 같다(욥 1:12).

행동에 대한 책임은 사람에게 있다

이런 의미에서 하나님이 다윗에게 인구조사를 명하셨다는 것은 하나님이 시간을 초월하여 다윗의 모든 행동 배후에 늘 계셨다는 뜻이다. 하나님의 주권적 다스림의 측면에서 다윗의 행동 이전에 하나님의 의지가 작용했음을 말하는 것이다. 이러한 하나님의 의지는 초시간적 또는 초역사적이어서 이것을 규정적 의지, 교훈적 의지 preceptive will 또는 영원한 의지라 한다. 모든 피조물에 마땅히 일어나도록 하시려는 하나님의 뜻이다.[11] 이런 의지로, 하나님은 다윗이 태어나기도 전에 그에게 일어날 일을 계획하고 실행에 옮기도록 결정하셨다는 것이다.

그럼에도 불구하고, 행동에 대한 책임은 다윗에게 있다. 그 이유 역시 간단하다. 피조물 모두에게는 고유한 자유의지가 있기 때문이다. 인구조사 자체가 죄를 범하도록 만들지는 않는다. 초강대국이 된 이스라엘이 인구조사를 통해 하나님의 위대하심과 능력을 드러내 보일 수도 있었다. 따라서 인구조사 자체가 문제라기보다 이를 행한 다윗의 세속적 의지, 과시 욕구가 문제였다. 다윗이 하나님께 영광을 돌리지 않고, 자신의 위대한 업적을 드러내고자 했다. 하나님은 다윗의 교만에 대해 책임을 물으셨던 것이다.

이처럼 다윗의 행동에 따라 시간 안에서 때로는 형벌로, 때로는 후회와 긍휼로 반응하시는 하나님의 사역을 작정적 의지 또는 법정적 의지decretive will의 행동이라 한다.[12] 하나님은 피조물의 역사 안에서 하고자 하면 언제든 하신다는 것이다. 다만 인간의 마음과 행동에 따라 그때그때 작정하고 일을 이루신다. 그래서 하나님은 다윗의 마음과 행동을 보고 때로는 재앙의 형벌로, 때로는 후회와 긍휼로 반응하셨다.

"전염병을 이스라엘에게 내리시니 단에서부터 브엘세바까지 백성의 죽은 자가 칠만 명이라"(삼하 24:15).

"여호와께서 이 재앙 내리심을 뉘우치사 백성을 멸하는 천사에게 이르시되 족하다 이제는 네 손을 거두라 하시니"(삼하 24:16).

하나님이 하신 일을 두 가지로 나누어 봐야 본문을 제대로 이해할 수

11 Louis Berkhof, 『조직신학 상』 (고양: 크리스천다이제스트, 1991), 273.

12 같은 곳.

있다. 초시간적으로 하나님이 뜻을 정하고 의지로써 사역하시는 부분과 시간 안에서 우리와의 교류를 통해 반응하시는 일련의 의지와 행동의 영역이 그것이다. 사무엘하 본문이 전자에 해당한다면, 역대하 본문은 후자에 해당한다.

결론적으로, 하나님은 다윗의 인구조사 범죄에 물리적으로 또는 직접적으로 연루되지 않으셨다. 물론 다윗의 범죄 행위에 관해 하나님은 미리 아신다(반대로 다윗은 사무엘하 24:1의 하나님의 예정을 모른다). 그러나 다윗을 로봇이 아닌 지정의를 지닌 자유인으로 만드신 하나님은 그의 자유로운 판단을 존중하여 그가 의를 행할 수도 있고 악을 행할 수도 있게 허락하셨다. 하나님은 다윗의 범죄 행위에 조금의 영향도 주시지 않았다. 다윗이 사탄의 유혹에 넘어가서 인구조사를 감행하여 자신의 교만을 극대화하는 죄를 저지른 것이다.

사무엘하와 역대상의 두 본문(삼하 24:1, 대상 21:1)을 보면서 얻는 교훈이 있다면, 자기 죄를 변론하기 위해 본인이 죄지을 것을 알면서도 하나님이 내버려 두셨다고 항의해서는 안 된다는 것이다.

사람은 모든 행위에 대해 자신이 책임져야 하며 악의 유혹을 견뎌야 한다. 고난과 역경을 겪을 때는 하나님께 긍휼과 자비를 구해야 할 것이다. 이와 동시에 어떤 경우를 만나든 모든 일은 하나님의 주권적 섭리 아래 있음을 알고, 합력하여 선을 이루시는 하나님을 바라보며 그에게 늘 영광과 존귀를 돌려드려야 할 것이다.

5.

악령도 부리세요?

–여호와의 영이 사울에게서 떠나고(삼상 16:14)

"여호와의 영이 사울에게서 떠나고 여호와께서 부리시는 악령이 그를 번뇌하게 한지라"(삼상 16:14).

모든 병이 악령(사탄 혹은 귀신)이 들어서 생기는 것은 아니지만, 어떤 경우는 사탄 때문에 일어나기도 한다. 사울의 경우가 여기에 속한다. 사울이 정신이상 행동을 하며 괴로워한 것은 악령에 사로잡혔기 때문이었다. 그런데 이 악령이 하나님이 '부리시는' 영이라고 한 데 문제가 있다.

"여호와의 영이 사울에게서 떠나고 여호와께서 부리시는 악령이 그를 번뇌하게 한지라"(삼상 16:14. 삼상 16:15~16, 23, 18:10 참조).

사울이 앓은 정신병의 책임을 하나님에게로 돌려야 하는 게 아닌가 하는 오해를 불러일으키기 때문이다. 나아가 하나님이 악령을 부리시는 분으로 인식하게 만들기도 한다. 하나님이 악령의 우두머리란 말씀인가?

자유의지로 타락한 천사들

우선 악령이 실재하는 존재인지 살펴보자. 단순히 공포가 만들어 낸 가상의 존재인가, 아니면 실체를 가진 인격적 존재인가? 성경은 악령이 원래는 하나님이 거룩하게 만드신 의로운 천사였으나 영광스러운 하늘 처소를 떠나 최종 심판을 받게 된 영적 실체라고 말한다(유다서 6절).

어쩌다가 천사가 악령이 되고 말았는가? 본래 천사는 인간과 마찬가지로 자유의지를 부여받은 피조물이다. 하나님께 영광을 돌리고 하나님이 명령하시는 일을 잘 수행하도록 창조되었다. 천사는 자발적으로 순종하여야 진정성을 인정받을 수 있다. 하나님을 찬미하도록 기계적으로 지어졌다면, 구태여 그들에게 하나님을 찬양하고 영광을 돌리라고 하거나 하나님의 백성을 지키고 보호하라고 명령하실 이유가 없다.

천사는 자유의지에 따라 하나님께 순종하여 하나님을 받들고 섬기며 영광 돌리든지 아니면 그렇게 하지 않을 수 있었다. 천사들은 하나님의 아들을 인정하고 존중하며 그의 영광을 위해 행동하고 하나님의 자녀들을 보호하며 선한 길로 인도할 수도 있지만, 이들이 본래 부여받은 자유의지에 따라 정반대로 행동할 수도 있었다.

악령이란 바로 이들 천사 중에 속했던 피조물로서 전지전능하신 하나님께 영광 돌리는 일을 즐겨 하지 않고, 반대로 자신이 하나님처럼 되려 한다든지, 하나님의 자녀를 미워하여 속이는 자들이었다(창 3:1~5). 타락한 천사들이 하나님께 징벌을 받아 악령 혹은 귀신이나 사탄이 되었던 것이다.

그러므로 천사가 악마가 된 것은 전적으로 자기 탓이지 하나님의 책임은 아니다. 만일 악령이 여전히 하나님께 대적하고 하나님의 자녀를 미워하고 괴롭힌다면, 자유의지로 거짓, 교만, 괴롭힘이라는 결과물을 만들어 내는 것이다.

부리신 것이 아니라 허락하신 것이다

바로 그런 의미에서 사울에게 하나님이 "부리시는" 악령이 임하여 조현병 증세를 보이게 하신 것은 전적으로 하나님의 책임이 아니다. 그런데도 왜 성경은 악령이 마치 하나님의 졸개인 것처럼 나타내는가?

우선, 한국말로 번역된 "부리시는"이란 표현이 그런 오해를 낳게 했다. 히브리어 원문에 충실하게 번역하면 악령이 '하나님의 허락을 받아' 사울을 번뇌하게 하였다고 해야 한다. 즉 하나님이 수족처럼 데리고 다니며 일 시킨다는 의미에서 악령을 부리신 것이 아니다. 그러한 영의 실체는 선한 천사일 것이다.

하나님은 악령이 사울을 괴롭히게 하는 것을 허용하셨을 뿐이다. 사탄이 욥을 괴롭히기 전에 하나님에게 허락받았던 것처럼 말이다. 하지만 이런 경우에라도 궁극적으로는 하나님의 전지적 판단과 결심에 따른 것임은 부정할 수 없다.

왜 하나님은 악령이 사울을 괴롭히도록 허용하셨을까? 아니, 하나님은 왜 사울을 버리기로 하셨을까? 그 이유를 정확히 알 수는 없다. 하지만 사울이 하나님의 명령을 경홀히 여기고, 교만하게 행동하여 거짓 행동을 보였다면, 그로 인해 결국 하나님의 징벌을 받게 되었다고 말할 수 있다. 오죽하면 사무엘이 진노하여 "순종이 제사보다 낫고 듣는 것이 숫양의 기름보다 나으니"(삼상 15:22)라고 말했겠는가? 사울에게 악령이 임하도록 하나님이 허락하셨고, 이는 곧 하나님이 사울을 버렸다는 증거가 된다.

우리도 하나님께 진정으로 순종하는 삶을 살지 않으면 사울이 받은 징벌을 우리도 받을 수도 있음을 알고 늘 경계해야 할 것이다.

6.

선악과는 왜 만드셨대요?

–먹는 날에는 반드시 죽으리라(창 2:16~17)

"여호와 하나님이 그 사람에게 명하여 이르시되 동산 각종 나무의 열매는 네가 임의로 먹되 선악을 알게 하는 나무의 열매는 먹지 말라 네가 먹는 날에는 반드시 죽으리라 하시니라"(창 2:16~17).

우리가 잘 아는 대로 아담과 하와는 선악과 열매를 먹은 뒤 '흙으로 돌아가는' 죽음을 맞게 되었다(창 3:19). 아마 다음과 같은 질문을 던져 본 사람이 많을 것이다. 선악과를 만들지 않았더라면 인간이 불행을 겪지 않아도 되지 않았을까? 선악과가 없었다면, 여자가 아이를 낳는 고통이 덜하여 즐겨 낳았을 것이고, 남자는 땀을 덜 흘리며 편하게 일하여 스트레스를 덜 받으며 살 수 있었을 것이라고 말이다(창 3:16~18).

그런데 선악과를 주시고 먹으면 죽는다고 협박하시다니! 하나님이 인간의 행복한 삶을 시기하여 결국 선악과를 따 먹도록 하신 것은 아닐까? 그렇다면 하나님은 참으로 속 좁은 신임이 틀림없지 않은가? 더욱이 아담과 하와만 힘들게 살다가 죽게 한 것이 아니라 그로 인해 온 인류에게 죄가 들어와 모두가 사망에 이르게 되었다는 것은(롬 5:12) 너무 불공평하고 불합리하지 않은가?

선악과를 먹은 적도 없는 21세기 인간이 왜 첫 조상의 범죄 때문에 고통을 겪고 죽어야 한단 말인가?

선악과는 교제 규칙일 뿐이었다

전지전능하신 하나님이 아담과 하와가 선악과를 먹으리라는 것을 뻔히 아셨을 것이다. 그렇다면 하나님은 인간에게 덫을 놓으신 교활한 사냥꾼이란 말인가? 만일 그렇다면 아담과 하와가 선악과를 먹음으로써 인류에 사형을 선고하신 하나님의 판결은 도덕적 정당성이 없으므로 원천적으로 무효가 아닌가? 결과적으로 인간은 무죄가 아닌가 말이다.

선악과와 관련한 이런 질문과 도전적 발언은 끝도 없을 것이다. 그중에는 도저히 받아들일 수 없는 질문이나 신성모독적인 주장도 있을 수 있다. 왜냐하면, 하나님은 인간에게 영생할 기회도 주셨기 때문이다. 회개와 믿음을 통해서 패자 부활전을 허락하신 것이다.

하지만 그래도 이 질문 하나는 제기해야 한다고 말하는 사람이 있을 것이다. 하나님은 왜 선악과를 만드셨단 말인가? 결론부터 말하자면, 이 질문은 옳지 않다.

비유를 들어 생각해 보자. 축구의 규칙상 공은 신체 어느 부위에 닿아도 상관없지만, 손에 닿아서는 안 된다. 손으로 공을 잡으면 반칙이 되는 것이다. 축구 규칙을 아는 사람은 핸들링 반칙에 벌을 준다고 해서 비난하지는 않는다. 오히려 벌을 주지 않으면 비난한다. 1986년 멕

시코 월드컵에서 마라도나의 핸들링 골이 지금까지 회자되는 이유가 여기에 있다. 심판이 눈치 못 챌 정도로 속여 성공한 골이었기 때문에 신의 손으로 불리긴 했지만, 사실 가장 공정해야 할 국제 경기에 대한 모욕이다.

마찬가지로 하나님이 동산 중앙에 있는 모든 실과는 먹되 선악과만은 먹지 말라고 명령하신 것은 하나님과의 인간 사이에 맺은 일종의 교제 규칙이다. 인간은 선악과만 빼면 다른 모든 열매를 먹을 수 있었다. 축구에서 공을 코로 넣든 엉덩이로 넣든 골을 자유롭게 넣을 수 있듯이, 인간에게는 무한에 가까운 자유가 주어져 있었다. 무수히 많은 과실을 마음대로 먹되 딱 한 가지만 먹지 말라고 하신 것이다. 핸들링 반칙 없이도 축구 경기를 충분히 치를 수 있듯이, 인간은 선악과만 안 먹으면 에덴동산에서 영원히 잘살 수 있었다.

우리는 이 점에 주목해야 한다. 왜 하나님이 선악과를 만들어서 먹지 말라고 명령하셨느냐고 불평할 게 아니라 모든 과일을 먹을 수 있게 하신 것에 대한 감사와 기쁨에 초점을 두는 것이 옳다. 축구 규칙을 적용하는 심판에게 죄가 없듯이 선악과를 만들어 먹지 말라고 하신 규정에 따르신 하나님도 무죄하시다고 말할 수 있다.

물론 이에 대한 반론도 있을 수 있다. 축구 규칙이 이해 당사자들이 협의하여 만든 것이라면, 금단의 열매는 하나님이 일방적으로 만드신 규칙이기 때문이다.

하지만 부모가 6살짜리 아이와의 합의 없이 술 마시기를 금할 수 있듯이 하나님도 인간과 협의하지 않고 어떤 규정을 만드실 수 있지 않은가? 피조물에 불과한 인간이 창조주 하나님과 합의를 운운하는 것이야말로 가당치 않다.

금지 명령은 오히려 선을 얻는 기회였다

인간과 상의 없이 금단의 열매를 정하셨다고 해서 하나님을 악하다고 말할 수는 없다. 알고 보면 인간에게 주어진 금지 규정이 바로 선이 되기 때문이다. 그것이 어떻게 선이 되는가?

우선, 역으로 반대 명제를 생각해 보자. 선악과를 먹지 말라는 금지 명령이 선이 아니라면, 하나님의 모든 금지 명령은 모두 악이 될 것이다. 십계명도, 예수님의 팔복 말씀도, 형제를 미워하지 말라는 말씀도 모두 악이 될 것이다.

우리가 경험하듯이, 하나님의 말씀을 지키면 행복하다. 형제를 미워하지 않고 사랑해 보라. 형제를 비방하지 말라는 말씀을 지켜보라. 마음에 큰 평안을 누릴 것이다. 남을 이기려 하지 말고 져 보라. 그 사람을 얻을 것이다. 마찬가지로 하나님이 내리신 금지 명령은 우리로 하여금 참 기쁨과 평안을 누리게 하여 선을 이루게 한다.

선악과를 먹지 말라는 금지 명령은 아담과 하와에게 선을 얻을 기회였다. 뱀(사탄)의 유혹을 견뎌 내어 사탄에게서 승리를 거두었더라면, 아담과 하와는 최고의 자부심과 긍지를 얻을 수 있었을 것이다. 영생을 얻어 낼 수도 있었다. 그 이상의 축복과 선이 어디 있는가?

규정을 어기면 악이 되지만, 그렇다고 규정 자체가 악은 아니다. 그러므로 "하나님이 왜 하필 선악과를 만드셨을까?" 하고 불평하는 것은 하나님을 전적으로 오해한 것이다. 오히려 "선악과를 만드신 하나님은 얼마나 선하신 분인가" 하고 감탄하는 것이 옳다.

결론적으로, 선악과를 만드신 하나님의 규정은 전적으로 비난받을 일이 아니다. 아니, 오히려 규정을 준수하면 누리게 될 복이 지대하였으므로, 금지 규정은 선한 것이었다. 규정을 어긴 아담이 문제일 뿐, 규정을 만드신 하나님에게는 문제가 없었다. 법과 규칙이 선한 사람을 보호하는 데 그 목적이 있듯이, 선악과 금지 규정 역시 하나님의 선하신 뜻을 실행하는 데 목적이 있으므로 하나님을 비난할 수 없다.

7.

고집불통으로 만들어 놓으시고선!

–그가 백성을 보내 주지 아니하리니(출 4:21)

"여호와께서 모세에게 이르시되 네가 애굽으로 돌아가거든 내가 네 손에 준 이적을 바로 앞에서 다 행하라 그러나 내가 그의 마음을 완악하게 한즉 그가 백성을 보내 주지 아니하리니"(출 4:21).

우리를 당혹하게 만드는 말씀이다. 모세가 바로에게 이스라엘 백성을 보내 줄 것을 요청했지만, 하나님의 말씀대로 바로는 마음이 완악하여 모세의 말을 들어주지 않았다. 오히려 모세의 요청에 화가 났는지 이스라엘 백성의 노역을 더 무겁게 하여 고통을 가중시켰다(출 5:1~9).

문제는 바로의 완악한 행동 뒤에 하나님이 계신 것처럼 보인다는 점이다. "내가 그의 마음을 완악하게 한즉"이란 말씀에서 이스라엘 백성들이 출애굽은커녕 더 큰 고통을 받게 된 것이 다 하나님 탓이라고 생각할 수 있기 때문이다. 출애굽기에는 본문 외에도 이 같은 내용의 구절이 아홉 번이나 더 등장한다(출 7:3; 9:12; 9:34; 10:20; 10:27; 11:10;

14:4; 14:8; 14:17). 겉으로는 바로가 심술부리고 힘들게 하는 것처럼 보이지만, 실제 배후에는 하나님이 계신 것처럼 보이게 한다. 이스라엘 백성이 곤욕을 당하게 된 것은 바로가 아닌 하나님의 책임인가? 이 일과 관련하여 바로는 정말로 무죄한가?

바로의 마음을 누가 완악하게 하였는가

성경은 바로가 완악했다고 말한다.

"그 때에 바로가 완악하여 우리를 보내지 아니하매 여호와께서 애굽 나라 가운데 처음 난 모든 것은 사람의 장자로부터 가축의 처음 난 것까지 다 죽이셨으므로 태에서 처음 난 모든 수컷들은 내가 여호와께 제사를 드려서 내 아들 중에 모든 처음 난 자를 다 대속하리니"(출 13:15).

"그러나 바로의 마음이 완악하여 그들의 말을 듣지 아니하니"(출 7:13).

"애굽 요술사들도 자기들의 요술로 그와 같이 행하므로 바로의 마음이 완악하여 그들의 말을 듣지 아니하니"(출 7:22).

"요술사가 바로에게 말하되 이는 하나님의 권능이니이다 하였으나 바로의 마음이 완악하게 되어 그들의 말을 듣지 아니하였으니"(출 8:19).

"바로의 마음이 완악하여 이스라엘 자손을 내보내지 아니하였으니"(출 9:35).

이 말씀들을 진지하게 받아들인다면 바로가 제 생각과 판단에 따라 이스라엘 백성을 보내지 않기로 결단하였으며 그들에게 고통을 가중하도록 결정했음을 알 수 있다. 그래서 하나님이 바로의 악행을 괘씸하게 여겨 사람의 장자와 가축의 처음 난 것을 다 죽이신 것이다. 즉 바로가 자기 의지대로 이스라엘 백성을 내보내지 않고 더 괴롭히자 하나님이 그에 대한 책임을 물어 벌을 내리신 것이다.

그런데 하나님이 바로의 '마음을 완악하게 하신' 분이라는 사실에 문제가 있다. 그렇다면 바로의 마음이 완악했다는 것도 사실은 궁극적으로 하나님이 그를 완악하게 하셨기 때문이라고 볼 수 있다. "그러나 바로의 마음이 완악하여 그들의 말을 듣지 아니하니 여호와의 말씀과 같더라"(출 7:13. 출 7:22, 8:19, 9:35 참조).

실제로 하나님이 예언하신 대로 바로가 완악하게 되었기 때문이다. 하나님은 바로의 마음이 완악해질 것을 아셨으므로 하나님이 그의 마음을 완악하게 하셨다는 증거라고 주장할 수 있다(출 4:21). 결국, 바로가 스스로 완악해졌다는 것은 받아들이기 어렵다는 것이다. 따라서 바로의 완악함은 하나님의 작품이므로 논리적으로 바로는 무죄이며 하나님이 악의 근원이 되신다고 말해야 할 것이다.

하지만 성경은 하나님이 바로의 악행을 문책하듯 인간의 모든 죄에 관해 책임을 물으신다고 말하고 있다. 그러므로 하나님을 죄를 조성하신 주체로 쉽게 단정 지을 수는 없다. 실제로 스스로 마음을 완악하게 하여 죄를 지은 인간을 성경이 많이 강조하고 있기 때문이다(출 8:15; 시 95:8; 사 63:17; 마 19:8; 히 3:8, 13 참조).

결론적으로, 하나님이 바로의 마음을 완악하게 하신 것도 사실이요 바로가 스스로 완악해진 것도 사실이다. 즉 하나님이 인간에게 악행하도록 하셨다는 점과 인간이 자기 의지로 악행을 저지른다는 것 모두가 사실임을 받아들일 수밖에 없다.

하나님의 결정과 인간의 자유의지

그 두 가지를 우리는 어떻게 조화시킬 수 있을까? 지금까지 수많은 신학자가 이 어려운 퍼즐을 맞추기 위해 온갖 힘을 기울였다. 제1원인(하나님의 결정)과 제2원인(인간의 자의지적 행위)이 있다는 말로 풀이하기도 했다. 두 가지가 모두 행위에 똑같이 영향을 준다는 뜻이다.

하지만 명료하게 조화시키지는 못하고 있다. 제1원인을 강조하는 이들은 인간의 모든 자유의지적 행위가 실제로는 무엇인가에 의해 영향을 받는다고 말한다. 순수한 자의지적 결정은 없다는 것이다. 궁극적으로 하나님의 결정에 따라 인간의 행위가 이루어진다고 말한다. 바로의 악행 뒤에 하나님이 계시다는 말이겠다. 이것은 악행의 원인을 하나님께 돌리는 위험성이 있다.

반대로 제2원인을 강조하여 인간은 자의지적이고 독립적으로 행동한다고 말할 때는 인간의 행동이 우연히 발생하는 셈이다. 바로의 악행이 필연적이지 않았다는 뜻이다. 이 경우, 바로의 완악함은 바로가 만든 것이 된다. 하지만 전지전능하신 하나님을 바보로 만들 위험성이 있다.

하나님의 허락 없이는 참새 한 마리도 땅에 떨어질 수 없다(마 10:29). 하나님의 허용과 작정 없이는 어떤 일도 일어날 수 없기 때문이다. 공중에 나는 새가 종일 먹을 것을 스스로 찾아다니지만, 실제로는 하나님이 새들을 먹이고 기르시는 것이다(마 6:26).

결론적으로 이 문제는 여전히 해결난망이며 영원한 숙제로 남아 있다. 아무도 하나님의 결정과 인간의 자유의지를 조화시키지 못한다. 앞으로도 그럴 것이다.

바로가 자기 의지로 스스로 완악해졌음에도 불구하고 근본적으로 하나님이 바로의 마음을 완악하게 하였다는 것은 무슨 뜻인가? 본문은 우리로 하여금 하나님의 주권적 역사를 발견하게끔 주문한다.

요셉이 자기가 애굽에 보내진 것은 하나님이 하신 것이라는 선언에서 그 실례를 찾을 수 있다(창 45:5). 요셉이 팔리기까지 인간의 수많은 자의지적 결정이 있었지만 결국은 하나님이 허락하고 작정하신 것이다. 개인의 삶 말고도 국가 간의 일에서도 하나님이 이같이 관여하신 사례가 있다. 여호와께서 앗수르 왕의 마음을 돌이키셨다는 말씀이 그것이다(스 6:22). 하나님은 인간의 모든 행위와 역사를 주관하신다.

자기 개성을 중시하고 자유를 사랑하는 인간에게는 불편하게 들릴지 모르지만, 우리는 이것을 긍정적으로 해석한다. 만일 인간 마음대로 움직여지는 세상이라면 인간 스스로 무기력한 존재임을 깨닫게 될 것이다. 만일 하나님이 우리 마음대로 살도록 내버려 두신다면, 우리 삶에 전혀 관여하지 않으신다면 우리는 자기 힘만으로 살아가야 할 것이다. 삶은 실패와 좌절의 연속이 될 것이다. 인간에게는 잔인한 일이다. 마치 세 살배기 어린이에게 자기 힘으로 살라고 하는 것과 같기 때문이다. 우리는 악으로부터 피할 수도 없고, 기도는 무의미할 것이다.

그러나 인간은 무기력하기 때문에 주권자이신 하나님께 기도할 수 있다. 하나님이 듣고 응답하사 우리를 선한 길로 인도하시기 때문에 안심할 수 있다. 그래서 하나님의 능력으로 만물을 붙드시는 세상이 고마운 것이다(히 1:3). 나아가 스스로 겸손하게 되어 더욱 절제된 삶을 살게 되고, 대인관계에서 더 선하고 원만하게 건강하게 살면서 복을 누리게 된다. “은혜 베풀 자에게 은혜를 베풀고 긍휼히 여길 자에게 긍휼을 베푸시는” 하나님을 인정하고 그분만 의지하게 되기 때문이다(출 33:19;

롬 9:18 참조).

그와 동시에 생각해야 할 것이 있다. 하나님이 우리에게 자유의지를 주셨으니 스스로 무책임하게 행동해서는 안 된다는 것이다. 이스라엘 백성들이 스스로 마음을 완악하게 한 결과, 하나님이 그들을 포기하셨던(심판하신) 사실을 기억해야 한다(사 6:9~10).

8.

매를 벌게 하시는 건가요?

-여호와께서 그리하게 하신 것이라(수 11:20)

"그들의 마음이 완악하여 이스라엘을 대적하여 싸우러 온 것은 여호와께서 그리하게 하신 것이라 그들을 진멸하여 바치게 하여 은혜를 입지 못하게 하시고 여호와께서 모세에게 명령하신 대로 그들을 멸하려 하심이었더라"(수 11:20).

"완악하게 만들어 놓고 심판하신다?" 하나님이 마치 교활하고 포악한 전제 군주처럼 느껴진다. 안 믿는 이들에게는 하나님이 사람으로 화나게 만들고선 화낸다고 벌하시는 것처럼 보일 것이다. 긍휼과 자비가 풍성하고 온 인류의 구원을 원하시는 하나님이 그런 분이신가 하고 놀랄 정도로 당혹스럽기는 하다. 진리의 말씀임에도 불구하고 말이다.

이 사실을 비밀로 하고, 가나안 사람들이 못되게 굴어서 이스라엘을 통해 심판하는 것으로 설명하시면 안 되었을까? 구태여 성경에 이 비밀을 드러낼 필요가 있었는가? 왜냐하면, 그들이 이스라엘에 대적한 것은 자기들 뜻이 아니라 하나님의 뜻이었고, 자기들은 무죄하다고 주장할 수 있기 때문이다.

가나안 사람들만이 아니다. 애굽의 바로도 마찬가지다. 오늘날 비기독교인들도 하나님께 반기를 들어 무죄를 주장할 만하다. "내가 믿지 않은 것은 너희가 믿는 하나님이 믿지 않게 해서이니 심판의 근거가 없고, 하나님의 심판은 불법이다"라고 지적할 수 있다. 그런데도 하나님은 왜 이러한 비밀을 누설하셨을까? 안 믿는 자의 반론을 예상하지 못하셨던 말인가?

완악한 마음조차 인간의 선택이다

이 주제에 관한 질문을 세 가지로 요약하여 살펴보자. 첫째, 정말로 하나님은 심판하고 싶은 사람을 이처럼 악을 저지르거나 하나님께 대항하도록 만드시는가? 실제로 하나님은 자신이 심판하려는 사람을 완악하게 하셨다. 바로에게도 같은 방식으로 하시어(출 4:21), 그가 이스라엘 백성의 출애굽을 완강하게 반대하도록 하셨다(출 8:15, 32). 하나님은 "하고자 하시는 자를 긍휼히 여기시고 하고자 하시는 자를 완악하게" 하신다(롬 9:18).

하지만 하나님을 폭군으로 오해해서는 안 된다. 왜냐하면, 하나님은 심판받을 자를 완악하게도 하시지만, 또한 그들이 완악한 마음과 행동을 하지 않도록 기회를 충분히 주시기 때문이다. 자발적으로 회심하거나 하나님을 경외할 것을 자유롭게 선택할 수 있었다.

실례로, 기생 라합은 이스라엘에 관한 소문을 듣고 여호와 하나님을 알았고, 진정한 유일신이심을 인정하여 회심에 이르러 구원 받았다(수 2:9~24, 6:17~25; 히 11:31; 약 2:25). 기브온 주민들도 마찬가지로 이스라엘의 출애굽 사건을 듣고 하나님의 능력을 인정하였으며 여호수아에게 항복하여 구원받았다(수 9:11~24). 팔레스타인 사람들에게 하나님이 이스라엘 백성과 함께하신 기적의 역사가 이미 다 알려져서(수 6:27), 누구든지 마음만 먹으면 우상을 버리고 하나님의 백성이 될 수 있었다.

하나님은 가나안 전쟁 매뉴얼을 이스라엘에 주셨는데, 전투를 시작하기 전에 먼저 화평을 선언할 것을 명령하셨다(신 20:20~11). 그러나 대부분 지역 사람들은 자기들의 기득권을 지키기 위해 화평 제안을 거부하고, 여호수아와 이스라엘에 대항했다(수 9:1~2).

그러므로 첫째 질문은 팔레스타인 사람들이 스스로 완악한 마음을 갖고 여호수아와 이스라엘 백성에게 끝까지 저항한 사실을 동시에 고려해야 한다. 하나님이 주권적 판단을 내리시는 면과 인간이 자의적으로 선한 결정을 내릴 수 있도록 자유의지를 주셨다는 사실을 동시에 고려해야만 폭군 하나님에 대한 오해를 풀 수 있다. 두 가지 사실을 조화시키는 것이 어렵다는 것은 논외로 하고 말이다. 완악하게 하시는 하나님이라는 말씀에는 가나안 백성에게 기회를 주신 하나님이라는 뜻이 숨어 있다.

다만 본문에서 하나님이 완악하게 하셨다는 표현은 세상만사가 하나님의 주권적 작정 아래 일어난다는 것을 강조한 것이라고 하겠다. 사람이 계획을 세워도 그 걸음을 인도하시는 분이 하나님이라는 것(잠 16:9), 고레스 왕이 하나님의 기름 부음을 받은 자라고 말할 정도로 하나님이 이방 왕을 통해 일하시는 분이라는 것(사 45:1), 어떤 권세도 하나님의 결정으로부터 나지 않은 것이 없다는 것(롬 13:1) 등 여러 말씀을 볼 때, 이 세상 어떤 일도 하나님의 주권적 작정을 떠나서는 일어나지 않음을 알 수 있다.

우리 구원에 관해서도 마찬가지다. 우리는 창세전에 하나님의 주권적 작정을 통해 택함을 받았고, 하나님이 우리를 먼저 사랑하신 것이어서, 우리 구원은 전적으로 하나님의 은혜다(엡 2:8). 이런 의미에서 이 질문은 인간의 모든 의지와 행동이 하나님의 비밀 혹은 은밀한 계획에 따라 정해진 것임을 염두에 두고, 조심스럽게 제기되어야 한다.

하나님이 완악하게 하셨다고 하는 것은 논리적으로 전지전능하신 분이 주권적 작정의 능력을 행하시는 것이 당연하다는 선언이다. 그러나 제한된 시간과 공간 안에 갇혀 있는 우리에게 시공간을 초월하여 만들어진 하나님의 주권적 작정의 심오한 세계는 알 수 없다. 그러므로 완악하게 하시는 하나님은 우리에게 전혀 알려지지 않는 것이다. 다만 일의 결과를 놓고 볼 때 모든 일의 배후에 하나님이 계셨음을 알게 된다. 물론 하나님의 완악하게 하신 것과 팔레스타인 족속들이 완악하지 않을 수 있었던 것 모두가 다 가능한 실재였음을 전제해야 한다. 왜냐하면, 하나님은 후자의 경우도 100% 허락하셨기 때문이다.

말씀을 보는 통전적인 시각이 필요하다

둘째, 그렇다면 하나님은 불법을 행하는 비합리적인 분이신가? 그렇지 않다면 어떤 근거로 하나님이 정당하게 행하시며 의로우신 분이라고 할 수 있는가? 이 질문에 대해 하나님의 이러한 행동이 결코 불법적이거나 비합리적이지 않다고 대답할 수 있다. 오히려 불의에 대해 정당한 법 집행을 하신 것이며, 또한 불의가 저질러지지 않도록 기회를 주셨기에 하나님의 모든 행동이 의로우시다.

예를 들어, 니느웨 백성을 심판하기로 작정하셨음에도 불구하고 그들이 회개하자 심판의 뜻을 돌이켜 재앙을 내리지 아니하셨던 것과 같다(욘 3:10). 그러므로 가나안 백성이 회개하지 않은 것이 문제이지 타락한 백성을 심판하신 하나님은 무죄다. 모세에게 가나안 백성들을 심판하겠다고 하나님이 말씀하실 때(신 20:16~17), 앞에서 언급한 기생 라합의 가족과 기브온 족속도 포함되어 있었다. 그러나 그들은 야훼 하나님을 두려워한 나머지 회심하여 구원에 이르렀던 것이다. 그러므로 끝까지 저항한 이들을 심판하신 것은 비합리적이거나 불법적인 일이 아니다.

셋째, 만일 하나님이 의로우신 분이라면 왜 이렇게 불법적인 분으로 여겨지도록 하셨는가? 왜 그냥 비밀로 남겨 두지 않으셨는가? 세상의 모든 일이 하나님의 주권 아래에 있다는 사실을 알려 주기 위함이었다. 비록 비합리적이고 불의한 분으로 오해할 수도 있지만 말이다. 그러나 하나님은 의로우신 분이다. 왜냐하면, 인간이 하나님을 불법적인 분으로 생각하도록 이 말씀이 의도된 것은 아니기 때문이다. 물론 오해하지 않도록 보충 설명이 필요했다고 말할 수는 있다.

하지만 성경은 논리정연하게 구성된 교과서가 아니요 충분한 설명과 주석을 담은 참고서도 아니다. 성경은 상황에 맞게 하나님이 선포하신 것을 모아 놓은 말씀이다. 그러므로 하나님은 굳이 감추거나 비밀로 하실 필요가 없다. 다만 성경 구절을 정확히 이해하기 위해서는 관련 성구들을 참고하여 종합적으로 판단해야 한다.

만일 말씀을 오해한다면 그것은 우리가 말씀을 치밀하게 연구하지 못한 탓일 뿐, 하나님께 그 책임을 물을 수는 없다. 말씀을 통전적으로 보지 않고, 일부 말씀을 절대화하는 얕은 지식이 문제다. 바로를 완악하게 하셨다는 것은 하나님이 절대적인 능력과 지혜로 인간의 삶을 주권적으로 정하신다는 뜻이다. 그러나 이런 지식 하나만 가지고 하나님을 올바르게 안다고 할 수 없다. 동시에 하나님이 허락하신 완전한 자유의지에 따라 스스로 마음을 완악하게 하기도 한다는 사실을 받아들여야 한다.

여기서 중요한 것은, 하나님이 마음을 완악하게 하셨는지를 실제로는 알 수 없다는 사실이다. 우리는 마치 어항 속의 물고기와 같아서 어항 밖의 주인이 물고기를 어떻게 처치할 것인지를 알 수 없다. 그래서 때로는 하나님의 주권적 예정에 관한 무지가 오히려 참지식이 되는 것이다. 이런 자는 완악하게 하시는 하나님을 절대 오해하지 않는다.

하나님은 인간의 일거수일투족에 매우 민감하게 반응하시는 분이다.
우리 일을 포함하여 인류사에 관한 하나님의 섭리는 하나님의
영원한 뜻과 더불어 인간의 행동이 함께 어우러져서 이루어진다.

PART 4

성경이 뒤죽박죽이네요

“악인의 팔을 꺾으소서. 악한 자의 악을 더 이상 찾아낼 수 없을 때까지 찾으소서”(시 10:15)

단순히 종교 서적 하나 읽는다고 생각하고 성경을 보는 사람은 대부분 기독교에 관해 실망하게 될 것이다. 수수께끼 같은 이야기와 모순되는 말씀과 부끄러울 만한 역사 기록이 여기저기서 발견되기 때문이다.

예를 들어, 창세기 첫머리에 아담과 하와, 가인과 아벨 등 4명만 등장하다가 갑자기 가인의 아내가 나타난다. 대체 이 여인은 어디서 왔을까? 그리고 야곱이 하나님과 겨루어 승리했다는 이야기에서 고개를 갸우뚱할 것이다. 어떻게 하나님이 인간에게 진단 말인가? 게다가 솔로몬의 이야기는 롤러코스터와도 같다. 지혜롭고 겸손한 자였는데 왕실 잔혹사의 중심인물이 되기도 하고 지혜를 구하라고 하더니 말년에는 지혜 무용론을 펼치기도 했다. 시편의 저주 시는 믿는 자들마저도 당황스럽게 한다. 원수 같은 사람도 사랑할 수 있게 해달라고 기도할 줄 알았는데 그게 아니었다. 이런 자들을 아주 잔인하고 사정없이 제거해 달라는 기도가 주를 이루었기 때문이다. 그 외에도 같은 저자가 쓴 글에서도 모순점을 심심찮게 찾을 수 있다.

이런데도 성경을 하나님의 말씀으로 받아들여야 할까? 대답은 "물론!"이다. 만일 기독교가 사람이 만든 종교에 불과하다면, 모순되고 수치스러운 사건이나 이야기를 아예 기록하지도 않았을 것이기 때문이다. 역설적이지만 결함이 있어 보이기에 성경은 참으로 하나님의 말씀이라고 할 수 있다.

전문적으로 신학 훈련을 받거나 성경 전체를 깊이 있게 읽는다면, 하나님의 심오한 계획과 섭리와 통치를 발견하게 될 것이다. 경전 같아 보이지 않는 말씀을 읽고 하나님을 경외하게 되는 기적을 체험할 것이다.

1.

가인의 아내는 어디에서 왔나요?

–하나님이 다른 인류를 에덴 밖에 숨겨 놓았는가(창 4:13~17)

"가인이 여호와께 아뢰되 내 죄벌이 지기가 너무 무거우니이다 주께서 오늘 이 지면에서 나를 쫓아내시온즉 내가 주의 낯을 뵈옵지 못하리니 내가 땅에서 피하며 유리하는 자가 될지라 무릇 나를 만나는 자마다 나를 죽이겠나이다 여호와께서 그에게 이르시되 그렇지 아니하다 가인을 죽이는 자는 벌을 칠 배나 받으리라 하시고 가인에게 표를 주사 그를 만나는 모든 사람에게서 죽임을 면하게 하시니라 가인이 여호와 앞을 떠나서 에덴 동쪽 놋 땅에 거주하더니 아내와 동침하매 그가 임신하여 에녹을 낳은지라 가인이 성을 쌓고 그의 아들의 이름으로 성을 이름하여 에녹이라 하니라"(창 4:13~17).

창세기 4장 초반부까지는 아담의 가족을 제외한 다른 사람들의 존재가 보이지 않는다. 그런데 가인을 만나는 사람마다 그를 죽일 것이라는 대화가 오가니 읽는 독자들은 당황하지 않을 수 없다. 이들은 대체 어디서 왔을까? 하나님이 아담의 가족들 외에 가인을 "만나는 자마다"(창 4:14) 죽일 만한 사람들을 다른 곳에 창조하셨다는 말인가?

그들은 도대체 어느 별에서 왔을까 하는 짓궂은 상상까지 하게 된다. 게다가 가인은 누구와 결혼했다는 것인가? 짓궂은 질문을 또 해 보자. 가인의 아내는 어느 별에서 왔을까?

가인이 만날 다른 사람들과 아내

우선 본문에 따르면, 가인은 자기 가족 외에 다른 사람들이 있음을 확신하고 있다. 그는 자기 집을 나가면 세상 어딘가에 사람들이 살고 있음을 의식했던 것으로 보인다. 그래서 하나님에게서 저주를 받고 땅에서 피하며 유리하는 자신을 세상 사람들이 죽일 것이라고 믿었던 것이다(창 4:11~12).

하나님도 아담의 가족 네 명(아벨이 죽고 난 뒤에는 세 명) 외에 다른 사람들의 존재를 인정하셨다. 하나님도 그에게 "표를 주사 그를 만나는 모든 사람에게서 죽임을 면하게"(창 4:15) 함으로써 가인이 세상을 떠돌기 전부터 이미 다른 사람들이 존재하고 있다는 암시를 주셨다.

그전까지 아담의 가족 외에 다른 사람들의 존재가 기록되지는 않았지만, 본문은 그들 외에 다른 사람들이 존재했음을 보여 준다. 훗날, 가인이 결혼하여 에녹을 낳은 것으로 보아(창 4:17), 이때 이미 그의 아내가 될 다른 여자가 존재했음을 알 수 있다.

아담의 가족 외에 다른 사람들과 가인의 아내도 하나님의 피조물로서 확신한다면, 하나님이 어떤 방식으로든 그들을 창조하셨으리라 생각할 수 있다. 아마도 아담처럼 흙으로 빚어 만들어 내셨는지도 모른다. 하지만 성경에는 하나님이 흙으로든 다른 어떤 방식으로든 아담 외에 다른 인간을 창조하셨다는 기록이 없다. 아담과 하와를 창조하시고 생육하고 번성하라고 축복해 주셨다는 기록 외에 다른 인간의 창조 기록은 없다(창 1:27, 2:7~25). 그러므로 지구 어딘가에서 아담 가족 외에 다른 인간을 별도로 만드셨다고 볼 수 없다.

아니면 공상과학 영화에서처럼 하나님이 외계에서 다른 사람들을 데

려오신 것은 아닐까 하고 상상해 볼 수 있다. 근래 지구를 닮은 외계 행성이 존재한다는 소식에 태양계 너머 어느 행성에 생명체가 존재하리라고 믿는 사람들에게는 솔깃한 이야기일지도 모른다.

하지만 최근 영국 워릭대학교University of Warwick 연구팀에 의하면, 우리 지구와 가장 비슷해 '쌍둥이 지구'로도 불리는 케플러-438b조차도 생명체가 살기 어려운 곳이라고 한다. 지구와 같은 대기권도 없고, 태양에 해당하는 적색왜성 케플러-438로부터 너무 가까워서 생명체가 존재할 수 없기 때문이다.[13] 따라서 외계인에 관한 추측은 공상에 지나지 않는다고 해도 무방하다.

본문의 다른 사람 또한 하나님이 지구 다른 곳에서 창조하신 사람들이거나 화성에서 온 외계인들이 아니다. 가인이 아내로 맞이한 여자도 금성에서 온 여자가 아니다.

가인이 만나게 될 사람들과 그의 아내의 존재를 밝혀 줄 유일한 해석이 있다면, 그것은 바로 그들 모두가 아담의 후손이라는 것이다. 그러나 아벨과 가인 외에는 아담의 후손이 나타나지도 않았는데 가인이 자기를 해칠 사람들을 생각하며 겁먹고 울부짖었다는 사실과 하나님이 그들에게서 가인이 죽임을 면하게 해 주시겠다는 말씀을 어떻게 받아들여야 하는가에 관한 적절한 답변이 필요하다. 더불어 가인이 만날 다른 사람과 그의 아내가 아담의 후손임을 어떻게 확신할 수 있는가가 관건이다.

이 문제를 해결하는 방법은 두 가지로 생략의 법칙과 성경적 근거를 이용하는 것이다. 첫째, 하나님은 메시지의 중요도와 무관한 내용에 관

13 "외계행성에 생명체 버티기 힘들다", 「아시아경제」, 2015.11.19.

해서는 생략의 법칙을 적용하도록 하셨다. 일반적으로 성경 저자들은 필요 이상 많은 이름을 넣지 않으려 했기에 생략하는 일이 많았다. 성경에 모든 인류 역사를 담으려면 수천, 수만 권으로도 모자랄 것이다. 이는 매우 비경제적이다. 그러므로 하나님은 아담의 가족을 통해 주실 특별한 메시지와는 무관한 다른 이야기는 생략하도록 하신 것이다.

성경은 하나님의 메시지를 전달하는 데 중요한 목적을 두고 있기에 연대순으로 기록하지 않았고, 메시지 전달과 무관한 인물이나 사건은 과감하게 생략하였다. 창세기 4장의 아담의 4인 가족은 전 인류를 대표하여 인간의 죄성이 낳은 실제 타락상을 보여 준다.

가인의 아벨 살인 사건은 인간이 본래 하나님에게 도전적이고 이기적인 '악한' 존재임을 예시한다. 아울러 죄짓고는 살 수 없는 '약한' 존재임도 알려 준다. 그밖에 여타 문제는 생략하는 것이 당연하다.

이런 맥락에서 하나님이 아담에게 가인과 아벨 외에도 다른 후손을 주셨음에도 불구하고, 창세기 4장이 강조하는 인류 타락의 실제와 무관한 다른 사람들의 기원과 기록은 생략되었던 것이다.

이러한 예는 성경에 많다. 예를 들어, 마태는 예수 그리스도의 계보를 소개하면서 요람과 웃시야 사이의 세 사람을 생략했고(마 1:8), 요한은 예수님이 행하신 일을 상당수 생략했음을 언급하고 있다(요 21:25).

세상에 퍼진 아담의 후손들

둘째, 가인이 만난 다른 사람과 그의 아내는 다름 아닌 아담의 자녀들이었다. 이를 우리는 성경 기록, 즉 "아담은 셋을 낳은 후 팔백 년을 지내며 자녀들을 낳았으며"(창 5:4)에서 확인할 수 있다. 아담은 아벨이 죽은 뒤에 셋을 낳았고, 계속해서 셋의 남동생과 여동생 들을 낳았다. 가인이 만날 다른 사람이나 그의 아내도 아담이 낳은 아들과 딸 들 중에 있었음에 틀림없다(창 4:14~15, 17). 칼빈은 창세기 4장 17절을 주석하면서 가인의 아내를 그의 누이로 해석했다. 가인의 아내가 다른 곳에서 창조된 사람이 아니라면 아담의 후손임은 명백하다.

여기서 한 부모가 낳은 형제자매가 결혼하는 소위 근친결혼에 관해 문제 삼는 사람이 있을 수 있다. 하지만 아브람은 이복누이인 사래와 결혼했고(창 20:12), 나홀은 그의 형제 하란의 딸인 밀가와 결혼했다(창 11:29). 고대에는 근친결혼이 빈번한 일이어서 문제 되지 않는다고 하겠다.

다만 창 4장에서 가인이 다른 사람들의 복수를 염려하는 것과 아내를 맞이한 이야기가 5장의 아담의 계보에 연대기적으로 앞서 등장한 것에 의문을 가질 수는 있다. 하지만 이것도 역시 가인의 범죄와 타락을 부각시키고 죄를 짓고는 못사는 인간의 심리적 불안을 묘사하는 것에 초점을 맞추기 위한 것으로 인정한다면, 연대기적 불일치성에 대해 이의를 제기할 필요가 없어진다. 이의를 제시하는 것이 오히려 성경의 본질적 의도를 곡해하는 것이 될 것이다. 성경은 연대기를 기록한 역사책이 아니기 때문이다.

이로써 가인이 만나는 다른 사람들과 그가 결혼한 아내는 아담의 후손이었음을 알 수 있다. 여기서 우리는 중요한 사실 하나를 발견한다. 인류 모두가 단 한 사람, 곧 아담의 후손일 뿐이라는 것이다.

이것이 사실임은 최근 발견된 화석에서 고고학적으로 증명되었다. 2005년 조지아(옛 그루지야)에서 발견된 약 180만 년 전 두개골을 분석한 결과, 연구팀은 "결국 모두가 하나의 종에 속한 정상적 범주의 변형"으로 볼 수 있다고 발표했다. 이것은 현생 인류가 최초 서로 다른 종의 후손이라는 과학계의 진화론적 오랜 가설을 뒤집은 것이다.[14] 가인은 같은 종인 아담의 후손들을 만났으며, 그들 중에서 한 여자와 결혼한 것이지 아담의 DNA를 물려받지 않은 다른 피조물이나 다른 별에서 온 외계인을 만난 것이 아니었다.

14 "인류의 조상은 모두 같은 種일 수도", 「동아일보」, 2013.10.19.

1. 가인의 아내는 어디에서 왔나요? ________

2.

하나님이 인간과 겨루시다니?

–전능하신 하나님이 씨름에 지시다(창 32:24, 28)

"야곱은 홀로 남았더니 어떤 사람이 날이 새도록 야곱과 씨름하다가 … 그가 이르되 네 이름을 다시는 야곱이라 부를 것이 아니요 이스라엘이라 부를 것이니 이는 네가 하나님과 및 사람들과 겨루어 이겼음이니라"(창 32:24, 28).

본문을 정확히 해석하기란 쉽지 않다. 야곱이 대체 누구와 씨름했는지가 분명치 않아 보이기 때문이다. 처음에는 어떤 사람이 야곱과 씨름했다고 하더니 곧 하나님과 여러 사람이 야곱과 겨루었다고 언급한다. 이에 관해 학자마다 다른 의견을 제시하는 것은 당연하다. 어떤 이는 야곱의 씨름이 꿈이나 환상 중에 본 것으로 사실이 아니라고 말하고, 어떤 이는 야곱이 천사와 씨름한 것이라고 말하며 또 어떤 이는 성자 하나님이 야곱과 씨름하셨다고 말하기도 한다.[15]

야곱이 천사나 하나님과 씨름했다는 이야기는 본문 외에 호세아 12장

15 Walter C. Kaiser, Jr., *More Hard Sayings of the Old Testament*, (IVP, 1992), 61-62.

3~4절에도 기록되어 있다.

"야곱은 모태에서 그의 형의 발뒤꿈치를 잡았고 또 힘으로는 하나님과 겨루되 천사와 겨루어 이기고 울며 그에게 간구하였으며 하나님은 벧엘에서 그를 만나셨고 거기에서 우리에게 말씀하셨나니"(호 12:3~4).

겁 없이 달려들어 하나님과 겨룬 야곱

그런데 이 말씀에서 매우 재미있는 점을 발견한다. 호세아가 천사와 하나님을 동일시하고 있다는 것이다. 사실 이러한 서술 방식은 구약에서 흔한 것으로 이상하게 생각할 필요가 없다. 하나님의 나타나심神現이 사람이나 천사의 모양으로 대신 표현되는 때가 있기 때문이다. 성자 하나님이 요셉과 마리아의 가정에 아기로 태어난 것이 가장 뚜렷한 사건이다. 자신을 '아기'로 나타내시는 하나님이라면 성인 남자나 천사로 나타나시는 것도 어렵지 않을 것이다.

다만 야곱이 하나님과만 씨름한 것이 아니라 여러 사람과도 겨루어 이겼다는 언급은 설명이 필요하다. 그러나 이 또한 어렵지 않게 설명할 수 있다. 야곱이 하나님과 겨루었을 뿐만 아니라 그분의 천사들과도 씨름하였다고 볼 수 있기 때문이다. 하여튼 야곱은 대단한 사람이었다. 단순히 천사들과 씨름한 것을 넘어 천상의 집단 세력과 맨몸으로 부딪쳐 이기려고 했으니 말이다.

실제로 야곱은 하나님과 한창 씨름하고 축복을 간구한 후에 천상 인물들의 정체를 확인한다. 야곱은 하나님과 씨름한 장소를 브니엘이라 부르며 자신이 하나님과 대면하여 보았으나 생명을 보전하였다고 고백했다(창 32:30). 실로 겁 없이 달려든 한 인간의 승리였다.

야곱의 씨름 대상이 누구였는지가 파악되었다고 생각하는 순간, 우리는 더 큰 문제에 부딪힌다. 인간이 하나님과 겨루었다니? 상상도 할 수 없는 일이 아니던가! 먼지보다도 못한 인간이, 질그릇같이 연약하고 무기력한 인간이 온 우주를 창조하고 섭리하는 전능하신 하나님과 겨루었다고? 마치 지렁이가 인간과 싸운 것이나 다름없다. 설혹 씨름한다고 해도 지렁이가 인간을 이길 리가 만무하다.

그런데 성경은 야곱이 하나님과 및 천상의 세력들과 겨루어 이겼다고 기록한다. 호세아도 이 사실을 증언하고 있다(호 12:4).

천국은 침노하는 자의 것

인간이 하나님과 겨루어 이겼다는 것을 우리는 어떻게 이해하여야 하는가? 우선, 야곱이 단순히 영적으로만 하나님과 씨름한 것이 아니었음을 주목해야 한다. 열심히 기도하며 죽기 살기로 매달린 정도를 넘어선다. 실제로 그의 허벅지 관절이 어긋났기 때문이다. 야곱은 자신을 에서의 위협에서 구하여 주고, 자기 가족과 재산을 지켜 달라고 하며 자신에게 약속한 축복을 다짐받고자 목숨 걸고 하나님과 천상의 세력들에게 밤새도록 매달린 듯하다. 그 과정에서 결국 허벅지 관절이 상하여 다리를 절게 되었다.

이 장면에서 우리는 야곱이 하나님과 겨루어 이겼다는 것이 실제로 그가 진짜 싸움에서도 이겼다는 뜻이 아님을 알 수 있다. 즉 하나님이 야곱과 씨름하다가 넘어져서 허리를 다치거나 큰 부상을 입어서 싸움에 지신 것이 아니라는 것이다. "전투에는 져도 전쟁에서는 이긴다"는 말처럼, 야곱이 집요하게 매달리자 하나님이 그를 한 방에 눕혀 허벅지 관절을 상하게 하셨다는 측면에서 비록 인간 야곱이 하나님과의 실제 싸움에서는 이기지 못했지만 결국 그의 뜻을 관철한 사건이라고 할 수 있다. 이런 의미에서 야곱의 승리는 매우 제한적이다.

그다음으로 생각해 볼 수 있는 것은, 야곱의 승리가 제한적이라 할지라도 어떻게 하나님이 인간의 요구를 들어주셨는가에 관한 것이다. 하나님은 뜻한 바대로 행동할 수 있는, 말 그대로 신이시다. 인간의 말이나 몸부림에 휘둘린다면 과연 신이라고 할 수 있을까? 신이 어떻게 인간의 뜻에 따라 조종을 받겠는가? 그러나 이러한 의심은 의미가 없다.

성경은 하나님이 마음대로 권한을 자유롭게 행사할 수 있는 분이면서 동시에 섬기려고 오신 분이라고 말하고 있기 때문이다(마 26:53; 막 10:45). 하나님은 자의지적으로 창조하고 섭리하시는 분이지만, 또한 인간의 기도에 응답하시는 분이며 강청하면 들어주시는 분이기도 하다(마 7:7; 눅 11:8).

결국, 야곱의 승리는 하나님을 물리적으로 넘어뜨려 이겼다는 뜻이 아니라 인간의 간절한 절규에 하나님이 응답해 주셨음을 의미하는 것에 지나지 않는다고 할 수 있다. 인간이 하나님을 굴복시킬 수는 없다. 그러나 설득할 수는 있다. 야곱이 열심을 내어 간절히 기도하고 애원함으로써 하나님과 겨루어 승리했다는 이야기가 이를 증명한다.

야곱의 이야기가 우리에게 주는 교훈이 크다. 절박한 순간에 하나님께 죽을힘을 다하여 기도하면 하나님이 응답하신다는 사실을 알게 해 주었기 때문이다. 2012년 런던 올림픽에서 유도의 김재범 선수가 금메달을 목에 걸며 "베이징 올림픽에서는 죽기 살기로 하다가 졌는데, 이번에는 죽기로 하고 싸우니 이겼다"고 말한 것을 기억한다. 아마도 그는 '죽음 아니면 금메달'을 염원하고 하나님의 축복을 간절히 바라며 상대와 죽을힘을 다해 씨름했을 것이다.

야곱이 하나님과 겨루어 승리한 이야기는 우리가 위기에 처했을 때 어떤 자세로 하나님께 나아가야 할지를 가르쳐 준다. 천국은 "침노하는 자"의 것이라는 말씀은 진리다(마 11:12).

3.

죽고 죽이는 이야기가 가득하군요

–솔로몬이나 이방원이나(왕상 2:22, 23)

"솔로몬 왕이 그의 어머니에게 대답하여 이르되 어찌하여 아도니야를 위하여 수넴 여자 아비삭을 구하시나이까 그는 나의 형이오니 그를 위하여 왕권도 구하옵소서 그뿐 아니라 제사장 아비아달과 스루야의 아들 요압을 위해서도 구하옵소서 하고 여호와를 두고 맹세하여 이르되 아도니야가 이런 말을 하였은즉 그의 생명을 잃지 아니하면 하나님은 내게 벌 위에 벌을 내리심이 마땅하니이다"(왕상 2:22~23).

솔로몬 왕이 자신의 이복형 아도니야를 죽일 필요까지 있었을까? 그는 다윗 왕에게서 적법한 절차에 따라 왕위를 이미 물려받은 상태였다. 형의 존재가 두렵더라도 그를 인적이 드문 먼 곳에 브내든지 해도 될 텐데, 죽이기까지 하다니 너무 심한 것이 아닌가 하는 질문이다. 아도니야가 왕이 된 동생에게 대놓고 반역 행위를 한 것도 아니고, 단순히 여자 한 명을 주어 아내로 삼게 해 달라고 한 것뿐인데, 이를 이유로 처형하기에는 명분이 너무 약하지 않느냐는 것이다.

이스라엘 왕궁에서 일어난 왕족 사이의 유혈극은 조선 초기 한양에서 일어난 1차 왕자의 난과 유사하다. 솔로몬과 이방원의 지위만 다를 뿐 모두 왕권과 관련 있다. 솔로몬은 왕이 되어서 이복형인 아도니야를 죽였고, 이방원은 왕이 되기 위해 이복동생인 이방석을 죽였다. 이방원은 이방석을 죽인 후에 조선의 제3대 왕(태종)이 될 수 있었고, 솔로몬은 자신의 왕권을 위협할 만한 가장 막강한 인물인 아도니야를 제거한 후에야 왕권을 공고히 다질 수 있었다.

솔로몬은 이방원처럼 왕권에 눈이 먼 나머지 자기 형제를 죽일 만큼 잔인한 인물이었던 것일까? 아니면 다른 평화적인 방법을 모색할 수 없을 만큼 불가피한 사정이 그에게 있었던 것일까?

어쩌면 솔로몬의 지혜 덕분인지도 모른다. 어머니 밧세바와 달리(참고. 왕상 2:20-21) 아도니야의 저의를 예리하게 파악하고 있었던 것으로 보이기 때문이다. 당시에는 선왕의 여자를 취하는 것은 곧 왕좌 계승을 의미했다. 이복형 아도니야가 아버지 다윗이 말년에 함께했던 젊은 수넴 여자 아비삭을 자기 아내로 달라고 청하자 솔로몬은 단번에 그의 뜻을 알아차렸다. 솔로몬은 아도니야가 당대 왕실 문화를 교묘히 이용하여 아도니야 자신이 다윗의 뒤를 이을 적합한 왕임을 알리고자 하였음을 간파한 것이다. 아도니야의 계획을 솔로몬은 잠재적 반역으로 판단할 수밖에 없었다.

사실상 빌미는 아도니야가 제공한 셈이다. 다윗의 장자 암논이 둘째 아들 압살롬에게 죽고, 압살롬까지 죽자 다윗의 셋째 아들인 아도니야는 자신이 왕위 계승 서열 1위라고 생각하여 스스로 왕이 되겠다고 결심했다. 왕위 계승 작업을 진행하기 위해 측근들을 불러서 왕위 추대를 받기까지 했다(왕상 1:5~25). 그는 다윗의 마음이 솔로몬에게 있는 것을 알고, 다윗이 노쇠하여 힘이 약해진 틈을 타서 몇몇 세력가들을 회유하고 포섭하여 선불리 왕이 되려고 했던 것이다. 일종의 무혈 쿠데타를 일으킨 셈이 되어 버렸다.

반역의 전력을 가진 아도니야는 왕이 된 솔로몬에게는 늘 경계의 대상이 될 수밖에 없었다. 그런데 왕위 계승과 관련하여 긴장감이 여전한 상태에서 아도니야가 어리석게도 속 보이는 제안을 했고, 솔로몬이 그 뜻을 알아차렸으니 아도니야가 제 죽음을 자초한 것이나 다름없다. 왕정체제에서 왕권을 넘보는 세력을 묵인할 리가 없다. 솔로몬이 영민했을 뿐만 아니라 왕권을 지키기 위해서는 자기 형을 죽일 수밖에 없는 불가피한 상황에 놓여 있었음을 알 수 있다.

솔로몬은 아도니야를 도와 무혈 쿠데타를 도모했던 요압도 처형했다. 다윗의 유언이 있었으니(왕상 2:5~6) 그가 처형당하는 것은 사실상 시간문제였다. 요압이 죽을 수밖에 없었던 이유는 다윗의 의사를 무시하고 경거망동하게 사람을 죽임으로써 왕의 눈 밖에 났기 때문이다. 따라서 요압의 처형은 솔로몬의 말대로 그가 마땅히 받아야 했을 보응일 수 있다.

"여호와께서 요압의 피를 그의 머리로 돌려보내실 것은 그가 자기보다 의롭고 선한 두 사람을 쳤음이니 곧 이스라엘 군사령관 넬의 아들 아브넬과 유다 군사령관 예델의 아들 아마사를 칼로 죽였음이라"(왕상 2:32).

그럼에도 불구하고 우리가 생각해 봐야 할 것은 하나님을 모르는 왕궁에서야 그렇다고 쳐도, 하나님이 인정하신 최고 권력 기관인 다윗의 왕궁에서까지도 세상 여느 왕궁 못지않게 살육이 행해졌다는 점이다.

이스라엘의 왕실 잔혹사가 보여 주는 것

서론이 다소 길어졌다. 질문하고자 하는 요지는 간단하다. 솔로몬이나 이방원이나 다를 게 무어냐는 냉소적인 질문과 왕권을 쟁취하기 위해 혈투를 벌여 고귀한 생명을 죽이는 것과 같은 잔혹사가 거룩한 말씀 안에 포함될 수 있느냐는 물음이다. 이방원이야 하나님을 몰랐던 사람이지만 솔로몬은 신앙을 가진 자로서 덕치를 수행해야 옳지 않았는가 하는 말이다.

비록 꿈에서였지만 솔로몬은 하나님께 지혜를 구하여 칭찬을 받았던 자다(왕상 3:5~15). 한때 위대한 신앙을 보여 주었던 인물인 만큼, 하나님만을 의지하여 왕권을 행사하면 그에게 도전할 자가 없으리라는 믿음을 갖지 못한 것으로 보이는 것이 유감이다. 그 역시 이방원처럼 왕권을 수호하기 위해 아도니야를 죽일 만큼 세속적인 인간이었던 말인가? 솔로몬은 아도니야를 도와 무혈 쿠데타를 일으켰던 제사장 아비아달을 파면하고, 요압 장군을 처형했다(왕상 1:5~25, 2:28~34). 그러나 정녕 그들을 끌어안을 수는 없었을까? 태종 이방원처럼 권력에 눈이 먼 자에 불과했던 것일까 하는 아쉬움 섞인 질문을 던지는 것이다.

태종에 관한 평가는 사학자마다 다를지 모르지만, 그는 왕권을 손에 넣기 위해 장인을 포함한 상당수 외척을 죽일 만큼 잔인한 살육자였음은 틀림없는 사실이다. 자기에게 위협이 되는 자는 물론, 도전한다고 느껴지는 모든 자를 살육했다. 왕권 수호 측면에서 보면, 솔로몬도 잔혹한 이방원과 다를 바가 없었다고 하겠다.

그런 의미에서 조선 초기 왕실 살육전 못지않은 이스라엘의 왕실 살육사가 우리에게 어떤 의미를 던져 주는지를 진지하게 물을 필요가 있다. 앞에서 제기한 바와 같이 왕실 내 형제 살육사가 성경에 기록될 가치가 충분한지를 실제로 고민하게 한다.

오늘날 민주 정치에 익숙하고 생명의 존엄성을 높이는 시대에 사는 사람이 현대 기준으로 약육강식의 시대에 전쟁이 일상이었던 수천 년 전의 일을 판단하는 것은 무리다. 즉 솔로몬이 감행한 왕족 간의 살육을 비판하는 것이 지나칠 수 있다. 그러나 그의 행위에 관해 실망하는 데는 일리가 없지 않다. 우리가 솔로몬을 무작정 칭송할 수는 없다는 뜻이다.

특히 그가 말년에 막강한 왕권을 배경으로 호사를 누리며 안일하게 살아간 것을 보면, 왕권 수호를 위해 자기 형제를 죽인 행위에 대해 면죄부를 주는 것이 과연 타당한지 헷갈리게 된다. 왕이 되고 나서 처음에는 겸손하게 하나님을 높이며 살았지만, "모압과 암몬과 에돔과 시돈과 헷" 등 이방 여인들을 아내로 데려오면서부터 우상 숭배가 전국에 만연하게 되었다(왕상 11:1~8).

결국, 하나님이 솔로몬에게 진노하여 이스라엘을 두 동강 내셨으며, 훗날 북쪽 이스라엘은 앗수르에게, 남쪽 유다는 바벨론에게 멸망하게 된다. 왕실의 잔혹사와 왕국의 분열과 패망 사이에 직접적인 연관이 있다고 말하기는 어렵다. 그러나 견제 세력을 없애고 당대에 절대 왕권을 휘둘렀던 솔로몬이 쾌락주의자로 전락하여 급기야 영적 분별력을 잃고 하나님께 버림받은 것은 사실이다. 왕권을 위협하는 세력을 스스로 제거하였으니 하나님이 약속하신 대로 나라가 영원할 것으로 믿었지만, 실제로는 그의 왕권과 나라가 오래가지 못했다. 솔로몬이 왕족 살육을 통해 왕권을 안정적으로 다졌음에도 불구하고 그의 나라가 영원하지 못했으므로 결과적으로 그의 왕권 수호를 위한 잔혹한 행동이 성공한 것은 아니었다.

하나님이 손수 만드실 나라의 그림자

그렇다면 왕정 시대의 잔인한 권력 투쟁사가 성경에 기록될 만큼 중요한가 하는 의문이 자연스럽게 올라온다. 지극히 세속적인 솔로몬의 왕족 살육사는 신앙적 측면에서 어떤 의미가 있는가? 외형상 세상의 왕족 살육사와 다를 바 없는 행동이었지만, 하나님이 축복하시는 진정한 나라, 견고하고 영원한 나라는 그런 것에 의해 만들어지지 않는다는 것을 확인한다는 데서 그 의미를 찾을 수 있다.

이스라엘 왕국은 하나님 나라의 모형으로서 참된 나라의 본질을 발견하게 하는 데 보조적 가치를 지닐 뿐이다. 솔로몬의 왕실 잔혹사가 성경에 기록된 이유는 장차 하나님이 손수 만드실 나라의 그림자를 보여 주는 데 있다. 그 나라는 인간의 힘으로 이스라엘의 역사 안에서 만들어지지 않는다.

그 나라는 신약시대에 이루어진다. 그리스도를 믿는 자들로 구성된 교회가 그 나라이며(벧전 2:9 참조), 완전한 하나님 나라는 주님의 재림 이후에 완성될 것이다. 그런 의미에서 다음의 구약 말씀들은 단순히 다윗 왕국, 곧 이스라엘이 이 땅에서 영원할 것을 말씀하는 것이 아님을 알 수 있다(삼하 22:51; 왕상 2:33 참조).

"그러나 솔로몬 왕은 복을 받고 다윗의 왕위는 영원히 여호와 앞에서 견고히 서리라 하고"(왕상 2:45).

"내가 네 아버지 다윗에게 말하기를 이스라엘의 왕위에 오를 사람이 네게서 끊어지지 아니하리라 한 대로 네 이스라엘의 왕위를 영원히 견고하게 하려니와"(왕상 9:5).

또한, 다니엘서에서 예언한 바와 같이 영원한 나라는 인자, 곧 하나님의 아들이 하늘에서 내려와 그의 백성들을 세움으로써 세워지는 것이다.

"그에게 권세와 영광과 나라를 주고 모든 백성과 나라들과 다른 언어를 말하는 모든 자들이 그를 섬기게 하였으니 그의 권세는 소멸되지 아니하는 영원한 권세요 그의 나라는 멸망하지 아니할 것이니라"(단 7:14).

여기서 말하는 영원한 권세와 나라를 세우실 분이란 바로 예수 그리스도다. 천사가 마리아에게 나타나 말한 대로 마리아에게서 태어나신 예수님이야말로 진정한 영원한 왕이시다.

"그가 큰 자가 되고 지극히 높으신 이의 아들이라 일컬어질 것이요 주 하나님께서 그 조상 다윗의 왕위를 그에게 주시리니 영원히 야곱의 집을 왕으로 다스리실 것이며 그 나라가 무궁하리라"(눅 1:32~33).

인간의 역사, 특히 권력의 역사는 한시적일 뿐이다. 영원한 권력이란 없다. 따라서 우리는 이 땅의 어떤 권력자라도 하늘의 영원한 왕권의 수행자로 칭송해서는 안 된다. 어떤 조직에 속해 있든지 그는 겸손해야 하고, 우리는 그를 신격화하지 말아야 한다. 그는 유한한 존재이기 때문이다. 그러므로 권력은 제한적으로 허용되어야 마땅하다. 하나님과 그의 나라, 그의 통치만이 무한하고 영원하다.

4.

당한 만큼 돌려주라고요?

—눈은 눈으로, 이는 이로(출 21:24~25)

"눈은 눈으로, 이는 이로, 손은 손으로, 발은 발로, 덴 것은 덴 것으로, 상하게 한 것은 상함으로, 때린 것은 때림으로 갚을지니라"(출 21:24~25).

본문을 문자 그대로 받아들인다면, 다른 사람 눈에 상처를 입혀 애꾸눈을 만들면 상처 입힌 사람의 눈도 애꾸로 만들어야 할 것이다. 남의 이를 부러뜨렸다면 똑같이 이를 부러뜨려야 하고, 남의 손을 못 쓰게 만들었다면 똑같이 불구로 만들어야 한다. 화상을 입혔다면 같은 신체 부위를 똑같이 불에 데게 해야 한다.

이것을 복수법lex talionis이라 한다. 즉 상대에게 피해를 입힌 만큼 똑같은 형벌을 받게 하는 것이다. 이와 비슷한 말씀이 성경의 다른 곳에도 등장한다.

"사람이 만일 그의 이웃에게 상해를 입혔으면 그가 행한 대로 그에게 행할 것이니 상처에는 상처로, 눈에는 눈으로, 이에는 이로 갚을지라 남에게 상해를 입힌 그대로 그에게 그렇게 할 것이며"(레 24:19~20).

"네 눈이 긍휼히 여기지 말라 생명에는 생명으로, 눈에는 눈으로, 이에는 이로, 손에는 손으로, 발에는 발로이니라"(신 19:21).

흔히 복수를 정당화할 때 "눈은 눈으로, 이는 이로"라는 말을 인용하는데, 성경도 복수법을 허용해 주기를 은연중에 바라는 마음에서일 것이다. 정말로 성경은 자신이 당한 만큼 상대에게 복수해도 좋다고 말하고 있는가? 이렇게 잔인한 풍습을 성경에 기록하는 게 옳았을까?

복수법의 진정한 의미

동서고금을 막론하고, 억울하게 해를 입었거나 고통을 겪은 사람이 복수혈전을 펼치는 것을 미화하거나 영웅담으로 묘사하는 것을 보면, 복수하고자 하는 마음에서 일으킨 일은 어쩌면 정당화해야 하는지도 모른다. 그렇게 해서라도 범죄 행위가 줄어든다면야 복수법 주창자들을 막무가내로 비난할 수는 없을 것이다.

그래서인지 복수법이 창궐하던 옛날은 물론 오늘날까지 어떤 모양으로든 복수심을 실현할 방도를 찾는 게 어느 정도 암묵적으로 허용되어 왔다. 특히 강대국이나 힘 있는 사람일수록 복수법을 즐겨 사용한다. 그래서 나라 사이에 전쟁이 끊이지 않고, 개인 간에도 어떤 식으로든 상대를 곤란하게 하여 복수심을 충족시키고자 한다. 최근 층간 소음 문제로 이웃 간에 복수하느라 폭행하거나 살인하는 일이 빈번한데, 그들의 복수 행위를 합리화하는 데 본문을 이용하고 싶을지도 모르겠다.

그러나 인권을 중시하는 21세기 현대에 복수법의 정당화는 적어도 공적으로는 채택될 리가 없다. 본문을 아무리 좋게 해석해도 인권이 무시되던 고대에나 적용됐을 법한 제도이기에 당대에만 효력을 발휘한 시한부적 형법 조항이라 말해야 옳을 것이다. 본문 말씀의 전후 문맥이나 다른 말씀들을 무시하고 본문만을 문자적으로 볼 때 하는 말이다.

그럼에도 불구하고, 본문을 하나님의 말씀으로서 지역과 시대를 뛰어넘어 적용되는 하나님의 명령으로 본다면, 이 말씀은 사람의 복수심을 정당화하는 의도로 쓰인 것은 아니라고 말할 수 있다. 하나님의 말씀이 현대의 보편적 인권 사상이나 민주 시민 사회의 윤리 의식과 배치될 수 없는 것은 당연하거니와 원수를 사랑하고 나아가 박해하는 자라도 그를 위해 기도하라고 가르치신 예수님의 말씀과 모순되기 때문이다(마 5:44).

유대인들은 본문을 실생활에서 적극적으로 적용하지는 않았지만, 어느 정도 즐겨 사용했던 것으로 보인다. 그래서 예수님이 이러한 문제에 도전하기 위해 단호하게 말씀하셨다.

"또 눈은 눈으로, 이는 이로 갚으라 하였다는 것을 너희가 들었으나 나는 너희에게 이르노니 악한 자를 대적하지 말라 누구든지 네 오른편 뺨을 치거든 왼편도 돌려 대며"(마 5:38~39).

복수법에 반대하셨던 예수님의 말씀이 출애굽기 말씀과 실제로 배치되는 것은 아니었다. 본문 바로 다음에 이어지는 말씀이 그 증거다.

"사람이 그 남종의 한 눈이나 여종의 한 눈을 쳐서 상하게 하면 그 눈에 대한 보상으로 그를 놓아 줄 것이며"(출 21:26).

즉 모세의 율법이 가해자에게 범행에 상응하는 해를 입히도록 의도한 것은 아니라고 하겠다. 다만 자신의 복수심을 정당화하기 위해 유대인들이 이 율법을 잘못 인용하곤 했던 것이다.

그렇다면 본래 말씀이 가진 의도는 무엇일까? 이 말씀의 전후 문맥을 살펴보자.

"사람이 서로 싸우다가 임신한 여인을 쳐서 낙태하게 하였으나 다른 해가 없으면 그 남편의 청구대로 반드시 벌금을 내되 재판장의 판결을 따라 낼 것이니라"(출 21:22).

이것은 서로 싸우다가 임신한 여인을 쳐서 낙태하게 했는데, 그 여인이 다른 상처를 받았다면 거기에 상응하는 벌을 받게 하라는 내용의 연장선에서 주어진 것임을 확인할 필요가 있다. 폭행을 당해 낙태했다면 여인은 절망에 빠질 것이고, 그 남편은 복수심에 불타오를 것이다. 그런데 하나님은 재판장의 판결에 따라 벌금을 받고, 그 복수심을 자제할 것을 명령하신다. 비록 낙태하기는 했지만, 산모에게 "다른 해가 없다면" 벌금을 내도 된다는 것이다(출 21:22).

그러나 산모까지도 해를 입었다면 다른 문제다. 아이를 유산한 것에도 화가 치미는데 아내까지 다쳤다면 그 남편은 복수심으로 가해자를 죽이려고 들 수도 있을 것이기 때문이다. 그래서 하나님은 남편이 복수심을 자제하도록 아내가 다친 만큼만 가해자에게 벌하게 하여, 비록 못된 가해자라 할지라도 그 목숨을 해치는 일은 막는 동시에 남편이 폭행죄나 살인죄를 저지르지 않도록 하셨다. 이 말씀에서 우리는 하나님이 복수를 장려하는 분이 아니심을 알 수 있다.

아울러 하나님은 가해자와 남편 둘 모두를 구제하기 위해서 가해자에게 '적당한' 보상 또는 형벌만을 주도록 하였다. 내 왼손을 불구로 만들었다고 해서 상대의 왼손을 똑같이 해치라는 뜻이 아니다. 어떤 경우에 상대가 미국 LA 다저스의 류현진과 같은 좌완투수일 수도 있다. 이 경우에 같은 왼손이라도 그에게는 목숨과 다름없을 수 있다. 따라서 이 말씀은 상대의 범행에 대해 형평성에 맞게 보상하거나 형벌을 내리라는 뜻으로 해석할 수 있다.

따라서 "눈은 눈으로, 이 이로"라는 말씀은 피해자가 복수심을 자제하여 의도하지 않게 폭행 또는 살인까지 저질러 범법자가 되는 일을 막고, 비록 가해자라도 최소한의 인권을 지켜 주어 형평성에 맞는 보상을 하거나 형벌을 받도록 제시한 것으로 건강한 시민 사회의 질서 유지를 위한 명령인 것이다.

더 큰 복수를 막는 최소한의 형벌

앞서 언급한 바와 같이 복수심은 누구에게나 가질 수 있는 자연스러운 반응일지도 모른다. 그래서인지 복수법을 행동에 옮기는 방법이 인터넷에 많이 떠돌곤 한다. 층간 소음 문제로 스트레스를 받으면 벽을 치라거나 야식 전단지를 만들어 가게 전화번호로 윗집 번호를 적어 밤새도록 야식 주문 전화를 받도록 고생시키라고 한다. 또는 다른 사람에게 심각한 불편을 줄 정도로 개념 없이 주차한 사람에게는 이렇게 복수하라고 얄궂은 글과 그림을 예로 올려놓기도 한다. 그러나 상대방을 괴롭힘으로써 소소하게 쾌감을 얻을지는 몰라도 잘못하면 자신도 범법자가 될 수 있으므로 권장할 만한 일들은 아니다. 대부분 형평성에 맞지 않게 도가 지나치기 때문이다. 그래서 결국 더 큰 싸움으로 번질 수도 있다.

하나님은 출애굽기 본문을 통해 이를 이미 알려 주셨다. 하나님은 인간들이 사소한 싸움을 하다가 복수심으로 의도하지 않은 극한 상황을 만들 수 있음을 아시기에, 이를 막고자 "눈은 눈으로"라는 최소한의 형벌만을 주도록 하셨다. 우리 사회가 질서를 유지하고, 범법 행위를 자제하여 피차 대형사고의 발생을 미연에 방지하라고 하신 것이다. 복수법을 통해 분풀이할 수도 있지만, 오히려 더 큰 갈등으로 이어질 수도 있기 때문에 하나님은 이를 예방하는 차원에서 경고의 말씀을 주신 것이다.

이를 잘 이해한 유대인 사회는 실제로 상대방의 눈을 애꾸로 만드는 것과 같은 일은 일어나지 않았다고 한다. 본문을 문자 그대로 적용하지는 않았던 것이다. 최소한의 형벌을 주기는 했어도 말이다. 하나님의 의도에 따라 유대인들은 말씀을 적용할 때, 피해 혹은 고통을 당한 정도나 양을 계산하여 상대에게 벌을 주되 너무 과하지 않게 하여 또 다른 복수심을 막고자 했다.

5.

저주해도 좋다고요?

–시편의 저주 시에 관한 이해(시 10:15)

"악인의 팔을 꺾으소서 악한 자의 악을 더 이상 찾아낼 수 없을 때까지 찾으소서"(시 10:15).

시편을 읽다 보면 마치 내 얘기처럼 느껴질 때가 많다. 상당수가 개인의 고난과 아픔을 주제로 삼고 있기 때문이다. 세상에 고통과 상처를 한 번도 겪어 보지 않은 사람이 없는 만큼 시편은 모든 사람에게서 사랑을 받는다. 특히 남의 모함으로 억울하게 누명을 뒤집어쓴 사람은 시편 구절들이 더욱더 가슴에 와 닿을 것이다.

하지만 '저주 시'에 맞닥뜨리면 당황스럽다. 과연 우리도 기도할 때 남을 저주하는 게 괜찮을까 헷갈리기 때문이다. 과연 "악인의 팔을 꺾어 달라"고 기도하는 것이 옳은가? 악인이 얼마나 괴롭혔으면 그랬을까 하고 이해할 수는 있겠다. 악인이 자신을 더는 괴롭히지 않게 해 달라는 간절한 기도였을 것이기 때문이다. 하지만 문제는, 이 시를 읽을 때 나도 모르게 주위를 한번 휙 둘러보게 된다는 것이다. 어디 꺾을 팔이 없나 하고 말이다.

마음껏 저주해도 좋은가

이 시는 뒤에 이어질 지독한 저주 시들의 예고편에 해당한다. 아예 '원수'가 멸망하게 해 달라고 기원하는 내용의 시가 대표적이다(시 35:8; 54:5). 단순히 악인이 괴롭히지 않게 해 달라는 정도를 넘어서 '그를 죽여 달라'고 청하는 잔인한 내용이다. 그런가 하면 저주의 목록을 자세하게 열거하는 시도 있다.

"그들의 밥상이 올무가 되게 하시며 그들의 평안이 덫이 되게 하소서 그들의 눈이 어두워 보지 못하게 하시며 그들의 허리가 항상 떨리게 하소서 주의 분노를 그들의 위에 부으시며 주의 맹렬하신 노가 그들에게 미치게 하소서 그들의 거처가 황폐하게 하시며 그들의 장막에 사는 자가 없게 하소서"(시 69:22~25).

단순히 죽여 달라는 것이 아니라 좀 더 오랫동안 고통을 겪고 창피를 당하다가 죽게 해 달라는 것이다. 본문보다 저주의 정도가 더 심하다. 더 잔인한 내용도 있다.

"그의 연수를 짧게 하시며 그의 직분을 타인이 빼앗게 하시며 그의 자녀는 고아가 되고 그의 아내는 과부가 되며 그의 자녀들은 유리하며 구걸하고 그들의 황폐한 집을 떠나 빌어먹게 하소서 고리대금하는 자가 그의 소유를 다 빼앗게 하시며 그가 수고한 것을 낯선 사람이 탈취하게 하시며 그에게 인애를 베풀 자가 없게 하시며 그의 고아에게 은혜를 베풀 자도 없게

하시며 그의 자손이 끊어지게 하시며 후대에 그들의 이름이 지워지게 하소서"(시 109:8~13)

"멸망할 딸 바벨론아 네가 우리에게 행한 대로 네게 갚는 자가 복이 있으리로다 네 어린 것들을 바위에 메어치는 자는 복이 있으리로다"(시 137:8~9).

특히 어린아이를 바위에 메친다는 마지막 저주 시의 독설은 소름 끼칠 정도로 잔혹하게 느껴진다.

원수까지도 사랑하라고 하신 주님의 말씀에 비추어 보면(마 5:43~44), 앞에 열거한 여러 잔혹한 저주 시는 물론 상대적으로 부드럽게 느껴지는 저주 시까지 모두 매우 거북하게 느껴진다. 어쨌든 이러한 저주 시들이 성경에 포함되어 있는 것이 사실이다. 우리는 이것을 어떻게 받아들여야 할까?

표현이 상대적으로 부드럽거나 잔인하거나 상관없이 저주 시 또한 하나님의 말씀으로 받아들이는 한, 오늘날 과연 그것들이 우리에게 어떤 의미가 있는지를 알아야 한다. 이따금 우리를 괴롭히는 이웃이나 친지들에게, 또는 원수 같은 사람에게 "마른하늘에 날벼락이라도 내려서 죽게 해 달라"고 떳떳하게 저주해도 좋다는 뜻인가? 아니면 "지나가다가 돌부리에 걸려 넘어져 이마나 깨지게 해 달라"고 기도해도 좋을까? 상대가 얼마나 잘못했는지 깨닫기를 바라는 마음에, "뒤로 넘어져도 반드시 코가 깨지도록" 빌어도 괜찮다는 의미인가?

전통 사극에 이따금 등장하는 장면이 있다. 미워하는 대상을 인형으로 만들어 바늘로 콕콕 찌르는 것이다. 놀랍게도 오늘날에도 그런 인형을 파는 곳이 있다. 인터넷 쇼핑몰에서 소위 '저주 인형'이라 불리는 인형을 판매하고 있다고 한다. 우리나라뿐 아니라 미국이나 다른 나라에서도 팔고 있다는데, 남을 그토록 저주하고 싶을 정도로 억울한 일을 당한 사람이 얼마나 많으면 그럴까 싶기도 하다. 아니면 그냥 남이 잘되는 꼴을 못 봐서 그럴 수도 있다.

어떤 인터넷 블로그에서는 저주하는 비법을 소개하기도 한다.

"효과가 아주 좋은 저주: 이 저주를 하게 되면 그 사람이 어떤 봉변을 당할지도 모릅니다. 효과가 좋으면 목숨이 위험해질 수도 있어요."

그리고 친절하게도 경고 문구까지 달아 놓았다.

"아! 그리고 저주를 읊는 새벽 2시 30분에는 아무한테도 들켜서는 안 돼요. 만약 들킨다면, 부메랑을 맞을지도 몰라요. 저주를 풀기가 어렵답니다."

마치 저주 비법에 통달한 도사라도 되는 양 과시한다. 사이비 종교나 고대 신비 종교에서나 있을 법한 일이 현대에도 일어나고 있다.

그런데 그렇게 한다고 해서 저주가 실제로 실현되기나 하느냐고 물을지도 모르겠다. 저주의 실현과는 별개로, 그러한 시도 자체로 카타르시스와 같은 효과를 볼 수 있지 않겠느냐고 말할지도 모른다. 실제로 그럴까?

저주의 생각이나 말과 행동은 상대에 대한 강한 원망과 적개심을 기본으로 하고 있으므로 그런 마음을 품은 사람이 건강할 리가 없다. 단순히 건강만을 위해서가 아니라 하나님이 허락하시지 않는 일이므로 저주를 삼가야 한다. 구약성경은 남을 원망하지 말라고 명하고 있다

"원수를 갚지 말며 동포를 원망하지 말며 네 이웃 사랑하기를 네 자신과 같이 사랑하라 나는 여호와이니라"(레 19:18).

신약은 좀 더 적극적으로 원수를 사랑하라고까지 명령한다.

"오직 너희는 원수를 사랑하고 선대하며 아무 것도 바라지 말고 꾸어 주라 그리하면 너희 상이 클 것이요 또 지극히 높으신 이의 아들이 되리니 그는 은혜를 모르는 자와 악한 자에게도 인자하시니라"(눅 6:35).

그런데 왜 성경은 시편에 이러한 저주 시를 그대로 남겨 두었을까? 사실은 시편만이 아니다. 다른 곳에도 저주의 내용이 담겨 있다.

"여호와여 주의 원수들은 다 이와 같이 망하게 하시고 주를 사랑하는 자들은 해가 힘 있게 돋음 같게 하시옵소서 하니라 그 땅이 사십 년 동안 평온하였더라"(삿 5:31).

그 뒤에 숨은 사탄을 저주하라

늘 전쟁을 벌였던 고대세계를 한번 그려 보자. 이스라엘 백성에게 원수의 존속은 죽음을 의미하고, 원수의 멸망은 곧 삶이었다. 특히 이스라엘이란 나라는 원수 이방 민족의 멸절 위에 세워져야 했다. 따라서 원수의 제거는 이스라엘 헌법 1조나 다름없었다. 여기서 우리는 저주 시를 해석할 실마리를 발견한다.

저주 시 저자들은 단순히 개인적인 원망이나 적개심에서 어떤 한 개인에게 독기를 품고 저주의 기원을 하나님께 올려드린 것이 아니라 민족적으로 혹은 하나님 나라의 관점에서 저주의 마음을 담아 시를 지은 것이다. 물론 다윗이나 아삽 또는 어떤 미상의 저자가 자기를 해하려는 상대를 구체적으로 저주하는 시를 지은 것이 아니냐고 볼 수도 있다. 사울 왕 때문에 스트레스를 받던 다윗이 지은 시를 보면 더욱 그렇게 느낄 것이다.

"그들의 입술의 말은 곧 그들의 입의 죄라 그들이 말하는 저주와 거짓말로 말미암아 그들이 그 교만한 중에서 사로잡히게 하소서 진노하심으로 소멸하시되 없어지기까지 소멸하사 하나님이 야곱 중에서 다스리심을 땅 끝까지 알게 하소서 (셀라) 그들에게 저물어 돌아와서 개처럼 울며 성으로 두루 다니게 하소서"(시 59:12~14).

여기서 등장하는 저주의 대상은 분명히 사울과 사울의 사주를 받은 자객들이다. 하지만 13절에 나타난 대로 시의 궁극적인 목적은 "하나님의 주되심(혹은 다스리심)"이 온전히 드러나는 것이다. 다시 말해, 이스라엘의 악한 동족을 저주의 대상으로 삼았다고 하더라도 실제 저주 대상은 하나님의 주되심에 반대하는 세력들이다. 단순히 어떤 악한 인간이 아닌, 그 인간 뒤에 숨어 하나님의 주되심을 거부하는 사탄을 저주하는 것이다.

시편 137편을 보면 이를 더 잘 이해하게 한다.

"멸망할 딸 바벨론아 네가 우리에게 행한 대로 네게 갚는 자가 복이 있으리로다 네 어린 것들을 바위에 메어치는 자는 복이 있으리로다"(시 137:8~9).

이 시에는 정말 잔혹한 저주의 말이 등장한다. 하지만 어느 한 개인을 향한 저주가 아니다. 하나님의 택한 백성, 택한 나라, 하나님의 왕국인 이스라엘에 맞서며 하나님을 모독하는 사탄의 세력을 향한 저주다. 이들이 모두 멸절되어야 할 대상이 된다는 뜻이다. 다만 여기서는 바벨론이라는 나라로 표현되고 있을 뿐이다.

마음에 사무치는 원한이나 원망, 억울한 누명을 받아 극심한 배신감과 외로움으로 견디기 힘들 때가 있을 수 있다. 이럴 때 시편을 읽으며,

"악한 자의 팔을 꺾으소서" 하고 기도하고 싶을 때가 있을 것이다. 충분히 이해한다. 솔직히 필자도 그런 경험이 있으니까 말이다.

그러나 하나님은 그 기도를 들으시고도 그의 팔을 재빨리 꺾어 주시지는 않는다. 우리는 악인의 저편에서 교활하게 히죽거리며 비웃는 사탄의 얼굴을 보아야 한다. 주위의 원수 때문에 아주 힘들다면, 진짜 원수인 사탄을 보고 공격하되 그에 놀아나는 우리 주위의 졸개 원수를 불쌍히 여기며 그를 위해 기도해야 한다. 이것이 성경의 참 정신이다. 누가 아는가. 그가 나중에 당신의 편이 되어 줄지…. 아니, 실제로 그런 경우가 의외로 많다!

6.

어떻게 만날 승리해요?

–의인은 정말로 버림받지 않는가(시 37:25)

"내가 어려서부터 늙기까지 의인이 버림을 당하거나 그의 자손이 걸식함을 보지 못하였도다"(시 37:25).

의인, 즉 예수님을 믿는 성도들은 정말로 늘 승리하는가? 직장에서 해고를 당하는 일도 없고, 사업을 했다 하면 절대로 실패하는 일이 없으며 누구에게도 사기당하지 않는가? 최저생계비에도 못 미치는 수입에 의존해 연명하는 일도 없고, 그 자녀들은 끼니를 거르지도 않는가?

시편 저자는 성도들이 해고당할 수도 있고, 사업에 실패할 수도 있으며 가난해서 끼니를 거를 때도 있을 수 있음을 부정하지 않는다. 다윗 자신도 사울에게 해고당하고 목숨이 위태로운 때가 있었으니 말이다. 그러므로 본문을 문자 그대로 받아들여서 신앙인에게는 고난이 아예 없다고 말하는 것은 시편 내용을 오해한 것뿐 아니라 사람들을 현혹하는 거짓 복음이다.

실제로 다윗의 시인 시편 37편에서는 성도들이 악인 때문에 고난을 겪었다고 말한다. 악행 하는 자들에 관해 언급하는데 특히 "여호와 앞에 잠잠하고 참고 기다리라 자기 길이 형통하며 악한 꾀를 이루는 자 때문에 불평하지 말지어다"(시 37:7)에서 그들의 악행 때문에 의인들이 힘들어했음을 암시한다.

다윗 자신이 환난을 겪기도 하고 버림받았음을 염두에 두고 이 시를 지었음은 물론이다. 그가 다른 시편에서 자신이 당한 비참한 고난을 사실적으로 고백한 것을 보면 이를 잘 알 수 있다.

"여호와여 나의 대적이 어찌 그리 많은지요 일어나 나를 치는 자가 많으니이다"(시 3:1),

"나를 멀리 하지 마옵소서 환난이 가까우나 도울 자 없나이다 많은 황소가 나를 에워싸며 바산의 힘센 소들이 나를 둘러쌌으며 내게 그 입을 벌림이 찢으며 부르짖는 사자 같으니이다 나는 물 같이 쏟아졌으며 내 모든 뼈는 어그러졌으며 내 마음은 밀랍 같아서 내 속에서 녹았으며"(시 22:11~14),

"의인은 고난이 많으나 여호와께서 그의 모든 고난에서 건지시는도다"(시 34:19).

오늘날로 말하자면 신앙인도 공격을 받거나 일터에서 쫓겨날 수 있으며 사업에 실패하거나 때로는 목숨이 위태로운 지경에 빠질 수도 있다는 것이다.

그런데 다윗 자신이 한때 버림받은 삶을 살았는데, 어떻게 신앙인은 모두 버림당하지 않는다고 고백할 수 있었을까?

믿음으로 고난을 잊은 자의 노래

그 이유는 크게 두 가지로 해석할 수 있다. 첫째, 다윗이 볼 때, 신앙인은 실제로 버림당하지 않고 굶지도 않았기 때문이다. 그 근거는 그의 믿음이다. 믿음이 버림당했다는 마음과 육체의 고통을 잊게 한 것이다.

다윗은 "여호와를 의뢰하고 선을 행하라 땅에 머무는 동안 그의 성실을 먹을 거리로 삼을지어다"(시 37:3)라고 고백했다. 아무리 힘들어도 하나님만 믿으면 하나님의 성실하심이 자신을 배부르게 한다는 뜻이다. 이게 무슨 말인가? 어떤 힘든 일도 궁극적으로 이길 힘을 주신다는 것이다. 하나님이 자신을 구해 주실 것을 믿으며 고난을 느끼지 않는 것이다!

올림픽과 같은 큰 국제대회에 참가한 선수치고 크고 작은 부상을 당하지 않은 사람이 없을 것이다. 그런데 그들은 하나같이 금메달이라는 목표를 바라보고 아픔을 잊은 채 열심히 뛴다. 고통이 없지는 않지만, 느끼지는 않는 것이다. 마찬가지로 진정한 신앙인은 전능하신 하나님이 자기편인 이상 잠시 버림당하거나 굶주린다고 해도 궁극적으로 자신을 일으켜 주실 것을 믿기에 그 고통을 잊을 수 있다. 그래서 신앙인은 실제로 버림당하는 일이 없고, 굶는 일도 없는 것이다.

반면에 신앙이 없는 사람은 정의롭고 전능하신 하나님을 믿지 않으므로, 환난이 닥칠 때마다 쉽게 절망하고 자신과 가족의 목숨을 미련 없이 포기하곤 한다. 결국, 그들에게는 고난과 고통이 죽을 때까지 실재하는 것이다. 그러나 믿는 자는 주님이 회복시켜 주실 것을 알고, "여호와를 기뻐하며" 자기 앞길을 "여호와께 맡기고 의지"하고 자기 의를 "빛같이 나타내실" 것을 확신하기에 버림당하는 일이 없다(시 37:4~6).

결국, 믿음이 현실이 되는 것이다.

다윗의 이 고백은 곧 "믿음은 바라는 것들의 실상이요 보이지 않는 것들의 증거"(히 11:1)라는 말씀의 또 다른 수사적 표현이다. 위대한 믿음이 고난을 잊게 한 것이다. 그는 고난의 순간을 겪었지만, 실제로는 버림당하지 않았다!

의인은 궁극적으로 승리한다

둘째, 다윗의 고백은 성도들이 믿음 안에서 버림당하지 않는 경험을 할 뿐만 아니라 궁극적으로 실제적 고난에서 승리하게 된다는 의미다. 다윗은 악인 때문에 주어진 고난을 믿음으로 잊는 정도를 넘어서 악으로부터 승리하기까지 한다. 하나님이 그를 반석 위에 세우셨던 것이다. 하나님이 그의 의로움을 드러내셨다. 다윗을 이스라엘의 2대 왕으로 등극하게 하셨던 것이다.

의인 곧 성도들에게는 이 땅의 고난이 실제로 없기도 하지만, 궁극적으로 고난에서 승리하게 된다. 다윗이 같은 시편에서 "온유한 자들은 땅을 차지"하고, "주의 복을 받은 자들은 땅을 차지"한다고 고백한 것은 바로 악으로부터의 승리를 표현한 것이다(시 37:11, 22). 다윗을 포함한 우리 신앙인들은 궁극적으로 악으로부터 승리하여 이 땅을 차지한다는 뜻이다.

이것은 물질적 축복을 미화하려는 것이 아니며 기복신앙은 더욱 아니다. 진심으로 악을 행하는 자들 때문에 불평하지 않고 하나님만 의지하고 선을 행하면, 하나님이 우리 삶을 풍요롭게 하신다는 말이다(시 37:1~3). 그렇다고 당장 벼락부자가 되거나 장관이나 장군이 된다는 뜻은 아니다. 삶의 풍요가 돈의 많고 적음이나 명예의 높고 낮음에 달려있지 않음은 자명하다. 이 땅에서 남에게 "은혜를 베풀고 주는" 자가 가장 풍요로운 삶을 사는 것이다(시 37:21).

요지는 이렇다. 현실적으로 버림당할 것처럼 보일 수도 있지만, 여호와 하나님을 신뢰하고 모든 사람에게 선을 베풀고 심지어 원수도 사랑하고 용서하면, 하나님이 궁극적으로 이 땅에서 그의 "의를 빛같이 나타내시고" 그 이름을 높여 주신다는 것이다(시 37:6).

수년 전에 〈You Raise Me Up〉이란 노래가 선풍적인 인기를 끌었던 적이 있다. 지금도 꾸준히 불리는 노래다. 그 가사를 본문 주제에 맞추어 번역해 보았다.

"비록 우리가 낙심되고 영혼마저 지쳐 있으며
고난이 찾아와 심장이 짓눌려 있을 때라도,
그분께서 오셔서 나와 함께 자리에 앉으실 때까지 잠잠히 기다리자.
그러면 그분이 나를 일으켜 세워 주시고
나를 높은 산 정상에 우뚝 서게 하실 것이다.

그분이 나를 일으켜 세워 주셔서 폭풍이 이는 바다라도
나로 하여금 그 위를 쉽게 걸어서 건너가게 해 주실 것이다.
그의 어깨에 의지할 때 내가 강하게 된다.
그분이 나를 일으켜 세워 주셔서
내가 기대했던 그 이상의 인물이 되게 해 주실 것이다."

멋진 시다. 진정한 신앙인은 비록 해를 당할지라도 믿음으로 고난을 잊고, 나아가 이 땅에서 언젠가 내 원수의 목전에서 상을 베푸시는 하나님의 역사를 경험하여 "내 잔이 넘치나이다" 하고 외칠 것이다(시 23:5). 아멘!

7.

지혜를 구하라더니 쓸데없다고요?

–지혜가 많으면 번뇌도 많다(전 1:17~18)

"내가 다시 지혜를 알고자 하며 미친 것들과 미련한 것들을 알고자 하여 마음을 썼으나 이것도 바람을 잡으려는 것인 줄을 깨달았도다 지혜가 많으면 번뇌도 많으니 지식을 더하는 자는 근심을 더하느니라"(전 1:17~18).

지혜에 관한 솔로몬의 주장은 의아하다. 잠언에서는 지혜를 구하라고 하더니 전도서에서는 지혜의 무용론을 말하기 때문이다. "지혜 있는 자는 듣고 학식이 더할 것이요 명철한 자는 지략을 얻을 것"(잠 1:1~5)이라고 했던 솔로몬이 이번에는 지혜를 알고자 했으나 바람을 잡는 듯했고, 오히려 번뇌만 많아졌다고 말한다(전 1:17~18). 지혜가 실제로는 온전한 지적 성장에 도움이 되지 않았을 뿐 아니라 되레 정신을 혼란케 했을 뿐이라는 것이다.

왜 그는 이 같은 상반된 말을 하는가? 솔로몬의 지적 능력을 높이 평가하지만, 그의 일구이언에는 당황하지 않을 수 없다. 과연 그는 실제로 모순된 말을 하는 것인가? 아니면 전도서에서는 잠언에서와는 다른 심오한 뜻을 담아 말한 것인가? 그가 모종의 특별한 의미를 전해 주리라 믿고 싶을 것이다. 기대감을 갖고 그 의미를 찾아보자.

온전한 지혜를 얻는 것은 불가능하다

잠언에서 솔로몬은 지혜의 일차적 의미를 진정한 신앙인의 근본 자세에서 찾는다. 하나님을 두려워하며 존경하고 따르는 것이 그것이다.

"여호와를 경외하는 것이 지식의 근본이거늘 미련한 자는 지혜와 훈계를 멸시하느니라"(잠 1:7).

여기서 지혜는 처세술이나 출중한 지식이 아닌 하나님을 경외하고 그의 말씀에 따라 진리와 선과 정의의 길을 가는 것이다.

둘째로, 지혜는 우리가 진리와 정의의 길을 가도록 돕는 신적 능력 그 자체다.

"대저 여호와는 지혜를 주시며 지식과 명철을 그 입에서 내심이며 그는 정직한 자를 위하여 완전한 지혜를 예비하시며 행실이 온전한 자에게 방패가 되시나니 대저 그는 정의의 길을 보호하시며 그의 성도들의 길을 보전하려 하심이니라 그런즉 네가 공의와 정의와 정직 곧 모든 선한 길을 깨달을 것이라 곧 지혜가 네 마음에 들어가며 지식이 네 영혼을 즐겁게 할 것이요 근신이 너를 지키며 명철이 너를 보호하여 악한 자의 길과 패역을 말하는 자에게서 건져 내리라 이 무리는 정직한 길을 떠나 어두운 길로 행하며 행악하기를 기뻐하며 악인의 패역을 즐거워하나니 그 길은 구부러지고 그 행위는 패역하니라 지혜가 또 너를 음녀에게서, 말로 호리는 이방 계집에게서 구원하리니"(잠 2:6~16).

하나님이 여호와를 경외하는 자에게 지혜를 주어 악의 길에서 구원하고, 선하고 정직한 길을 걷게 하시는 것이다. 우리 마음을 움직이고 영혼을 기쁘게 하여 의로운 판단을 하게 하신다.

셋째로 지혜는 곧 하나님을 가리킨다. 잠언 8장에서 우리는 지혜의 신적 인격성을 발견한다.

"나 지혜는 명철로 주소를 삼으며 지식과 근신을 찾아 얻나니"(잠 8:12).

"나[지혜]를 사랑하는 자들이 나의 사랑을 입으며 나를 간절히 찾는 자가 나를 만날 것이니라"(잠 8:17).

하나님이 어떤 분이신지는 다음 구절에서 더욱 명료하게 드러난다.

"여호와께서 그 조화의 시작 곧 태초에 일하시기 전에 나를 가지셨으며"(잠 8:22).

여기서 "나"는 성자 하나님, 곧 주 예수 그리스도이심을 알 수 있다. 참된 지혜는 그리스도 자체이시며 이를 주님이 스스로 증명하셨다. 우리로 하여금 예수 그리스도 자신에게서 참 생명과 안식 그리고 평안을 얻으라고 하신 것이다(요 6:35; 마 11:28~30; 요 14:27).

반면에 전도서에서 말하는 지혜는 전반적으로 꿈과 야망, 성취욕을 채울 지적 능력이나 계략, 계산, 정치력, 통치술 등을 의미한다. 말씀에서 그 근거를 찾을 수 있다.

"내가 이같이 창성하여 나보다 먼저 예루살렘에 있던 모든 자들보다 더 창성하니 내 지혜도 내게 여전하도다"(전 2:9).

솔로몬은 자신이 어떤 왕이나 지도자들보다도 더 큰 성공을 거두었다고 공언하면서 그것이 곧 자신의 출중한 지혜에서 비롯되었음을 자랑했다. 실제로 그는 이스라엘의 유능한 지도자일 뿐만 아니라 주변국으로부터도 인정받는 당대 유명 인사였다는 사실은 이미 잘 알려져 있다. 솔로몬이 이웃 국가들로부터 그 지도력을 인정받았다는 사실에서 그가 다방면으로 출중한 식견을 가졌었으리라 짐작된다.

또한, 그가 그러한 지도자로 인정받기 위해서 얼마나 열심히 노력했을지 충분히 짐작할 수 있다. 한 국가의 지도자라면 보통 수준 이상의 지적 능력을 필요로 하기 때문에 그는 평소에도 늘 "다시 지혜를 알고자"(전 1:17) 노력하며 조국의 부국강병을 위해 끊임없이 노력했을 것이다. 요즘 식으로 표현하면, 이공계 지식을 습득하여 새로운 기술혁명을 도모할 뿐만 아니라 인문학적 지식을 쌓고 통찰력을 길러 창조적 기술 개발과 경영을 새롭게 하였다는 뜻이다. 이렇게 함으로써 나라의 안정과 백성의 평안, 외교적 역량의 강화를 이루려고 했을 것이다.

국가의 경영을 책임지는 자로서 솔로몬이 얼마나 지식을 갈망했을지 또 그로 인해 얼마나 많은 스트레스를 받았을지 짐작할 수 있다. 그는 늘 "다시" 지혜를 알고자 필사의 노력을 다했던 것이다.

그런데 결국 그가 깨달은 것은 온전한 지혜를 얻는 것은 불가능하다는 것이었다. 부단히 새로운 지식을 습득하고, 이를 통해 통찰력과 지혜를 얻어 나라의 안녕과 평화를 도모할 능력을 발휘할 수는 있지만, 자신의 지도력이 종종 한계에 부딪히는 것을 경험했다. 지식은 늘 새로움을 추구하므로 지혜를 얻어 내는 것은 끝도 없는 과정이기 때문이다.

솔로몬은 지혜를 알아내는 것 자체가 "바람을 잡으려는 것"에 불과하다고 고백할 수밖에 없었다(전 1:17). 그가 모든 사람이 인정할 만큼 큰 성공을 거두었고, 이를 통해 원하는 것을 다 얻고 즐거워하기도 했지만 결국 자신이 이룬 업적이 모두 "헛되어 바람을 잡는 것이며 해 아래에서 무익한 것"이라고 실토하고 만다(전 2:11). 마치 자신이 허무주의자임을 드러내는 듯 보인다. 실제로 숨 가쁘게 달려온 자신의 인생이 허무한 것임을 토로하기도 했다.

"내 허무한 날을 사는 동안 내가 그 모든 일을 살펴 보았더니 자기의 의로움에도 불구하고 멸망하는 의인이 있고 자기의 악행에도 불구하고 장수하는 악인이 있으니"(전 7:15).

그러나 앞서 언급한 바와 같이 여기서 말하는 지혜는 주로 통치력을 극대화하는 데 쓰이는 능력이나 처세술 등을 가리키는 것이므로 그의 허무주의적인 표현을 조심스럽게 해석해야 한다. 세상이 허무하다고 말한 것이 아니라 인간 능력의 한계를 시적으로 표현한 것이기 때문이다.

실제로 올바르게 사는 사람에게 불행이 닥치기도 하고, 반대로 악한 사람이 장수하기도 하는 게 이 세상이다(전 7:15). 그래서 솔로몬은 처세술에 지나치게 의존하지도 말고, 너무 게을러서 능력과 지식을 모자라게 하지도 말라고 조언한다. 이른바 과유불급過猶不及의 선을 지키며 살라는 것이다. 인간의 무능을 인정하고 자기 힘으로 세상을 바꾸려고 하지 않는 게 좋다는 뜻이다.

자신의 한계를 인정하고 하나님을 경외하라

솔로몬은 왕으로서 절대 권력을 누렸으며 그 자신이 지도력을 극대화하기 위해 부단히 노력한 사람이었다. 하지만 인간의 노력만으로는 원하는 세상을 만들 수 없다는 것을 깨달았다. 그런 의미에서 자기 한계를 "바람을 잡으려는 것"에 비유하고, "지혜가 많으면 번뇌도 많으니 지식을 더하는 자는 근심을 더하느니라"라고 고백한 것이다.

그는 사람들에게 자기 자신을 의지하지 말고, 오직 하나님만 의존하여 그를 두려워하는 마음으로 살 것을 권고한다. 그는 의인과 악인, 지혜자와 우매한 자 사이에서 과유불급의 원칙을 제시한 후에 이렇게 선언한다.

"너는 이것도 잡으며 저것에서도 네 손을 놓지 아니하는 것이 좋으니 하나님을 경외하는 자는 이 모든 일에서 벗어날 것임이니라"(전 7:18).

솔로몬은 자기 능력의 한계를 인정했을 뿐이며 삶이 덧없다고 주장하거나 일체의 권위를 부정하는 허무주의자는 아니었다.

비록 전도서와 잠언의 지혜에 관한 말씀의 성격이 서로 다르지만, 내용상 결국 같은 말을 하는 셈이다. 실제로 솔로몬은 잠언에서처럼 전도서에서도 결론적으로 사람의 본분은 "하나님을 경외하고 그의 명령들을 지키는 것"이라고 말했기 때문이다(전 12:13).

솔로몬은 자기 힘으로 세상을 바꾸어 보려 했지만 결국 그 뜻을 이루지도 못했고, 세상이 자기 마음대로 되지 않으므로 자기 능력을 과신하지 말라고 전도서에서 말했다. 인간의 능력에 의존할 때 그것은 오히려 큰 실망만 안겨 줄 뿐이다. 오히려 자기 무능을 겸손하게 인정하고, 오직 하나님만 경외하며 사는 것이 옳다는 말이다.

왜냐하면, 여호와 하나님이야말로 인간과 세상을 지으시고, 온 세상을 움직이는 전능하신 창조주이기 때문이다. 그래서 솔로몬이 청년들에게 당부한다.

"너는 청년의 때에 너의 창조주를 기억하라"(전 12:1).

이 말씀은 혈기왕성한 청년들에게 주는 그의 권고이자 본문 해석의 정확한 근거가 된다.

8.

죄를 짓는다는 거예요, 안 짓는다는 거예요?

–사도 요한의 모순된 말에 관한 이해(요일 3:9)

"하나님께로부터 난 자마다 죄를 짓지 아니하나니 이는 하나님의 씨가 그의 속에 거함이요 그도 범죄하지 못하는 것은 하나님께로부터 났음이라"(요일 3:9).

과연 하나님의 자녀는 정말로 죄를 짓지 않는가? 본문에 따르면 그렇다고 말할 수 있다. 요한은 본문에 앞서 비슷한 말을 했다.

"그[그리스도] 안에 거하는 자마다 범죄하지 아니하나니 범죄하는 자마다 그를 보지도 못하였고 그를 알지도 못하였느니라"(요일 3:6).

우리는 그리스도 안에 거하고, 주께 속하였기 때문에 죄를 지을 수는 없다. 죄를 짓는다면 그는 그리스도인이 아니다! 왜냐하면, "죄를 짓는 자는 마귀에게 속하였기" 때문이다(요일 3:8). 우리 죄는 "그의 이름으로 말미암아"(요일 2:12) 이미 사함을 받았으므로 마귀의 전공이라 할 수 있는 죄를 지을 수 없다. 우리 안에 "하나님의 씨"(요일 3:9)가 거함으로써 의가 아닌 죄는 원천적으로 지을 수 없기 때문이다. 아니, 하나님의 자녀는 죄를 짓고 싶어도 지을 수가 없다! 요한은 결론 부분에서 이를 분명히 선언한다.

"하나님께로부터 난 자는 다 범죄하지 아니하는 줄을 우리가 아노라 하나님께로부터 나신 자가 그를 지키시매 악한 자가 그를 만지지도 못하느니라"(요일 5:18).

우리가 정말로 하나님께로부터 난 자로 하나님의 자녀이며 그리스도께 속했다면 주님이 우리를 지켜 마귀가 주위에 얼씬도 못 하게 막으신다는 것이다. 그러니까 하나님의 자녀는 죄를 지을 기회 자체가 없게 된다.

하나님의 자녀와 마귀의 자녀

이제 질문을 던져 보자. 우리는 정말로 아무 죄도 짓지 않는가? 1초라도 죄를 지은 적이 없는가? 정말 살 떨리는 질문이 아닐 수 없다. 양심 있는 자라면 기독교 신앙에 회의를 품게 될 것이다. 자신에게 악한 마음, 생각, 거짓말, 미움, 시기, 질투, 분냄 등 많은 죄가 있음을 생각한다면 말이다.

"그렇다면 나는 하나님의 자녀가 아니란 말인가? 이제 신앙생활을 접어야 하나? 교회에 다니든 안 다니든 죄를 짓고 살 수밖에 없다면, 그래서 마귀에 속한 자가 될 수밖에 없다면, 굳이 돈 들이고 시간 들여서 신경 쓰고 봉사할 필요가 있을까? 그게 무슨 의미가 있는가?"

그러나 이런 결론이 과연 옳은가? 물론 그렇지 않다. 요한이 신앙인도 죄가 없다고 말할 수 없다고 선언했기 때문이다. 그러므로 더는 자학할 필요가 없다.

사도 요한은 요한일서 1장에서 본문과는 전혀 다른 주장을 펼친다.

"만일 우리가 죄가 없다고 말하면 스스로 속이고 또 진리가 우리 속에 있지 아니할 것이요"(요일 1:8).

그리스도인에게도 죄가 있다고 말한다. 이를 부인하면 거짓말하는 자라고까지 선언한다. 나아가 하나님도 거짓말하게 만드는 것이라며 비난한다.

"만일 우리가 범죄하지 아니하였다 하면 하나님을 거짓말하는 이로 만드는 것이니 또한 그의 말씀이 우리 속에 있지 아니하니라"(요일 1:10).

살면서 분노, 질투, 시기, 미움 등 악한 생각을 품어 죄를 저지르게 마련인데, 이를 부인한다면 자기 자신을 속이는 것일 뿐만 아니라 하나님도 거짓말하게 하는 것이며 나아가 그러한 자는 하나님의 말씀이 없는, 곧 하나님께 속하지 않은 자라는 뜻이다. 그러므로 죄를 지었다고 해서 서둘러 낙심하거나 신앙의 회의에 접어들 필요는 없다. 진정한 신앙인이라도 누구나 죄를 짓기 때문이다!

사도 요한에 의하면, 하나님의 자녀가 죄를 지으면 더 이상 하나님께 속한 자가 아닌데(요일 3장), 하나님의 자녀도 죄를 지을 수 있으며 이를 부인하면 더는 하나님께 속한 자가 아니라는 것이다(요일 1장). 서로 모순된 주장을 펼치는 것으로 보인다. 우리는 이것을 어떻게 해석해야 할까?

이 문제를 해결하기 위해서는, 먼저 사도 요한이 요한일서에서 하나님의 자녀와 마귀의 자녀를 대비시키며 주의 자녀는 마귀의 자녀와 달리 "서로 사랑하는" 관계임을 강조하고 있는 것에 주목해야 한다.

정말 우리가 하나님께로부터 난 자, 곧 하나님의 자녀라면 같은 식구끼리 사랑하는 것이 옳다고 말한다. 사랑은 구체적으로 표현되기 마련이다. 이를테면, 주위에 궁핍한 형제가 있을 때 도와줌으로써 사랑이 자연스럽게 드러난다(요일 3:16). 즉 사랑은 "행함과 진실함"으로 나타나는 것이다(요일 3:18).

만일 교회 안에 파산하거나 직장을 잃거나 재난을 당해 거리에 나앉게 되었거나 옥에 갇히거나 병실에 누워 있는 사람이 있다면 적극적으로 나서서 그들이 재기할 수 있도록 도와야 하나님의 자녀로서 마땅한 일을 하는 것이다. 같은 교회 식구라고 겉으로만 위하는 척하는 것은 마음에 진리가 없는 것으로 그 속에 하나님이 계시지 않다고 지적한다.

형제를 구체적으로 돕지 않는 죄

즉 참된 믿음에는 행함이 반드시 뒤따른다는 것이다. 이는 예수님이 이 땅에 계실 때 주신 계명에서도 분명히 드러난다.

"너희가 서로 사랑하면 이로써 모든 사람이 너희가 내 제자인 줄 알리라"(요 13:35).

이 계명을 잘 따르는 사람이 곧 하나님 안에 거하는 참 성도라고 사도 요한은 말한다.

"그의 계명은 이것이니 곧 그 아들 예수 그리스도의 이름을 믿고 그가 우리에게 주신 계명대로 서로 사랑할 것이니라"(요일 3:23).

이것은 야고보 사도가 말한 바와 같이 "행함으로 믿음이 온전하게" 하라는 말씀이다(약 2:22).

만일 우리가 하나님의 자녀라면 교회 안에 경제적으로 궁핍한 형제자매가 생기면 실제적인 도움을 주게 된다. 남이 도와주겠지 하고 자기 시간과 물질을 희생하지 않는, 소위 "마귀의 죄 짓는 일"을 할 수는 없다는 것이다. 아니, 하나님이 그렇게 할 수 없게 만드신다(요일 5:18).

반면에 만일 형제자매를 도무지 구체적으로 돕지 않음으로써 마귀의 죄짓는 일을 한다면, 이는 곧 자신이 진정한 하나님의 자녀가 아님을 증명하는 것이다. 남을 구체적으로 돕는 일은 그를 사랑해야 할 수 있는 일이기 때문이다. 미워하는 사람에게는 그렇게 할 수 없다.

그래서 요한은 본문을 언급하고 나서 형제를 미워하지 말라고 말하고, 오히려 주님처럼 형제를 위해 목숨을 버리는 마음으로 사랑할 것을 권한다.

"형제들아 세상이 너희를 미워하여도 이상히 여기지 말라 우리는 형제를 사랑함으로 사망에서 옮겨 생명으로 들어간 줄을 알거니와 사랑하지 아니하는 자는 사망에 머물러 있느니라 그 형제를 미워하는 자마다 살인하는 자니 살인하는 자마다 영생이 그 속에 거하지 아니하는 것을 너희가 아는 바라 그가 우리를 위하여 목숨을 버리셨으니 우리가 이로써 사랑을 알고 우리도 형제들을 위하여 목숨을 버리는 것이 마땅하니라"(요일 3:13~16).

그러고 나서 그것의 구체적인 예로 경제적으로 궁핍하게 된 형제자매를 도울 것을 명한다.

"누가 이 세상의 재물을 가지고 형제의 궁핍함을 보고도 도와 줄 마음을 닫으면 하나님의 사랑이 어찌 그 속에 거하겠느냐"(요일 3:17).

따라서 사도 요한이 말한 "하나님께로부터 난 자마다 죄를 짓지 아니한다"는 말씀의 죄는 "형제를 구체적으로 돕지 않는 죄"를 가리킨다고 할 수 있다(요일 3:9). 하나님으로부터 난 자들이라고 해서 아무 죄도 짓지 않는 것이 아니기 때문이다. "기록된 바 의인은 없나니 하나도 없다"는 말씀처럼 죄인이 아닌 인간은 아무도 없다(롬 3:10). 요한의 말대로, 이를 부인하면 스스로 거짓말하는 자가 되며, 하나님 또한 거짓말하게 하는 자가 될 것이다.

한편, 어떤 주석가들은 본문의 죄를 다음 구절과 구분하여 습관적인 죄로 해석한다.

"만일 우리가 죄가 없다고 말하면 스스로 속이고 또 진리가 우리 속에 있지 아니할 것이요 만일 우리가 우리 죄를 자백하면 그는 미쁘시고 의로우사 우리 죄를 사하시며 우리를 모든 불의에서 깨끗하게 하실 것이요"(요일 1:8~9).

어떤 의미에서 이 해석은 부분적으로 옳다. 상습적으로 계속하여 도둑질하면서 교회에 다닌다면 그 사람은 겉으로만 신앙인일 뿐이다. 이런 사람은 하나님으로부터 난 자녀라고 할 수 없다. 하지만 우리도 이따금 거짓말을 하지 않는가? 남을 미워하기도 한다. 올해는 시기, 질투, 악한 생각을 마음에 품지 않겠다고 다짐하지만 결국 또 같은 죄를 반복하지 않던가? 경건의 연습에 따라 거룩의 정도가 비례하고, 이로 인해 같은 죄를 반복하는 주기가 상당히 줄어들기는 해도 습관적으로 짓는 죄가 있게 마련이다.

사도 요한은 참 그리스도인이라면 교회 안의 형제자매가 궁핍에 처할 때 자기 재물을 허물어서라도 도와주어야 함을 강조하고자 본문을 기록했다. 아울러 진정한 믿음은 구체적인 행위로 드러난다는 점을 말한 것이기도 하다.

그러므로 종종 죄를 짓곤 한다는 이유로 신앙에 회의를 느낄 필요가 없다. 만일 죄를 자백하면 미쁘시고 의로우신 주님이 우리 죄를 사하여 모든 불의에서 깨끗하게 해 주실 것이기 때문이다. 다만, 꾸준히 회개하며 경건에 이르는 연습을 게을리하지 않아야 한다. 그러한 경건과 회개는 주위 형제자매를 돌보는 것으로 증명된다. 그들을 미워하면 그런 일을 할 수 없다. 진심으로 사랑할 때만 구체적으로 도울 수 있다.

교회 안에 경제적으로 궁핍한 사람들, 즉 파산하거나 실직한 사람들 또는 청년 실업자나 과부와 소년 · 소녀 가장들, 겨울철 냉골에서 지내야 하는 가난한 사람들이 없는지 살펴보자. 그들보다 상대적으로 여유가 있다면, 자기 재물을 들여 돕자. 초대교회에서는 교회가 힘써 해야 할 일로 구제를 꼽았다.

교회란 모름지기 가난하고 약한 자들을 파악하여 구제하는 일에 힘을 쏟아야 한다. 교회 성도들은 서로 사랑해야 하는 형제자매이기 때문이다. 같은 마음으로 교회 주변의 이웃들도 당연히 사랑해야 할 것이다.

9.

뭘 또 하라는 거죠?

–두렵고 떨림으로 너희 구원을 이루라(빌 2:12)

"그러므로 나의 사랑하는 자들아 너희가 나 있을 때뿐 아니라 더욱 지금 나 없을 때에도 항상 복종하여 두렵고 떨림으로 너희 구원을 이루라"(빌 2:12).

"너희 구원을 이루라"는 말씀은 자기 힘으로 구원을 얻으라는 뜻인가? 우리는 자기 힘으로는 구원받지 못한다는 사실을 잘 알고 있다.

"너희는 그 은혜에 의하여 믿음으로 말미암아 구원을 받았으니 이것은 너희에게서 난 것이 아니요 하나님의 선물이라"(엡 2:8).

우리가 누리는 구원, 즉 죄 사함과 영생의 보장은 자기가 공들여 쟁취한 것이 아니라 선물로 주어진 것이다.

바울의 "너희 구원을 이루라"는 말은 마치 "네 구원은 네 스스로 얻어야 한다"고 말함으로써 '타력 구원'에 정면 도전하는 것처럼 보인다. 그러나 그의 다른 서신서들의 내용을 종합해 볼 때, 본문이 '자력 구원'

을 의미했을 리가 없다. 바울은 본문에 이어서 "너희 안에서 행하시는 이는 하나님이시니 자기의 기쁘신 뜻을 위하여 너희에게 소원을 두고 행하게"(빌 2:13) 하신다고 말한 것으로 보아 본문이 자력 구원을 말한 것은 아님을 확신할 수 있다. 구원을 이루는 일조차 궁극적으로 하나님이 하신다는 말이다.

그렇다면 "너희 구원을 이루라"는 말씀은 아마도 다른 의미를 전달하기 위해 '의도적으로' 쓰인 것으로 추정할 수 있다. 바울의 본래 생각은 무엇이었을까?

진정한 그리스도인으로서 살아가라

그는 다른 사람의 하는 일이나 됨됨이에 신경 쓰지 말고, 자기 앞가림이나 똑바로 하라고 말한다. 좀 더 정확히 번역하자면, 다른 사람 신경 쓰지 말고 "네 스스로"헤아우톤, ἑαυτῶν 네가 누릴 영생이나 구원을 '네 힘으로' 제대로 만들어 내라는 것이다. 이것은 무엇을 말하는가? 본문의 앞뒤 구절들을 유심히 살펴보면, 바울이 왜 이 단어들을 사용했는지 알 수 있다.

빌립보서 1장에서 바울은 진정으로 하나님을 믿는 사람이라면, 즉 영생에 소망을 둔 사람이라면 이 땅에서 윤리적으로 깨끗하고 인격적으로도 누구에게나 덕스러운 자이며 한 뜻과 한마음으로 서로 협력하여 하나가 되어야 한다고 말한다. 다음 말씀에서 이를 확인할 수 있다.

"오직 너희는 그리스도의 복음에 합당하게 생활하라 이는 내가 너희에게 가 보나 떠나 있으나 너희가 한마음으로 서서 한 뜻으로 복음의 신앙을 위하여 협력하는 것과"(빌 1:27).

복음으로 인해 때로 주를 위해 고난을 받기도 하는데, 이를 대범하게 받아들여야 한다고 주문하기도 한다.

"그리스도를 위하여 너희에게 은혜를 주신 것은 다만 그를 믿을 뿐 아니라 또한 그를 위하여 고난도 받게 하려 하심이라"(빌 1:29).

2장에서는 그러한 고결하고 거룩한 삶과 원만한 대인관계를 이루는 원리를 설명하면서 예수 그리스도를 사표師表로 삼으라고 말한다.

"그러므로 그리스도 안에 무슨 권면이나 사랑의 무슨 위로나 성령의 무슨 교제나 긍휼이나 자비가 있거든 마음을 같이하여 같은 사랑을 가지고 뜻을 합하며 한마음을 품어 아무 일에든지 다툼이나 허영으로 하지 말고 오직 겸손한 마음으로 각각 자기보다 남을 낫게 여기고 각각 자기 일을 돌볼뿐더러 또한 각각 다른 사람들의 일을 돌보아 나의 기쁨을 충만하게 하라 너희 안에 이 마음을 품으라 곧 그리스도 예수의 마음이니"(빌 2:1~5).

겸비하게 자신을 낮추어 인류를 위해 죽음도 마다치 않으신 "그리스도 예수의 마음"을 품으라는 것이다. 주님은 본래 하나님이시지만 하늘에서 영광을 누리지 않고 자기를 비우고 유약한 인간이 되어 십자가에서 죽으셨다(빌 2:6~8). 자기를 내어 주신 그 사랑과 겸손, 타인을 위한 희생적인 삶을 본받으라는 것이다.

왜 그리스도를 따라 살아야 하는가? 그런 극심한 비하를 겪고 자신을 버리고 헌신하신 그리스도 예수가 결국에는 온 우주가 그 앞에 무릎을 꿇고 경배하는 주가 되는 영예를 얻으셨기 때문이다. 즉 빌립보 교회 교인들도, 오늘날 한국 교회 성도들도 주님의 고결한 삶을 본받아 삶으로써 큰 영광을 얻으라는 것이다.

사도 바울은 "그러므로"라고 운을 떼며 앞서 1, 2장에서 말한 바와 같이 주님을 따라 "항상 복종하여 두렵고 떨림으로 너희 구원을 이루라"고 명한다(빌 2:12). 주님이 하늘 영광을 버리고 "자기를 낮추시고 죽기까지 복종하셨으니 곧 십자가에"(빌 2:8) 죽으셨다는 말씀처럼, 우리도 주의 말씀에 복종하여 서로 사랑하며 한마음을 품고 다투지 않고 서로를 더 낫게 여기고 다른 사람들을 배려하고 돌보는 이타적인 삶을 살아가라는 것이다.

따라서 바울의 "너희 구원을 이루라"는 말은 믿음에 삶이 동반된 진정한 그리스도인으로서 살아가라는 뜻이라고 할 수 있다. 앞서 언급한 바와 같이 바울이 곧 이은 13절에서 우리 안에서 행하시는 이는 하나님이라고 언급하였기 때문에 본문에서 자력 구원을 의미한 것은 절대 아니다.

다만, 교회에서 성도들이 서로 싸우고 허영심에 못 이겨 나서길 좋아하며 분열과 파당을 짓는 등 악한 행동을 하지 말라는 취지에서 한 말이다. 13절 이하에서도 바울의 의도를 확인할 수 있다. 그는 성도들이 교회 일을 하면서 서로 원망하는 일이 없게 하고 시빗거리를 주는 행동을 자제함으로써 "하나님의 흠 없는 자녀로 세상에서 그들 가운데 빛들로" 나타낼 것을 주문했다(빌 2:15). 그러므로 "너희 구원을 이루라"는 말씀은 그리스도인의 윤리적인 삶에 관한 강조로 이해해야 한다. 자력 구원을 암시하는 것으로 보는 것은 오해다.

그런데 바울은 왜 오해할 만한 어구를 굳이 여기서 썼을까? 그냥 주님을 본받아 하나님의 말씀에 순종하여 겸비하고 희생적인 삶을 살아가라고 말하면 되지 않았을까? 영리한 바울이 이 어구를 씀으로써 우리로 하여금 헷갈리게 하려는 의도는 아니었으리라고 본다. 바울이 우리에게 얼마나 심오한 의미를 던져 주고자 했는지를 살펴볼 필요가 있다.

은혜로 받은 구원이 인간의 행위로 나타난다

구원은 분명히 은혜에 의하여by 믿음으로 말미암아through 주어진다(엡 2:8). 근본적으로 자기 힘으로 얻는 것이 아닌 그냥 주어지는 것이라는 뜻이다. 그렇지 않으면 구원은 은혜가 아닌 공로가 된다(엡 2:9 참조). 인간의 행위가 구원을 낳는다는 것이다. 그러나 성경은 그처럼 말하지 않는다. 하지만 구원이 인간의 행위로 나타나기는 한다. 이것이 이른바 성화다.

우리 행동 여하에 상관없이 하나님이 우리를 구원하셨다면, 더 이상 할 일이 없다고 생각하기 쉽다. 이것이 이른바 율법폐기론antinomianism이다. 윤리적으로 타락해도, 교인들 간에 상처 주는 언행을 일삼아도, 심지어 폭력을 행사하고, 재산권 문제로 교회가 갈라지게 되더라도 이미 받은 구원에는 아무런 영향도 끼치지 않는다고 생각하는 것이다.

교회 안에 도덕 불감증이 만연한 것은 바로 '타력 구원'을 신실하게 따르는, 소위 믿음 좋은 사람들 때문이다. 초대교회에도 그런 사람들이 있었던 모양이다. 그래서 바울은 정말 구원받은 사람이라면 자기 힘으로 열성을 다하여 구원받은 자로서의 모습을 보여야 한다고 말한 것이다.

구원에 이르는 길을 구원의 서정ordo Salutis이라 한다. 여기에는 부르심, 중생, 회개, 믿음, 칭의, 성화, 영화 등의 경로가 있다. 하나님이 우리를 부르신 덕택에 우리가 회개하여 믿음으로 주님을 영접하면 의인이 된다. 의인은 반드시 성화의 과정을 거쳐야 한다. 스스로 죄인임을 고백하고, 그리스도를 주로 인정하고 경배함으로써 구원을 얻지만, 그것은 성화의 출발점에 불과하다. 하나님의 부르심 또한 은혜인데, 심지어 부르심도 윤리적인 삶을 포함하는 성화를 전제로 한다. 이것이 이른바 '효과적 부르심'이다. 즉 하나님이 우리를 택하고 우리로 진심으로 회개하게 하여 그리스도를 진정으로 믿게 하신다면, 그 사람은 반드시 거룩한 삶을 살게 되어 있다는 것이다.

만일 구원받은 자의 진정성, 곧 성화의 모습이 드러나지 않는다면, 그는 기껏해야 일반적인 부르심을 받은 것에 지나지 않는다. 그러한 자들은 예수님의 혼인 잔치 비유에서 "네거리 길에 가서 사람을 만나는 대로 혼인 잔치에 청하여 오라"고 모든 사람을 무차별적으로 초청하시는 하나님의 부르심에 지적으로만 응답한 경우에 속한다(마 22:2~14).

지식적으로만 기독교를 이해하고, 수동적으로 교회에 출석하는 사람들이 있다. 그들은 세속의 죄 된 습관을 여전히 버리지 못한 채 언행심사가 고상하지 않고, "어그러지고 거스르는 세대" 사람들과 같이 자신을 낮추지 않고 명예만 좇으며 분란을 일삼으며 사리사욕을 채우기 위해 재물을 모으는 자들이다(빌 2:15). 이들은 하나님의 '효과적' 부르심을 받지 못한 자들이다.

진정으로 구원받았다면, 그래서 믿음으로 구주를 영접하고 죄 된 습관에서 돌이켰다면 당연히 그리스도의 마음을 본받는 성화의 삶을 살 것이다. 하나님의 은혜로 믿음을 통해 의인이 된 다음에는 거룩한 삶을 살기 위한 자기 노력이 수반되어야 한다.

바울의 "너희 구원을 이루라"는 말은 성화를 통해서만 의인됨이 완성된다는 뜻으로 한 말이다. 그리스도를 믿고 의인이 되는 것은 성화의 삶을 사는 것과 분리할 수 없다.

이러한 의미에서 우리는 스스로 거룩하게 살아감으로써 구원을 성취해 나간다고 할 수 있다. 진정한 그리스도인은 결코 율법폐기론자가 될 수 없다. 그러므로 우리는 거룩한 삶을 살기 위해, 그리스도의 마음을 본받아 살려고 몸부림쳐야 하며 그러는 와중에 끊임없이 회개해야 한다. 이것이 바로 구원받은 자의 표징이기 때문이다. 이를 잘 이해하면, 회개가 필요 없다는 구원파나 박옥수의 기쁜소식선교회 같은 이단의 유혹에 넘어갈 일이 없다.

인간의 능력에 의존할 때 그것은 오히려 큰 실망만 안겨 줄 뿐이다.
오히려 자기 무능을 겸손하게 인정하고,
오직 하나님만 경외하며 사는 것이 옳다는 말이다.
왜냐하면, 여호와 하나님이야말로 인간과 세상을 지으시고,
온 세상을 움직이는 전능하신 창조주이기 때문이다.

PART 5

구원이 뭔데요?

“다른 이로써는 구원을 받을 수 없나니 천하 사람 중에 구원을 받을 만한 다른 이름을 우리에게 주신 일이 없음이라”(행 4:12).

천국이 있고 그곳에 들어가는 것이 구원이라면 누구나 이것을 원할 것이다. 그런데 어떤 특정한 사람만 구원받기로 되어 있고, 나머지는 제외된다는 소식을 듣는다면 어떤 마음이 들까? 선택받지 못한 사람은 당연히 서운해하며 불쾌해할 것이다. 천국에 들어가지 못할 뿐만 아니라 하나님의 심판이 기다리고 있다는 것을 알면 더 화가 날 것이다. 논리적으로 도무지 납득되지 않아서 말이다.

예수는 온 인류를 위해 죽으셨다. 모든 사람을 위해 죽으셨다면, 또는 모든 사람이 구원에 이르기를 원하신다면 예수의 이름을 알지 못한 채 천국 복음을 들어 보지도 못하고 죽은 사람들도 구원을 받는가? 죽은 갓난아이나 영아는 구원받을 수 있는가? 어떤 말씀에는 특정한 사람들만을 위해서 죽으셨다고 말하기도 하는데, 이건 또 무슨 뜻인가? 모든 사람을 위해 죽으신 게 아니란 말인가? 그러면 모든 사람을 구원할 것처럼 여겨지는 말씀들은 어떻게 이해해야 하는가?

성경은 이러한 주제들에 대해 간단명료하게 밝히고 있지 않다. 성경을 아무리 많이 읽어도, 전체 메시지에 충실하지 않으면 여기서 다루는 구원 문제에 관해 확신을 갖지 못하게 된다.

이 장에서는 몇 가지 성경 구절들에 주목하여 구원 문제를 논의할 것인데, 성경이 말하는 일관되고 통일된 논리에 충실하게 말할 것을 밝힌다. 정말로 답할 수 없는 내용도 있다. 그러나 그렇게 말하는 데까지 이르는 것이야말로 이 주제에 관해 제대로 '아는' 것이라고 할 수 있다.

1.

예수님이 모든 사람을 위해 죽으셨다면서요?

—속죄론에 관하여(고후 5:14)

"그리스도의 사랑이 우리를 강권하시는도다 우리가 생각하건대 한 사람이 모든 사람을 대신하여 죽었은즉 모든 사람이 죽은 것이라"(고후 5:14).

예수님이 모든 사람을 대신하여 죽으셨으므로, 모두가 '죄에 대하여' 죽은 것이 아닌가? 그렇다면 논리적으로 모두가 구원을 얻는 것이 아닌가? 죄의 삯은 사망(롬 6:23)인데 사망에 이르는 죄 문제를 예수님이 해결하셨으니, 인류는 더 이상 사망에 이르지 않게 되었고 따라서 모든 사람이 영생을 얻은 것이 아니냐는 질문이다. 소위 모든 사람이 구원받는다는 만인구원론universalism에 관해 묻는 것이다.

그렇다면 예수를 믿고 교회에 출석하여 신앙생활 하는 것이 무슨 의미가 있겠는가? 교회 다니는 사람이든 다른 종교를 믿는 사람이든 심지어 반기독교 운동을 하는 사람까지도 구원을 받았다는데, 히틀러나 김

정일 같은 포악한 사람들조차도 예수님의 죽으심으로 구원을 받았다면 주일에 남들이 놀고먹을 때 굳이 교회에 나가서 봉사할 필요가 있겠는가 말이다. 예수님이 믿는 성도들만이 아니라 모든 사람을 위해서 죽으셨다는 이른바 보편 속죄universal atonement가 이치에 맞는가?

속죄는 보편적인가 제한적인가

본문을 읽으면, 보편 속죄가 맞는 것처럼 보인다. "모든 사람을 대신하여" 예수님이 죽으셨다고 명시적으로 말하고 있기 때문이다. 바울은 디모데전서에서도 같은 선언을 했다.

"하나님은 모든 사람이 구원을 받으며 진리를 아는 데에 이르기를 원하시느니라 하나님은 한 분이시요 또 하나님과 사람 사이에 중보자도 한 분이시니 곧 사람이신 그리스도 예수라 그가 모든 사람을 위하여 자기를 대속물로 주셨으니 기약이 이르러 주신 증거니라"(딤전 2:4~6).

예수님이 "모든 사람을 위하여" 죽으셨다는 뜻이다. 사도 요한도 요한일서에서 같은 내용을 전한다.

"그는 우리 죄를 위한 화목 제물이니 우리만 위할 뿐 아니요 온 세상의 죄를 위하심이라 "(요일 2:2)

고린도후서의 선언이 보편 속죄를 더 인정하는 듯 보인다. 초대교회 성도들 외에 다른 모든 사람을 위해서도 예수님이 제물로 드려졌다고 해석할 여지를 주기 때문이다. 그러나 다른 성경 말씀들을 면밀히 살피고 분석해 보면, 과연 보편 속죄가 바른 논리인지 의문이 든다. 보편 속죄는 논리적으로 모든 사람의 구원, 곧 만인구원universalism으로 이어질 수 있기 때문이다.

이런 의미에서 예수님이 말씀하신 다음 내용을 읽으면 보편 속죄를 의심하게 할 것이다.

"또 떡을 가져 감사 기도 하시고 떼어 그들에게 주시며 이르시되 이것은 너희를 위하여 주는 내 몸이라 너희가 이를 행하여 나를 기념하라 하시고 저녁 먹은 후에 잔도 그와 같이 하여 이르시되 이 잔은 내 피로 세우는 새 언약이니 곧 너희를 위하여 붓는 것이라"(눅 22:19~20).

예수님은 거듭해서 이것은 "너희를 위하여" 주는 것이요 붓는 것이라고 말씀하셨다. 마지막 만찬을 나누시면서 자기 죽음이 그의 제자들을 위한 죽음임을 말씀하고 있는 것이다. 예수님이 모든 인류를 위해 죽으신다고 말씀하지 않았다. 나아가 십자가에서 죽기 한참 전에 자신의 죽음이 모든 사람이 아닌 제한된 몇 사람들만을 위한 것이라고 더 분명히 말씀하신 적이 있다. 스스로 선한 목자라고 말씀하면서 자기 양을 위해 죽으실 것을 선언하신 것이다.

"나는 선한 목자라 나는 내 양을 알고 양도 나를 아는 것이 아버지께서 나를 아시고 내가 아버지를 아는 것 같으니 나는 양을 위하여 목숨을 버리노라 또 이 우리에 들지 아니한 다른 양들이 내게 있어 내가 인도하여야 할 터이니 그들도 내 음성을 듣고 한 무리가 되어 한 목자에게 있으리라"(요 10:14~16).

여기서 양은 '모든 양'이 아닌 '주님께 속한 제한된 수의 양'임을 "내 양"이란 표현에서 알 수 있다. 즉 예수님의 죽으심은 모든 사람을 위한 것이 아니라 제한된 몇몇 사람만을 위한 것이다. 그의 죽으심은 당연히 구원으로 직결되는 통로다.

주님은 자기 양이 아닌 유대인들은 "내 양이 아니므로 믿지 아니한다"고 말씀하며 구원받지 못함을 암시하셨다(요 10:26). 오로지 주님의 음성을 듣고 따르는 자기 양에게만 영생을 주신다고 약속하셨다(요 10:27~29).

만일 모든 사람을 위해 주님이 죽으셨다면, 주의 양이 아닌 유대인들 역시 죄 사함을 받고 영생을 누릴 터인데, 예수님은 그들이 자기 양이 아니라고 분명히 말씀하셨으므로 그들을 위한 속죄와 구원은 이루어질 수 없다고 하겠다.

또한, 만일 모든 사람을 위해 죽으셨다면 지옥이나 영벌, 심판 등의 말은 그 실체가 없는 것이 될 것이다. 마지막 심판 때 악인은 "영벌에, 의인들은 영생에 들어가리라"라고 하신 말씀이 무의미하게 되는 것이다(마 25:46). 따라서 예수님의 죽음은 논리적으로 모든 사람을 위한 것, 즉 보편 속죄가 아닌 제한된 다수를 위한 것, 즉 제한 속죄limited atonement를 가리키고 있음을 알 수 있다.

그러면 본문에서 예수님이 "모든 사람을 대신하여 죽었은즉 모든 사람이 죽은 것"이라는 말씀은 무슨 뜻인가? 앞뒤 문맥을 살펴봐야 본문이 강조하는 것이 무엇인지 비로소 제대로 파악할 수 있다(고후 5:11~19).

바울은 말씀을 통해 그리스도께서 죽으신 근본 동기가 믿는 우리를 위한 사랑에 있다고 선언하며 우리가 죄에 대해 확실하게 죽었다는 사실과 그래서 이제 우리는 우리를 위해 죽으신 예수 그리스도를 위해 살아야 한다는 것을 강조한다. '모든'이라는 표현을 두 번 사용하며 그리스도 예수를 통한 "세상과의 화목"(고후 5:19)이라는 언급은 있어도 전체 문맥상 세상의 믿지 않는 사람들까지 포함하는 모든 인류를 위해 주님이 죽으셨다는 뜻의 말은 찾아볼 수 없다.

화목 역시 "우리를 자기와 화목하게"(고후 5:18) 하신다고 말함으로써 세상과 하나님의 화목이 믿는 우리에게 효과적으로 주어졌다고 말한다. 즉 바울은 본문을 통해 오직 이 편지를 받는 믿는 우리 모두를 위해 예수님이 죽으셨으니 그의 양인 초대교회 성도들은 주를 위해 살아야 한다고 강조하고자 했던 것이다.

그럼에도 불구하고 우리는 복음 전도와 관련하여 본문들을 진정성 있게 인용할 수밖에 없음을 받아들인다. 실제로 복음 전도를 위해 "예수님은 당신을 사랑하십니다" 또는 "당신을 위해 예수님이 죽으셨습니다"라고 말하기 때문이다.

복음을 널리 전해야 하는 이유

우리는 어떤 식으로든 예수님이 '모든 사람을 위해' 죽으셨다고 선언해야 한다. 다만 속죄와 구원의 논리적 관계가 아닌 전도의 실용적 목적에 제한을 두고서 말이다. 무슨 말인가 하면, 전도할 때 속죄와 구원의 논리를 염두에 두고 '저 사람을 위해 주님이 죽으셨을까? 주님이 구원하기로 하신 그분의 양인가?' 하고 고민하면서 복음을 전하거나 설교하지는 않는다는 뜻이다. 그렇게 하면 전도가 불가능하고, 설교도 진정성이 없게 된다.

상대가 예수님이 대신하여 죽으신 사람이 실제로 맞는지는 하늘나라 호적 등본을 열람해 보지 않고서는 알 길이 없다. 우리는 누가 예수님의 속죄 대상인지 모른다. 그러므로 누구에게든지 복음, 곧 "예수 그리스도께서 당신을 위해 죽으셨다"는 사실을 전해야 한다. 그렇게 하기 위해 불가피하게 예수님이 '모든 사람을 위해' 죽으셨다고 전제해야 하며 그래야 진정성 있는 설교와 전도가 가능하다.

따라서 보편 속죄는 전도의 실용적 범위 안에서만 제한적으로 의미가 있다. 만인구원으로 이어지는 보편 속죄가 아닌, 복음 전도를 위한 이차적 의미로서의 보편 속죄인 것이다. 주님이 모든 사람을 위해 죽으셨고, 하나님이 그리스도를 통해 세상과 화목하셨으므로 우리는 만나는 모든 사람에게 진지하게 하나님이 그의 아들을 주시기까지 "이 세상을 이처럼 사랑"하신 사실을 전하며(요 3:16), '주님이 당신을 위해 죽으셨다'고 설교하고 전도할 수 있다.

예수님이 모든 사람을 위해 죽으셨다는 것은 십자가 죽음의 효과가 무한하다는 뜻이기도 하다. 하지만 현실적으로는 그 효과가 제한적임을 우리는 경험한다. 상당수의 사람이 십자가 죽음을 무시하기 때문이다. 따라서 예수님이 모든 사람을 위해 죽으신 말씀은 곧 그의 양들만을 위한 표현임을 알 수 있다. 그의 양들만이 예수님을 믿기 때문이다. 비록 모든 양에게 복음이 주어져서 회개와 믿음의 기회가 진정성 있게 주어지고, 궁극적으로 영생과 구원을 얻을 수 있게는 허락되지만 말이다.

이것을 다음과 같은 비유로 설명하고자 한다. 종종 우리는 인터넷 광고의 낚시에 걸리곤 한다.

"응모만 해도 무조건 1,000원 쿠폰 당첨!"

더 값나가는 물건을 구매하게 하기 위한 호객 행위다. 그런데 이 광고가 거짓은 아니다. 클릭하면 약속한 대로 1,000원 쿠폰을 분명히 받을 수 있다. 다만 3~5만 원 이상의 물건을 구매해야만 쓸 수 있을 뿐이다. 모든 사람이 1,000원 쿠폰을 받을 수는 있다. 하지만 모두가 클릭하는 것은 아니다! 3~5만 원 이상의 물건을 사지 않기 때문이다. 따라서 실제로 클릭해서 쿠폰을 받는 사람은 적다!

"예수님이 당신을 위해 죽으심"이란 광고가 있다고 하자. 예수님이 모든 사람을 위해 죽으셨다는 내용의 광고다. 확실히 전도용 광고다(여기서 낚시라고 말하면 불경죄가 될 것이다). 이 광고를 믿음으로 클릭하여 나를 위해 예수님이 죽으심을 믿고, 회개하여 주님을 계속해서 잘 믿으면 구원받는다. 그런데 대부분 이 광고를 클릭하지 않는다! 낚시라고 여긴 탓인지 믿음의 클릭을 하지 않는다. 세상이 더 좋고, 좋은 세상을 즐기는 데 바쁘다 보니 전도용 광고에는 관심도 없는 것이다. 그래서 구원에 목마른 소수 무리만 클릭한다. 결과적으로 소수만 믿고 구원을 받는 것이다! 당연히 모든 사람이 구원받는 것은 아니다.

이런 의미에서 예수님의 속죄 사역은 제한적으로만 적용된다고 하겠다. 다만 본문은 전도용으로 쓰이는 광고문처럼 복음 전도의 실용적 의미에서만 제한적으로 적용된다. 보편 속죄가 있다면 이러한 제한적 의미에서만 사용할 수 있다.

2.

버림받은 이스마엘은 뭐예요?

–이삭에게서 나는 자라야 아브라함의 후손이다(창 21:12)

"하나님이 아브라함에게 이르시되 네 아이나 네 여종으로 말미암아 근심하지 말고 사라가 네게 이른 말을 다 들으라 이삭에게서 나는 자라야 네 씨라 부를 것임이니라"(창 21:12).

본문은 이스마엘과 그의 자손에게는 서운하게 들릴 것이다. 그들도 이삭과 같은 아버지, 아브라함의 후손이기 때문이다. 어쩌면 쫓겨난 이스마엘과 하갈에게 인간적인 동정심을 갖는 독자도 있을 수 있다. 만일 이스마엘과 하갈이 사라에게서 학대를 받지 않았더라면, 오늘날 중동 분쟁은 없지 않았을까 하고 더 안타까울 것이다. 비록 결과론적이기는 하지만, 이스마엘 후손이 오늘날까지 이스라엘과 적이 될 줄 알았더라면 아브라함과 사라가 좀 더 참고 기다리지 않았을까 하는 아쉬움이 들기도 한다.

게다가 아브라함은 이삭을 낳은 후에도 그두라를 후처로 두어 여섯 아들을 더 낳았다(창 25:1~6). 믿음이 좋다는 아브라함에 관해 의구심을 가질 만도 하다. 이삭을 통해 많은 후손을 얻을 것을 약속받았는데도 또 자식을 낳음으로써 훗날 형제간에 원수를 만들 일이 뭐가 있겠는가 싶어서다. 실제로 그들 여섯 중에 앗수르 민족의 조상도 있었다.

하여튼 여섯 아들 역시 이스마엘의 신세를 면하지 못했는데, 그들 모두가 이삭을 떠나 동방으로 내보내져야 했던 것이다. 아버지 아브라함으로부터 차별받아 쫓겨난 그들과 그 후손이 이삭과 그의 후손과 평화롭게 지냈을 리 만무하다. 이런 의미에서 아브라함의 처신이 세밀하지 못한 것이 사실이다.

아브라함은 그렇다고 해도, 왜 하나님은 이삭만 아브라함의 진정한 후손이 되며 그를 통해서만 이스라엘 민족이 이루어진다고 하셨을까? 더 놀라운 것은 이삭의 두 아들 중 야곱만 택하여 아브라함에게 약속하신 일을 행하셨다는 것이다. "이삭에게서 나는 자"(창 21:12)에 속한 두 아들, 에서와 야곱 중에 왜 에서는 버리고 유독 야곱만을 선택하셨는가 말이다. 에서와 야곱, 두 아들을 통해서 더 강대한 민족을 이룰 수 있지 않았을까 하는 상식적인 생각을 할 수 있다. 물론 아브라함의 다른 아들들과 관련해서도 같은 상상을 해 본다.

하나님의 구원 방정식

성경은 아브라함에게 이삭을 통해서만 그의 민족을 크게 이루실 것이라고 분명히 약속했다. 그리고 이삭의 아들 중에 에서는 버리고 야곱을 통해서만 이스라엘 민족을 이루게 하셨다. 다음 말씀에서 이를 알 수 있다. "내가 야곱은 사랑하고 에서는 미워하였다"(롬 9:13).

여기서 우리가 주목하고자 하는 것은 아브라함의 가족사에 관해 왈가왈부하는 것이 아니다. 창세기를 포함한 여러 구절에서 아브라함 가족과 관련한 내용은 단순히 한 인간의 가족사를 다룬 것이 아니기 때문이다. 신학적으로 큰 주제를 다루는 것이다. 바로 하나님이 그분의 심오한 뜻에 따라 인간을 어떻게 구원하시는지에 관한 '구원 방정식'을 만드신 내용이다.

구원 방정식이란 곧 하나님이 인간의 행동 여하에 따라 구원을 허락하시는 분이 아니라 그분이 일방적으로 지목하여 구원에 이르게 하신다는 것이다. 그래서 바울이 말한 바와 같이 구원이 선물이 되는 것이다(엡 2:8). 구원은 공로로 얻어지는 것이 아니다(엡 2:9). 그러나 문제는 하나님의 선택을 받지 못한 사람들에게 합리적으로 설명하는 것이 매우 어렵다는 데 있다.

하나님의 비밀에 관해 굳이 상상할 필요가 있겠느냐고 반문할지 모르지만, 안 믿는 사람이 질문하기도 하거니와 또한 복음 전도를 위해라도 기독교 진리를 잘 변호할 수 있어야 하므로 이 문제는 쉽게 간과할 수 없다.

아브라함의 가족 이야기를 더 해 보자. 하나님은 아브라함에게 다른 아들들도 있었지만 이삭을 택하셨고, 이삭에게 두 아들이 있었지만 그 중 야곱만을 택하셨다. 반면에 아브라함의 혈통을 이어받은 이스마엘과 나머지 여섯 아들, 그리고 이삭의 아들 에서는 선택받지 못했다.

성경이 이삭과 야곱이 그들과 어떤 점에서 특별하게 달라서 선택되었는지는 밝히지 않는다. 그러니 하나님으로부터 선택받지 못한 아들들이 불만을 제기할 법하다. 대체 하나님은 어떤 기준에서 누구는 선택하고 누구는 선택하지 않으시는가 말이다.

사실 하나님의 선택을 말하려면 자연스럽게 그의 유기, 즉 버리심을 전제해야 한다. 그런데 유기된 이들의 불만에 관해 합리적인 답변을 제시하기가 어렵다. 이사야의 토기장이 비유로 설명할 수도 있지만, 택함 받지 못한 사람의 입장에서는 합리적으로 들릴 리가 없다.

"너희의 패역함이 심하도다 토기장이를 어찌 진흙 같이 여기겠느냐 지음을 받은 물건이 어찌 자기를 지은 이에게 대하여 이르기를 그가 나를 짓지 아니하였다 하겠으며 빚음을 받은 물건이 자기를 빚은 이에게 대하여 이르기를 그가 총명이 없다 하겠느냐"(사 29:16).

선택은 하나님의 주권이다

대안으로 제시되는 것이 있다면 만인구원과 예지 예정이다. 모든 사람이 구원받는다고 말하면 선택론의 어려움이 사라지기 때문이다. 또 하나는 하나님은 전지하시므로 그가 회개할지 혹은 끝까지 강퍅한 마음을 가질지를 미리 알고 회개할 자를 선택하시고 그렇지 않을 자를 버리신다고 말하는 것이다. 마치 선택과 유기를 조화롭게 설명하는 듯 들린다.

현대인에게는 두 가지 모두 매력적으로 들리겠지만, 후자가 더 합리적으로 여겨질 것이다. 그러나 전자는 성경이 말하는 선택론을 아예 부정하는 것이므로 절대 수용할 수 없고, 후자 역시 공로 사상을 인정하는 것이므로 비성경적이라 받아들일 수 없다.

그렇다면 선택론을 방어할 합리적 제안은 정말로 없는 것인가? 우선, 하나님의 선택을 당장 확신할 수 없기에 선택과 유기에 관해 굳이 합리적 기준과 설명을 강요할 필요는 없다고 본다. 결과론적으로 선택과 유기가 드러나기도 하거니와 아직 아무도 그 결과에 이르지 않았기 때문이다.

아브라함의 이야기는 결과론에 집중하라는 것이 아니다. 창세기에서 우리가 집중해야 할 주제는 인간이 구원받는 것은 결코 인간의 도덕적, 인격적 행동과 상태에 의존하는 것이 아닌, 하나님의 전적인 은혜에 따른 것이라는 점이다. 창세기의 아브라함 가족사에서 하나님의 선택을 말하는 것은 바로 이 점을 강조하는 것에 지나지 않는다.

다만 누가 선택받았는지를 알 수 없기에 "전도의 미련한 것"(고전 1:21)으로 하나님을 믿게 해야 한다. 따라서 선택받지 못한 나머지 아들들에 집중하는 것은 창세기의 의도를 곡해하는 것이다. 오히려 이삭이 아무런 자랑할 것이나 공로가 없음에도 불구하고, 하나님의 은혜로운 선택을 받았다는 데 의미를 두어야 한다. 따라서 나머지 아들처럼 '선택받지 못한' 사람들이 하나님께 불만을 제기할 수 있는가 하는 질문은 적절하지 않다.

그 질문이 왜 옳지 않은가에 관한 답을 간단히 하자면, 우리는 "모르기 때문"이다. 앞서 토기장이 비유를 언급했듯이, 그것은 하나님의 주권에 속한 일이므로 이스마엘을 비롯한 선택을 받지 못한 인간들이 하나님께 불만을 제기할 수는 없다. 더 자세한 것은 다음 글들에서 살펴보고자 한다.

3.

알아듣게 얘기해 주시면 안 되나요?

–들어도 듣지 못하는 천국의 비밀(마 13:11, 13)

"천국의 비밀을 아는 것이 너희에게는 허락되었으나 그들에게는 아니되었나니"(마 13:11).
"그러므로 내가 그들에게 비유로 말하는 것은 그들이 보아도 보지 못하며 들어도 듣지 못하며 깨닫지 못함이니라"(마 13:13).

제자들이 예수님에게 왜 다른 사람들에게는 비유로 말씀하시는지 묻자 예수님은 "천국의 비밀을 아는 것이 너희에게는 허락되었으나 그들에게는" 허락되지 않았다고 말씀하셨다(마 13:11). 복음을 거부하는 자들에게는 아무리 설명해도 천국 복음을 받아들이지 않을 것이라고 선언하신 것이나 다름없다.

그렇다면 복음을 거부하는 자는 천국 비밀이 허락되지 않은 사람들인데, 과연 그들에게 복음 거부의 책임을 물을 수 있는가 하는 문제가 생긴다. 애초부터 예수님을 믿지 못하게 하였으므로 예수님을 믿지 않는 것, 더 지독하게는 안티-기독교 운동까지 펼치는 것까지도 모두 무죄가 아니냐는 주장이다. 이것은 그들이 천국에 못 가게 된 책임을 인간이 아닌 하나님이 지셔야 한다는 뜻이다.

과연 예수님의 말씀은 복음 거부의 책임이 천국의 비밀을 허락하지 않으신 하나님께 있다는 말씀이었을까?

하나님의 책임론은 오해

의심을 증폭시키는 말씀이 바로 이어진다. 예수님이 이사야의 예언, 곧 "이 백성의 마음을 둔하게 하며 그들의 귀가 막히고 그들의 눈이 감기게 하라 염려하건대 그들이 눈으로 보고 귀로 듣고 마음으로 깨닫고 다시 돌아와 고침을 받을까 하노라" 하는 말씀을 인용하신 것이다(사 6:10). 그와 유사한 기록은 또 있다.

"이르시되 하나님 나라의 비밀을 너희에게는 주었으나 외인에게는 모든 것을 비유로 하나니 이는 그들로 보기는 보아도 알지 못하며 듣기는 들어도 깨닫지 못하게 하여 돌이켜 죄 사함을 얻지 못하게 하려 함이라 하시고"(막 4:11~12).

모두 복음 거부의 책임을 하나님께 돌릴 수 있을 것처럼 보인다. "다시 돌아와 고침을 받을까" 염려하여 "돌이켜 죄 사함을 얻지 못하게" 하신다는 말씀이 그 단서가 된다.

하지만 이 말씀들 때문에 하나님의 책임론을 제기하는 것은 전적으로 오해에서 빚어진 잘못이다. 히브리 사람들의 말하는 습관과 경향을 알면, 그 오해가 해소되리라 본다.

히브리 사람들은 말할 때 어떤 목적이 담겨 있는 듯한 표현을 한다고 한다.[16] "마음으로 깨닫고 다시 돌아와 고침을 받을까"(사 6:10)라는 말씀은 이스라엘 백성이 회개하지 못하게 하는 데 목적을 두고 하신 말씀이 아니다. 이러한 표현은 히브리인의 말하는 경향에서 비롯된 것으로 실제 의도와는 다르다. 바로 앞 내용, 즉 "이 백성들의 마음이 완악하여져서 그 귀는 듣기에 둔하고 눈은 감았으니"라고 이미 강퍅한 마음의 상태를 언급한 것으로 보아 그들은 이미 깨닫지 못하는 자들이었던 것이다. 그러므로 결과적으로 그들은 고침을 받을 수 없는 자가 되리라는 예언을 강조한 것에 지나지 않는다. 아울러 하나님의 주권적 섭리를 선언한 것이기도 하다.

이와 마찬가지로 마가복음의 "돌이켜 죄 사함을 얻지 못하게 하려 함이라"(막 4:12)라는 말씀 역시 청중은 보아도 알지 못하고, 들어도 깨닫지 못하는 자들이어서 궁극적으로 죄 사함을 받지 못한다는 것이다. 그들은 복음을 제시해도 받아들이지 않기 때문에 천국에 들어갈 수 없는 것이 당연하다는 예언 혹은 선언의 말씀인 것이다.

따라서 청중에게 예수님이 비유로 말씀하신 것은, 그들로 깨닫지 못하도록 하여 믿음으로 회개하지 못하게 하려는 목적 때문이 아니라고 할 수 있다. 다시 말해, 복음을 거부하는 청중이 믿음을 얻고 회개에 이르는 일이 없도록, 즉 궁극적으로 그들이 천국에 들어가지 못하도록 막기 위해서 혼란스럽게 할 목적으로 예수님이 비유로 말씀하신 것이 아니라는 것이다. 따라서 본문에 예수님 비유 말씀 의도가 복음을 거부하는 자들이 천국 못 가는 것은 하나님 책임이 아니라고 말할 수 있는 것이다.

---

16 F. F. Bruce, *Hard Sayings of Jesus*, (IVP, 1983), 100.

하지만 여전히 질문이 남는다. 결국, 천국에 갈 사람에게는 복음이 잘 이해되고 쉽게 받아들여지는데, 그 반대의 사람들에게는 복음의 내용은 물론 비유 자체도 수수께끼가 되게 하신 것은 아닌가 하는 것이다. 그러면 천국에 가지 못하는 자들의 책임이 하나님께 있는 것이 아닌가? 하나님이 복음을 거부하는 자들로 하여금 들어도 깨닫지 못하도록 적극적으로 행동하지는 않으셔도, 천국에 들어가지 못할 자들을 이미 정해 놓으셨다고는 말할 수 있지 않을까 해서다. 어떤 면에서는 이것도 틀린 말이 아니다. 하나님은 주권적으로 모든 일을 계획하고 결정하시기 때문이다(엡 1:11).

그러나 이것만 진리인 양 주장하는 것 또한 오해다. 누가 천국에 들어가고 못 들어가는지는 그 행동이 보여 준다. 예수님은 "나더러 주여 주여 하는 자마다 다 천국에 들어갈 것이 아니요 다만 하늘에 계신 내 아버지의 뜻대로 행하는 자라야 들어가리라"(마 7:21)고 말씀하셨다. 즉 천국에 갈 사람은 행동으로 증거한다는 것이다. "좋은 나무가 나쁜 열매를 맺을 수 없고 못된 나무가 아름다운 열매를 맺을 수" 없는 것과 같다(마 7:18). 그러므로 누가 천국에 갈지는, 즉 천국의 비밀이 누구에게 허락되었는지는 "그들의 열매"로 알 수 있을 것이다(마 13:11 ; 7:20).

아름다운 열매를 보면 안다

결론적으로 본문은 현재 누가 천국에 갈 수 있고 없고를 논하게 만들지 않는다. 심지어 서기관과 바리새인이라도 천국에 들어갈 여지는 남아 있는 것이다. 바울도 바리새인이었다(빌 3:5). 과거는 중요하지 않은 것이다. 심지어 현재도 문제가 되지 않는다. 장차 그가 회심할 수도 있기 때문이다.

따라서 우리는 모든 사람에게, 비록 마음이 강퍅하거나 복음을 결사적으로 거부하는 사람들일지라도 복음에의 초청을 끊임없이 해야 한다. 예수님도 혼인 잔치 비유를 통해 "사람을 만나는 대로" 청하라고 말씀하셨다(마 22:2~9). 일반적인 부르심을 말씀하신 것이다.

결국, 본문은 우리의 결과를 놓고 말한 것이다. 현재 청중이 "보아도 보지 못하고 들어도 듣지 못하며 깨닫지 못한" 결과, 그들에게는 천국의 비밀이 허락되지 않았다는 말이다. 앞서 말한 마태복음 7장 18~20절이 이를 해석한다. 결과적으로 현재 말과 행동이 주를 증거하고 아름다운 열매를 맺으면 그가 천국의 비밀 열쇠를 얻은 자라는 것이다.

그러나 끝까지 복음을 거부하는 자에게는 천국에 관한 예수님의 비유 자체가 수수께끼가 될 것이며, 그러한 행동이 곧 천국의 비밀 열쇠를 얻지 못한 자임을 스스로 증명할 것이다. 천국에 못 가는 책임은 복음을 끝까지 거부하거나 말로만 "주여!" 하고 외치는, 아름다운 열매를 맺지 못하는 자신에게 있다.

4.

기독교에만 구원이 있나요?

–다른 이로써는 구원을 받을 수 없나니(행 4:12)

"다른 이로써는 구원을 받을 수 없나니 천하 사람 중에 구원을 받을 만한 다른 이름을 우리에게 주신 일이 없음이라 하였더라"(행 4:12).

이 말씀에 따르면 불교도나 모슬렘이나 힌두교도나 다른 종교를 가진 사람은 구원받지 못한다는 말이다. 천국에 가려면 그리스도의 이름이 적힌 번지수를 따라가야만 한다. 다른 주소를 들고 열심히 달려가도 결국 헛물만 켜게 될 것이다. 아무리 지극정성으로 신을 섬긴들 천국의 문턱도 못 가는 것이다.

그러나 오늘날 소위 포스트모던 시대에 충실한 사람들은 이 말씀을 받아들이지 않는다. 이를테면, 누가 보더라도 밉상인 얼굴이지만 내 자식의 얼굴은 곱디고와 보이는 것이 인지상정이듯이, 기독교만이 절대 진리라고 주장하는 것은 비상식적이라는 것이다. 내 주장만 옳은 게 아니라 다른 이의 주장도 옳을 수 있다고 생각하는 것이 상식이다. 이런 시대에 사는 요즘 사람들은 '예수 천당 불신 지옥'의 옛날 구호는 몰상식으로 치부한다.

주스는 오직 한 가지 오렌지 주스만 있는 게 아닌 것이다. 포도 주스, 망고 주스, 파인애플 주스 등 얼마든지 다양하다. 서울역은 버스나 지하철만이 아니라 택시를 타고도 갈 수 있는 게 아닌가? 이 사실을 무시한다면 아마 현대인이 아닐 것이다.

만인구원론이 현대인에게 매력적인 이유

이와 마찬가지로 오늘날 구원을 얻는 데 제각기 다른 방법이 있다고 믿는 이가 많다. 어떤 종교를 믿든지 천국에는 모두 간다는 것이다. 그래서 기독교에만 구원의 진리가 있다고 말하지 말자고 한다. 이른바 종교다원주의Religious Pluralism가 그것이다.

또 한 가지, 불교든 이슬람교든 힌두교든 그 어떤 종교도 기독교의 변형된 또 다른 형태로 보고 그들 종교에도 성경이 가르쳐 주는 구원의 진리가 있다고 하는 논리가 있다. W.C.C.(세계교회협의회)에서 많이 주장하는 종교의 다원성Plurality of Religions 신학이 그것이다. 오늘날 세상 사람들에게 딱 들어맞는 이러한 논리들은 어느 종교를 믿든지 아니면 무종교인이라도 누구나 구원받을 수 있다는 만인구원론universalim을 진리로 만들고 있다.

오늘날 "예수 그리스도 외에는 구원이 없다"는 말이 점점 더 비호감이 되는 것은, 예수 이름을 듣지도 못한 사람의 구원 문제에 대해 교회가 동정하지 않아서다. 복음을 듣지 못한 이들은 당연히 예수를 믿을 수도 없게 되는데, 이들이 예수 이름 들을 기회도 없이 구원받을 수 없다면 이처럼 잔인한 하나님이 어디 있느냐는 것이다.

그래서 어떤 이는 앞서 언급한 바와 같이 예수님의 이름을 한 번도 못 듣고 죽었더라도 자기 종교를 믿고 우리와 똑같이 구원을 받는다고 주장한다. 심지어 무종교로 죽어도 구원받는다고 한다. 그래야 은혜와 긍휼이 많으신 하나님이 정당화된다고 하는 것이다.

또 다른 이는 사람이 죽고 나서도 예수의 이름을 듣고 복음을 받을 기회를 얻게 된다고 한다. 그래야 복음을 받지 못한 채 죽은 사람이 억울해하지 않을 것 아니냐는 것이다. 이런 주장들은 오늘날 현대인 자신에게도 인기가 있지만, 예수를 모르고 죽은 부모를 둔 자들에게는 매우 매력적인 논리다. 오래전에 죽은 선조나 복음을 듣지 못하고 죽은 자기 부모가 있는 자들에게는 죽어서도 복음을 들을 기회가 주어진다는 생각이 간절해서일 것이다. 존경하는 세종대왕이나 이순신 장군이 구원받았다고 말하고 싶고, 자기 부모도 천국에 갔다고 믿고 싶은 것이다.

만인구원론에 관한 성경적 근거는 없다

그러나 어떤 경우든지 복음을 듣지 못하고 예수님을 믿지 않은 자는 구원받지 못한다고 확신하는 사람도 있다. 사도행전 본문 외에도 "나로 말미암지 않고는 아버지께로 올 자가 없다"(요 14:6)는 말씀이 있기 때문이다.

비록 모든 사람이 구원 얻을 수 있다고 암시하는 구절들이 있기는 하지만 말이다.

"하나님은 모든 사람이 구원을 받으며 진리를 아는 데에 이르기를 원하시느니라"(딤전 2:4).

"그가 모든 사람을 위하여 자기를 대속물로 주셨으니 기약이 이르러 주신 증거니라"(딤전 2:6).

"모든 사람에게 구원을 주시는 하나님의 은혜가 나타나"(딛 2:11).

"주의 약속은 어떤 이들이 더디다고 생각하는 것 같이 더딘 것이 아니라 오직 주께서는 너희를 대하여 오래 참으사 아무도 멸망하지 아니하고 다 회개하기에 이르기를 원하시느니라"(벧후 3:9).

"그는 우리 죄를 위한 화목 제물이니 우리만 위할 뿐 아니요 온 세상의 죄를 위하심이라"(요일 2:2).

하지만 이는 모두 각각의 문맥을 보아 실제로는 교회에 속한 모든 이를 말하기 때문에 타 종교에도 구원이 있다거나 모든 이들이 구원받는다고 말하는 것은 아니다.

복음을 듣지 못한 자들의 구원 문제는 어떻게 해결하는 것이 올바른가? 우선, 예수 이름 외에는 구원 얻는 길이 없는 것은 분명하므로, 만인구원론처럼 무조건 모두가 구원받는다고 말할 수는 없겠다. 성경은 죽고 난 이후에는 심판이 있다고 말씀하므로(히 9:27) 죽은 후 복음을 들을 기회가 주어진다고 하는 것도 성경적이지 않다.

다만, 성경이 복음을 듣지 못하고 죽은 자에 관해 명확하게 언급하고 있지 않은 것에 주목할 필요가 있다. 또한, 하나님은 모든 사람에게 자신을 보여 주어 구원받을 기회를 부여하였다고 말하고 있는 것도 인정해야 한다(롬 1:20).[17]

이 문제에 관한 가장 적절한 답은 과거에 복음을 듣지 못한 채 죽은 자들에 대해서는 침묵할 수밖에 없고, 오늘날 복음을 듣지 못한 자들에

17 앞서 살펴본 라합의 이야기를 다시 읽어 보기를 권한다. Part 3의 8. 매를 벌게 하시는 건가요?

게는 열심히 전도하자는 것이다. 포스트모던 시대에 걸맞은 답변을 내놓지 못하는 것이 유감이지만, 다른 기발한 논리를 제시하여 현대인의 구미에 맞는 말을 할 수는 없다.

성경에 명시되지 않은 것은 아무리 알려 주어도 제대로 소화할 수 없다. 그러므로 이 땅에서는 우리가 여전히 모르는 게 있는 법이다.

5.

구원을 줬다가 뺐기도 하시나요?

–은혜를 맛보고도 구원받지 못할 수 있다니(히 6:4~6)

"한 번 빛을 받고 하늘의 은사를 맛보고 성령에 참여한 바 되고 하나님의 선한 말씀과 내세의 능력을 맛보고도 타락한 자들은 다시 새롭게 하여 회개하게 할 수 없나니 이는 그들이 하나님의 아들을 다시 십자가에 못 박아 드러내 놓고 욕되게 함이라"(히 6:4~6).

본문을 읽고 구원받지 못할까 봐 염려하는 성도들이 있다. 교회에 잘 출석하고 봉사활동도 열심히 하긴 하는데, 이따금 깊은 죄책감에 빠져드는 자신을 보니 구원이 의심되는 것이다. 많은 성도가 신앙인으로서 도덕적인 흠이 생기거나 실정법상 죄를 짓는 일, 자기 자녀를 심하게 혼내거나 부모에게 악의적으로 대적하는 일, 교회 안에서 심한 언쟁을 벌이는 일 등을 타락한 행동으로 여긴다. 그래서 회개해도 소용없고 궁극적으로 구원에 이르지 못하게 되는 것은 아닌가 하고 불안해하곤 한다.

결론부터 말하자면, 문선명이나 박태선 같은 이단 교주들이나 배교자들에게나 해당할 뿐 신앙고백을 확실히 하고 살아가는 대부분 성도와는 무관한 말씀이라 하겠다. 물론, "의인은 없나니 하나도 없으며"(롬 3:10), 예수님이 "너희 중에 죄 없는 자가 먼저 돌로 치라"(요 8:7)고 말씀하실 때 나설 자가 없을 만큼 모두가 죄인이다.

그러나 우리가 진정으로 그리스도 안에 있으면 죄 문제는 해결된다. "그리스도 예수 안에 있는 자에게는 결코 정죄함이 없다"(롬 8:1)는 말씀처럼 설령 우리가 죄를 짓는다고 해도 구원받을 수 없는 죄인이 되는 것은 아니다.

회개의 진정성이 없는 믿음

구원은 스스로 죄인임을 시인하는 데서 출발한다.

"이르되 주 예수를 믿으라 그리하면 너와 네 집이 구원을 받으리라 하고"(행 16:31).

"누구든지 주의 이름을 부르는 자는 구원을 받으리라"(롬 10:13).

"만일 우리가 우리 죄를 자백하면 그는 미쁘시고 의로우사 우리 죄를 사하시며 우리를 모든 불의에서 깨끗하게 하실 것이요"(요일 1:9).

이처럼 진심으로 죄를 고백한 후 예수 그리스도를 구주로 믿고 영접함으로써 성령의 내적 감동에 따라 주의 나라와 의를 사모하며 의인의 삶을 사는 사람이라면 구원받는 데 아무 지장이 없다. 죄인을 부르러 오셔서(막 2:17) 나를 위해 죽으신 예수님을 구주로 영접할 때 구원이 주어진다. 그리고 한번 선물로 주어진 구원은 취소되는 법이 없다.

그렇다면 구원의 확신을 모호하게 하는 듯한 본문과 유사한 구절들이 의미하는 바는 무엇인가? 이것은 복음을 처음 접했을 때나 교회에 출석할 때부터 회개의 진정성을 전혀 경험하지 못한 채 내적 감동과 의

지적 결단 없이 수동적으로 예수를 구주로 받아들인 사람들에게 주시는 말씀이다.

예를 들어, 예수 그리스도의 제자로서 그분이 행하신 오병이어 사건을 목격하고, 병자를 치유하고 바다를 걷고 심지어 죽은 자까지도 살리시는 하늘의 은사를 맛보고, 산상수훈 같은 하나님의 선한 말씀도 맛보았음에도 불구하고 예수님을 배신하고 돈을 받고 팔았던 가룟 유다의 경우를 들 수 있다. 예나 지금이나 교회 안에 이러한 가라지가 있어서, 말씀도 듣고 때로는 열심히 봉사하기도 하며 중직을 맡아 수고하기도 하지만, 궁극적으로 교회를 배반하고 복음의 진리를 왜곡시키며 공교회의 가르침에 정면으로 도전하여 때로는 그리스도가 하나님의 아들이심을 부인하고 삼위일체 하나님을 부정하기도 한다. 더 나아가 아예 이단 교주가 되는 사람도 있다. 이러한 경우가 바로 본문에서 말하는 "타락한 자"들이다.

본문이 수록된 히브리서는 율법이 아닌 믿음으로 구원 얻는다는 복음을 주제로 기록되었다. 이것을 안다면 자신의 구원에 관해 더는 불안해할 필요가 없을 것이다. 히브리서가 저술된 이유는, 교회에 들어온 많은 유대계 교인이 율법주의를 버리지 못한 경우가 많아 그것을 바로잡기 위해서였다.

그래서 히브리서 기자는 교회에 들어온 유대인 기독교인들에게, 유대교에서 말하는 율법 준수의 가르침이 구원과 무관함을 역설하며 예수 그리스도를 믿음으로써 구원 얻는다는 진정한 복음을 깨닫도록 알려 주었다. 만일 율법주의를 계속해서 버리지 않고, 자기 믿음의 무게를 회의적으로 여기면 구원받지 못할 수도 있음을 경고했던 것이다.

"그러므로 우리는 두려워할지니 그의 안식에 들어갈 약속이 남아 있을지라도 너희 중에는 혹 이르지 못할 자가 있을까 함이라 그들과 같이 우리도 복음 전함을 받은 자이나 들은 바 그 말씀이 그들에게 유익하지 못한 것은 듣는 자가 믿음과 결부시키지 아니함이라"(히 4:1~2).

율법을 준수해야 안식에 들어가는 것이 아니라 믿음으로 구원에 이르러 천국에 들어간다는 사실이다.

진정한 회개를 통해 얻는 구원의 확신

그러나 초대교회 당시 유대인 기독교인 가운데 상당수는 믿음으로만 구원 얻는다는 사실을 여전히 의심했다. 그들은 아무래도 믿음만 가지고서는 양이 차지 않았거나 미안했던지 구원을 얻는 데 율법 준수가 필요하다고 주장했다.

히브리서 저자는 그 율법주의자들에게 강력하게 경고하면서 그리스도께서 대제사장으로서 십자가에서 죽으심으로써 율법이 할 수 없던 죄 문제를 이미 해결하셨음을 강조했다. 그러니 율법 준수의 절대성을 더는 말하지 말 것을 권면했던 것이다.

우리 스스로 죄인임을 진심으로 인정하고 고백하여, 예수님을 구주로 믿고 받아들인다면 구원을 얻을 수 있다. 그러니 율법주의자들의 말에 현혹되어서는 안 된다는 것이다. 다만, 진정으로 구원받은 자라면 선한 마음, 봉사와 희생, 오래 참음으로 성화의 삶을 살아가는 것이 당연하다. 하지만 우리는 아직 실질적으로 의인이 아니므로, 죄인임을 부인하거나 죄인일 수 없다고 자신을 속여서는 안 될 것이다.

그렇다면 구원의 확신은 어떻게 갖는가? 이 문제를 해결하는 것은 그리 어렵지 않다. 자칫 죄를 지었더라도 돌이켜 회개하면, 즉 자신이 죄인임을 인정하고 주께 다시 돌아가 그분을 의지하고 새롭게 살려는 결단을 한다면 그리스도의 식구임이 당연히 증명될 것이다.

그러나 끝까지 회개를 거부하고 말씀을 왜곡하며 복음의 진리를 무너뜨린다면, 그가 한때 말씀을 듣고 그 신비함을 느꼈으며 상당한 수준의 신학적 지식을 소유했었더라도 본문에서 지적한 것과 같은 그리스도에 대적하는 "타락한 자"일 뿐이며 결국 영원한 안식에 들어가지 못할 것이다. 그의 신학적 지식은 불완전하고 왜곡된 것이기 때문이다.

그러므로 대부분 신실한 성도들은 자기 구원에 관해 불안해할 필요가 없다.

6.

신앙고백을 해야지만 구원받나요?

– 죽은 갓난아이도 구원받는가(삼하 12:23)

"지금은 죽었으니 내가 어찌 금식하랴 내가 다시 돌아오게 할 수 있느냐 나는 그에게로 가려니와 그는 내게로 돌아오지 아니하리라 하니라"(삼하 12:23).

본문은 다윗의 아이가 죽은 후에 다윗이 신하들에게 고백한 내용이다. 아이가 이미 죽었으니 다시 살아 돌아올 수 없다는 것은 모두가 수긍하는 바다. 그런데 다윗은 그 아이와 만날 수 있다고 말하고 있다. 언젠가 사후에 자기 아이를 볼 것이라는 말이다.

다윗의 고백은 무엇을 의미하는가? 비록 아이가 죽었으나 지금은 천국에 있다는 말인가? 우리 주변에 영아 사망 사건이 제법 많이 일어난다. 나쁜 어른에게 매 맞아 죽은 아이 이야기도 많다. 얼마 전 계모에게 맞아 죽은 아이의 경우처럼 말이다. 그 아이들도 다윗의 아이처럼 부활할 수 있을까? 영유아가 죽으면 그들의 구원 문제는 어떻게 확신할 수 있을까?

다윗의 죽은 아이는 그가 남편이 있는 아내를 취해 얻은 불륜의 결과였다. 하나님은 나단 선지자를 통해 그의 비도덕적 행위의 책임을 물어 아이가 죽게 될 것을 통보하셨다(삼하 12:14). 다윗이 금식하며 아이를 살려 달라고 하나님께 간청했지만(삼하 12:16), 아이는 예언대로 죽게 되었다.

천국에서 죽은 아이를 다시 만나리라는 다윗의 확신

인간은 누구나 죽음 앞에서 자기 한계를 절감하게 마련이다. 승승장구하던 다윗은 자신의 무능과 무기력에 대해 철저하게 인식하게 됐을 것이다. 권세와 재물이 아무리 많아도 하나님이 목숨을 거둬 가시는 것을 막을 방법이 없는 것이다.

특히 자식의 죽음은 부모의 가슴에 깊은 상처로 남는다. 이 경우에는 특히 더 안타깝게 느껴졌을 것이다. 어떤 의미에서 그 아이는 억울하게 죽임을 당한 셈이기 때문이다. 아이에게 죽음을 대신할 보상은 없는가? 성경에는 영유아의 사후에 관한 언급이 없다. 하지만 다윗의 고백에서 어느 정도 실마리를 찾을 수 있다.

인간에게 죽음은 그것으로 끝이 아니다. 죽음은 인간에게 정해진 것이지만, 이후로는 심판이 있고(히 9:27), 사후 세계가 이어진다. 의인은 생명의 부활을 경험하고, 악인은 심판을 받아 영벌의 형을 받는다(요 5:29). 이런 의미에서 성경은 사람이 죽을 때 종종 "잔다"는 표현을 쓴다.

"다윗이 그의 조상들과 함께 누워 다윗 성에 장사되니 "(왕상 2:10).

"이 말씀을 하신 후에 또 이르시되 우리 친구 나사로가 잠들었도다 그러나 내가 깨우러 가노라"(요 11:11).

사람이 밤에 잠들었다가 아침에 깨어나 새로운 날을 다시 시작하듯이, 죽은 이후에도 새로운 세계를 맞이한다는 뜻이다. 그래서 사람은 죽지만 하나님에게는 그가 "죽은 자"가 아닌 "산 자"인 것이다.

"나는 아브라함의 하나님이요 이삭의 하나님이요 야곱의 하나님이로라 하신 것을 읽어 보지 못하였느냐 하나님은 죽은 자의 하나님이 아니요 살아 있는 자의 하나님이시니라 하시니"(마 22:32).

인간은 죽음으로 끝나지 않는다. 다윗과 밧세바의 아이도 죽었지만, 하나님에게는 여전히 살아있는 생명이다. 산 자의 하나님을 믿는 다윗은 자기 아이가 사후세계에서 생존한다고 확신했다. 다윗은 성경이 일관되게 말하는 부활 신앙을 제대로 받아들였던 것이다.

신앙을 지키며 올바로 살다가 죽은 사람은 영생을 얻어 천국에서 산다고 하지만, 아예 신앙이 무엇인지도 모른 채 죽은 다윗의 아이는 과연 어떻게 되는가가 문제다. 아이를 천국에서 다시 만날 수 있을까 하는 질문을 던질 수밖에 없다. 왜냐하면, 구원은 믿음으로 얻어지는 것이기 때문이다. 또한, 인간은 모두 죄가 있는 상태로 태어나기 때문이다. 인간은 본질상 진노의 자녀인 것이다(엡 2:3).

다윗은 밧세바와 동침한 후에 회개하면서 "어머니가 죄 중에서 나를 잉태하였나이다"(시 51:5)라고까지 고백한 데서도 영아의 죄인 됨을 확인할 수 있다. 영아는 원죄를 안고 있는 존재라고 단정할 수 있다. 따라서 죽은 영아들은 죄를 고백하고 의를 얻어 구원에 이르게 되는 과정을 겪지 못했으므로 구원의 논리 구조상 과연 구원을 받았을지에 관해 회의적이 될 수밖에 없다.

하지만 영아는 하나님을 인지할 수 없으니 신앙고백도 할 수 없으므로 구원받지 못한다고 단순하게 말하는 것은 논리적으로 맞지 않거니와 성경에서도 그 근거를 찾을 수 없다. 그러나 다행스럽게도 다윗이 고백한 내용에서 해결의 실마리를 발견한다. 자신이 죽은 후에 천국에서 아이를 다시 볼 수 있으리라는 확신에 찬 고백이 그것이다. 죽은 영아도 천국에 갈 수 있다는 확신을 이 구절에서 얻는다. 그는 자신이 죽은 후에 천국에서 자기 아이를 다시 볼 수 있으리라 확신했다. 성경에 기록된 말씀인 만큼 아이는 의심할 여지 없이 천국에 가 있을 것이다.

영아 구원에 관한 성경의 증언들

성경의 증언들에 비추어 보면, 죽은 영아는 믿음이 없고(실제 믿음이 무엇인지도 모르지만), 신앙고백을 할 수 없다고 해도 구원받음을 알 수 있다. 따라서 영아 구원의 원리에 따라 복음을 한 번도 들은 적이 없고 신앙고백을 할 여유가 전혀 없던 세상의 모든 아이도 마찬가지로 천국에 간다고 볼 수 있다.

영아 구원의 또 다른 근거가 있다. 이스라엘의 출애굽 세대가 가나안에 다 들어가지 못했어도 아이들만은 가능했다는 점이 그것이다.

"또 너희가 사로잡히리라 하던 너희의 아이들과 당시에 선악을 분별하지 못하던 너희의 자녀들도 그리로 들어갈 것이라 내가 그 땅을 그들에게 주어 산업이 되게 하리라"(신 1:39).

이스라엘 백성이 광야 생활을 거쳐 가나안에 입성한 것을 인생을 살다가 천국에 입성하는 것의 예표로 해석한다면, 그렇게 유추하는 것이 비약은 아닐 것이다.

영아 구원의 세 번째 근거는 예수님의 말씀에서 찾을 수 있다. 다음 말씀이 이와 유사한 추론을 얻도록 도움을 준다.

"그 때에 사람들이 예수께서 안수하고 기도해 주심을 바라고 어린 아이들을 데리고 오매 제자들이 꾸짖거늘 예수께서 이르시되 어린 아이들을 용납하고 내게 오는 것을 금하지 말라 천국이 이런 사람의 것이니라 하시고 그들에게 안수하시고 거기를 떠나시니라"(마 19:13~15).

예수님은 어린아이들이 천국에 들어갈 주인공이요 모델이라고 말씀하셨다. 예배 중에 철없이 돌아다니고 떠드는 아이들이지만 천국은 그런 천진난만한 아이들의 세상인 것이다. 예수님이 누구인지도 모르고 신앙고백을 할 줄 몰라도 아이들은 천국에 간다.

이에 관해 어떤 사람은 아이들이 나중에 어른이 되어서 믿음을 갖게 되기에 천국 백성이라 부를 수 있는 게 아니냐고 상상하기도 한다. 하지만 어릴 때 교회에 다닌 아이들이 모두 어른이 되어서도 신앙생활을 하는 것은 아니다. 따라서 아이가 자라서 신앙생활을 잘할 것을 주님이 미리 알고 천국에 갈 아이들이라고 말씀하셨을 가능성은 없다.

그것은 예지foreknowledge, 즉 미리 아는 지식을 따라 주님이 구원을 판단하신다고 말하는 것이나 다름없다. 그러나 하나님은 어떤 사람의 미래 행위 여부에 따라 그의 구원 문제를 결정하시지는 않는다. 이러한 생각은 자칫 공로로 구원을 얻는다고 해석할 여지가 있으므로 위험하다. 결론적으로, 복음, 죄, 신앙 등에 관한 인지 능력이 없는 아이에게는 천국 입장이 무조건 보장된다는 것이다.

그렇다면 복음을 들어보지도 못한 어른도 마찬가지가 아니겠냐고 반문할지 모른다. 예수님이나 십자가나 천국에 관해서 들어본 적도 없이 죽은 사람들도 다윗의 아이처럼 신앙을 고백할 기회가 아예 없었으므로 당연히 부활하여 천국에 들어가지 않겠냐는 것이다. 그러나 이 경우는 성경이 명확하게 설명하고 있으므로 크게 문제 되지 않는다.

사도 바울은 로마서에 이렇게 썼다.

"하나님의 진노가 불의로 진리를 막는 사람들의 모든 경건하지 않음과 불의에 대하여 하늘로부터 나타나나니 이는 하나님을 알 만한 것이 그들 속에 보임이라 하나님께서 이를 그들에게 보이셨느니라 창세로부터 그의 보이지 아니하는 것들 곧 그의 영원하신 능력과 신성이 그가 만드신 만물에 분명히 보여 알려졌나니 그러므로 그들이 핑계하지 못할지니라 하나님을 알되 하나님을 영화롭게도 아니하며 감사하지도 아니하고 오히려 그 생각이 허망하여지며 미련한 마음이 어두워졌나니"(롬 1:18~21).

어른은 아이들과 달리 사리 판단 능력이 있으므로 자기 행동에 대해 책임질 의무가 있다. 따라서 인지 능력이 없는 영유아의 구원 문제와 결부시켜 해석하는 것은 옳지 않다. 우리가 받은 복음을 들어본 적이 없어도 자연 만물을 통해 보여 주신 하나님의 능력을 이미 봤으므로 양심을 따른다면 구원 얻을 길을 택할 수 있기 때문이다.

끝까지 복음을 거부하는 자에게는 천국에 관한
예수님의 비유 자체가 수수께끼가 될 것이며,
그러한 행동이 곧 천국의 비밀 열쇠를 얻지 못한 자임을
스스로 증명할 것이다. 천국에 못 가는 책임은
복음을 끝까지 거부하거나 말로만 "주여!" 하고 외치는,
아름다운 열매를 맺지 못하는 자신에게 있다.

PART 6

예수님의 정체가 뭐예요?

"태초에 말씀이 계시니라 이 말씀이 하나님과 함께 계셨으니 이 말씀은 곧 하나님이라"(요 1:1).

하나님이 인간이 되셨다는 성육신 사건은 아마도 가장 이해하기 힘든 주제일 것이다. 그래서 1세기 기독교가 처음 출발할 때부터 21세기 오늘날에 이르기까지 모든 사람이 인정할 만한 완벽한 성육신 논리란 존재하지 않는다. 물론 성육신이 불가능하지는 않다는 사실 정도는 받아들여지고 있다.

러시아 황제가 네덜란드 조선소에서 목수로 일한 것이나 영국 왕자가 군에 입대하여 사병으로 복무한 사실은 성경의 성육신 사건이 가능하다는 생각을 떠올리게 한다. 그러나 예수님은 원래 하나님의 본체이셨으나 이 땅에 사람으로 내려와 고난을 겪으셨다는 말씀은 비유로 받아들이기에는 매우 복잡하다. 어떤 존재가 완전히 상반된 본질을 동시에 지닐 수 있단 말인가? 전능하면서도 무기력하고, 전지하면서도 무지한 모습을 보이며 무소부재하면서도 시공간의 제약을 받는 존재가 어디 있느냐는 것이다.

여기서 우리는 매우 난해한 문제에 부딪힌다. 더욱이 이에 관해 성경 구절 몇 가지만을 다룰 것이기에 한계가 있음을 밝힌다. 성육신을 가능하게 한 동정녀 탄생은 믿을 만한 사건인가? 예수님을 왜 '말씀'이라 부르는가? 예수님은 왜 하나님을 자기 '아버지'라 부르는가? 구약의 멜기세덱은 과연 누구를 가리키는가? 또 하나님의 아들 예수를 왜 하필 '독생자'라 부르는가? 그리고 하나님의 아들이 어떻게 배 안에서 주무실 수 있는가?

우리는 질문들을 통해 하나님이면서 동시에 완전한 인간으로 사셨던 예수님의 진면모를 살펴볼 것이다.

1.

하나님이 인간이 되셨다고요?

–지극히 높으신 이의 아들(눅 1:31~32)

"보라 네가 잉태하여 아들을 낳으리니 그 이름을 예수라 하라 그가 큰 자가 되고 지극히 높으신 이의 아들이라 일컬어질 것이요 주 하나님께서 그 조상 다윗의 왕위를 그에게 주시리니"(눅 1:31~32).

우리는 예수님이 우리 구주일 뿐 아니라 하나님이시라고 믿는다(벧후 1:1). 이 신앙고백은 기독교의 핵심이요 교회 존립의 근거다. 예수님이 인간으로 계시기는 했지만 동시에 완전한 하나님이셨으므로 그의 죽음이 2000년이 지난 오늘날까지 여전히 우리를 위한 속죄 사건이 될 수 있는 것이다. 하나님만이 시공을 초월하여 그의 사역을 하시기 때문이다.

물론 그가 인간이라고 말할 때는 하나님의 본성이 상실되지 않은 상태에서의 예수님이라고 말하여야 한다. 이런 의미에서 예수님은 인간 이상이었다. 이것은 예수님이 우리 대속의 주가 되시는 데 반드시 붙들어야 할 진리다. 만일 주님이 인간이기만 했다면 수천 년 뒤에 태어날 인류의 죄를 대속하실 수는 없을 것이다. 그분은 원래 하나님이시기에 이 땅에 와서 33년간 산 뒤에 십자가를 지실 때도 시공을 초월하여 우리를 이미 아신 상태에서 우리 죄를 대신하여 죽음의 길로 걸어가셨다. 그래서 역사적 예수님이 주로서 그리고 하나님으로서 경배받으실 수 있는 것이다.

하지만 하나님이 인간이 되셨다는 사실을 받아들이지 못하는 현대인이 많다. 왜냐하면, 한 인격체 안에 하나님의 본성과 인간의 본성이 어떻게 함께할 수 있는지 과학적으로 입증할 수 없기 때문이다. 하나님은 전지, 전능, 편재(어디에나 계심)하신 분인 데 반해 인간은 모든 것을 알지 못하고, 모든 것을 마음대로 다하지 못하며, 시간과 공간을 초월하여 동시에 모든 곳에 존재할 수 없다. 한 사람이 출산이 불가능한 남성성과 출산 능력이 있는 여성성을 동시에 완벽하게 가질 수 없는 것처럼 예수님이 전능하면서 무능할 수 없고, 한곳에 매이면서 동시에 어디에나 계실 수는 없다고 보는 것이다.

행동이 존재를 말한다

『성육신은 신화다』*The Myth of God Incarnate, John Hick* 라는 책은 성육신, 즉 '하나님의 인간 되심'을 부정하고 예수님의 동정녀 탄생을 신화로 치부한다. 성육신은 역사적 사건이 아니라 기독교 신앙인들이 꾸며 낸 거룩한 이야기라는 것이다. 예수님은 하나님으로부터 인정받아 주님의 특별한 사역을 위해 쓰임 받은 한 사람에 불과하다고 주장한다. 그런데 교회에서 이 사실을 왜곡하여 삼위일체를 주장하며 예수님을 제2위 성자 하나님으로 만들었다는 것이다.

어떤 사람은 하나님이 인간이 되셨다는 개념을 과학적으로 설명하기가 불가능하니 그저 비유적으로만 보자고 한다. 하나님이면서 동시에 사람인 예수님의 존재를 논리적으로 설명하기 어려우니 성육신 사건을 문자적으로 받아들이지는 말자는 것이다. 대신에 하나님의 구원 섭리를 충족시키기 위해 예수님이 충성을 다하는 것을 보신 하나님이 그의 희생을 통해 자신이 인간을 얼마나 사랑하시는지를 잘 보여 준 것에 불과하다고 말하고자 한다.

이렇게 보는 것이야말로 하나님을 올바로 이해하고, 이 땅에 사셨던 예수님을 정확하게 바라보는 것이라고 주장한다. 이러한 시각으로 바라봐야 현대인의 과학적 사고에 부응하는 합리적 신앙이 된다는 주장이다. 그들에게 2천 년 전 마구간에서 태어나신 예수님은 요셉과 마리아의 아들일 뿐 그 이상도 그 이하도 아닌 존재다.

따라서 하나님이 인간이 되셨다는 성육신 교리를 기독교인이든 비기독교인이든 현대인에게 논리적으로 설명하는 것이 우리 과제라고 하겠다. 그러나 앞서 봤듯이 한 인격체 안에 상반된 정반대 본성이 공존한다는 것을 설명하기가 얼마나 힘든가! 매우 아쉽지만 성육신 교리에 관해 모두를 만족시킬 만한 합리적인 설명을 찾기란 현실적으로 쉽지 않음을 솔직히 인정해야 한다. 그러나 성육신에 관한 논리적인 탐구를 아예 포기할 수는 없다.

꽤나 괜찮은 성육신 방정식들이 있지만 짧은 글에서 복잡한 교리를 다 설명할 수는 없다. 따라서 그분의 인격적 정체성을 단도직입적으로 명쾌하게, 속 시원하게 제시하기보다는, 그분이 도대체 어떤 행동을 하셨기에 우리 주와 그리스도가 되셨는지를 생각하는 편이 쉬울 것이다. 예수님의 정체성에 관해 설명하다가는 오히려 독자들의 머리에 두통만 선사할 것이기 때문이다.

그가 어떤 존재인지는 그의 행동을 보면 알 수 있다. 동네에서 낯선 사람과 어울려 축구를 하더라도 공을 굴리는 자세를 보면 그가 완전 초보 선수인지 아니면 전직 축구 선수였는지를 한눈에 알아챌 수 있을 것이다. 같이 축구를 하기 전까지는 평상시에 길에서 만나도 그가 전직 축구 선수였는지 알아보지 못했더라도 말이다. 우리는 그의 행동을 보고 그의 정체를 파악할 수 있다. 마찬가지로 예수님이 누구이신지를 알려면 그분이 어떤 행동을 하셨으며 또한 내가 그분을 어떻게 경험하였는지를 파악하면 쉽게 알 수 있다.

"예수 믿으세요" 하고 백날 외쳐 봤자 상대가 예수님을 만나 그분의 사랑과 희생, 고통의 십자가를 느끼고 동시에 자신의 죄인 됨을 깨닫고 구원의 확신에 이르러야 비로소 예수님이 그의 구주요 하나님의 아들이요 성자 하나님이 되심을 믿을 것이다. 이러한 신앙 지식에 다다랐을 때야 비로소 우리는 신학계 거성들이 머리를 쥐어짜며 만들어 낸 여러 가지 성육신 교리들을 받아들일 수 있게 된다. 교리를 이해한다는 게 아니라 믿음으로써 성육신 교리에 관한 지식을 수용하게 된다는 뜻이다. 지식이 믿음에 이르게 하는 게 아니라 신앙이 지식으로 인도하는 것이다.

하나님이 인간으로 오신 이유

12월 크리스마스 즈음에야 하나님이 어떻게 인간이 되셨는가에 주목하지는 말자. 단순히 구유에 누인 아기 예수만 기억하지도 말자. 하나님이 왜 이 땅에 인간으로 오셔서 십자가를 지려고 하셨는지에 관해 관심을 갖자. 바로 우리를 구원하시기 위해서다.

하나님은 그냥 말로 "내가 너를 용서한다", "너를 구원해 줄게" 하고 말씀하시지 않았다. 수고스럽게도 인간으로 태어나 유아기와 소년기를 거쳐 33세에 대속의 십자가를 지심으로써 비로소 "다 이루었다"고 하셨다. 일을 단순하게 처리하지 않고, 왜 이처럼 복잡한 구도를 택하여 합리적인 사고를 자랑하는 현대인들이 성육신을 이해하지 못하겠다고 불평하게 만드셨는지를 곱씹어 보자.

답은 간단하다. 인간의 구원이 그냥 말 몇 마디로 쉽게 해결될 문제가 아니어서다. 하나님은 거룩하시므로 더러운 죄를 아예 못 보시기 때문이다. 이사하면서 청소도 안 한 지저분한 방에 이불을 깔고 누워 잘 사람은 아무도 없을 것이다. 청소한 다음에야 들어간다.

마찬가지로 죄 문제는 하나님에게는 하나의 분명한 실체다. "네 죄 문제는 이제부터 없던 일로 하겠노라" 하고 한마디 툭 던짐으로써 죄 문제가 사라지지는 않는다. 죄의 용서는 죗값을 치른 다음에야 주어지기 때문이다. 아이가 잘못했을 때, 그냥 말로만 용서하면 나중에 똑같은 잘못을 해도 아무런 거리낌이 없을 것이다. 그에 상응하는 벌을 주어야 비로소 잘못을 깊이 뉘우치거나 적어도 같은 잘못을 저지르는 데 주저할 것이다.

하나님이 보실 때 우리는 아이 이상으로 괘씸하다. 하나님께 꾸지람을 받고 반성하는 건 잠깐에 지나지 않기 때문이다. 우리는 여전히 깨끗하지 못하다. 즉 우리 힘으로는 스스로 거룩해질 수 없다. 누군가 죗값을 확실히 치러 주어야 비로소 구원받게 되는 것이다.

대체 이런 일을 누가 대신 한다는 말인가? 하나님 외에 그런 일을 감당할 이가 없지 않은가? 유한하고 무능하며 죄 많은 인간이 할 수는 없는 일이기 때문이다. 하나님이 인간으로 "오신" 이유가 여기에 있다. 우리를 살리려고, 희생 제물이 되기 위해, 하늘에서 친히 내려오셨다.

크리스마스는 우리 구원을 이루려는 하나님의 희생적 결단의 시작이었다. 예수님에게는 슬픈 생일인 것이다. 인간으로서 수치의 삶이 시작된 날이며 십자가로 걸어나는 첫 발걸음이기 때문이다. 이 점을 기억한다면, 하나님이 인간으로 오신 그 날에 단순히 파티만 즐길 수는 없을 것이다.

결론적으로, 예수님의 희생적 삶이 시작된 크리스마스에 관해 진지하게 생각하며 그분이 진정한 하나님이셨음을 알아야 한다. 성육신, 곧 하나님이 인간이 되신 것은 우리에게는 말할 수 없는, 그 가치를 계산조차 할 수 없는 최고의 선물인 동시에 하나님에게는 상상할 수 없을 정도로 슬픈 자기 비하요 수치의 순간이었다.

2.

말씀이 곧 하나님이라니요?

–태초에 말씀이 계시니라(요 1:1)

"태초에 말씀이 계시니라 이 말씀이 하나님과 함께 계셨으니 이 말씀은 곧 하나님이시니라"(요 1:1).

태초에 말씀이 계셨다는 말은 무슨 뜻인가? 매우 철학적으로 들리기도 하고 수수께끼처럼 보이기도 하는 이 말씀의 의미는 무엇인가? 본문에서 언급된 "말씀"은 예수님을 가리킨다. 요한은 이에 대해 다음 구절에서 더 정확하게 언급한다.

"말씀이 육신이 되어 우리 가운데 거하시매 우리가 그의 영광을 보니 아버지의 독생자의 영광이요 은혜와 진리가 충만하더라"(요 1:14).

요한이 예수님을 가리켜 "말씀"이라 한 것은 그분이 우주 만물을 창조하신 바로 그 하나님이심을 선언하기 위해서다.

"만물이 그로 말미암아 지은 바 되었으니 지은 것이 하나도 그가 없이는 된 것이 없느니라"(요 1:3).

예수님은 인간의 몸으로 이 땅에 계셨지만, 위에서 내려온 참 빛이자 참 하나님이셨다(요 1:9). 그런데 왜 예수님을 히브리어로 야훼, 곧 하나님이라 부르지 않고 "말씀"이라고 했을까?

로고스로 세상에 오신 예수님

오늘날 신앙인들은 예수님이 하나님이신 것을 인정하는 것이 어렵지 않다. 그러나 예수님이 33년간 이 땅에서 인간으로 사시는 동안에 그분을 직접 만났거나 봤거나 들어서 알았던 사람들은 예수님이 곧 하나님이라는 사실을 받아들이기가 어려웠다. 더욱이 유대인들에게는 하나님이라 칭하는 야훼가 이미 계시다. 만일 예수님을 야훼로 칭할 경우에 삼위일체 하나님을 설명해야 하는데 서신에서 다루기에는 분량이 많은 데다가 쉽게 설명될 주제도 아니었다. 삼위일체 하나님의 개념은 1세기에는 아직 보편화된 개념이 아니었다. 예수님을 야훼라 부르기에는 상당한 논의가 필요했기 때문이다. 그래도 요한이 왜 하필 예수님을 "말씀"으로 지칭하여 그분의 신적 지위를 밝히고자 했는지는 설명이 되지 않는다.

예수님을 소개하는 일은 생각보다 쉽지 않다. 그저 옛날에 살았던 어떤 영웅의 이야기라면 오히려 설명하기가 어렵지 않을 것이다. 강감찬 장군, 대조영, 세종대왕, 이순신 장군과 같은 사람이라면 말이다. 예수님이 역사적 영웅이었다면 성경이 아닌 역사책이나 영웅담에 등장하셨을 것이다.

그러나 예수님은 우리의 구원자요 영생의 길을 열어 주신 분이기에 이력이 좀 더 복잡하시다. 과거에 민족을 구하고 한 나라를 일으킨 사람이라도 지금 나하고는 직접적인 관련이 느껴지지 않는다. 수십 세기나 건너뛰어 21세기 한국에 사는 내 생명을 살리신 분이라면 보통의 인물 소개로는 부족할 것이다.

2천여 년 전에 요한은 예수님을 소개하면서 이런 고민을 했을 것이다. 인류의 구원자이며 왕 중의 왕이요 온 우주를 창조하신 분이다. 그런 분을 영웅전의 주인공처럼 소개한다면 오히려 그분을 욕되게 하는 일이 될 것이다. 예수님을 좀 더 신비롭고 세련되게 그리고 특별하게 소개할 방법이 없을지 생각했을 것이다. 그렇게 해서 생각해 낸 것이 바로 예수님은 곧 말씀이라는 표현이다. 말씀Word은 그리스어로 로고스Λόγος다.

사도 요한은 우리가 믿는 예수님이 한낱 영웅이 아닌 창조주 하나님이심을 선언하고자 했다. 당시 이스라엘의 성도들이 비록 로마제국의 지배하에 있지만, 자신이 노예가 아닌 참 자유인이며 하늘나라의 시민임을 느끼도록 해 주고 싶었다. 기독교인으로서 자부심과 긍지를 가져도 좋다고 위로하고 싶었다. 더불어 그들이 십자가에 못 박은 예수님이 곧 하나님이심을 변증하고자 했다.

요한은 어떻게 해서 예수님이 하나님이심을, 또한 참인간이심을 유대인들에게 설득력 있게 말할 수 있었을까? 또한, 성도들이 경배하는 그분이 참하나님이심을 어떻게 알림으로써 온 성도가 자부심을 느끼도록 했을까? 당대 통용되던 용어나 표현을 사용하지 않을 수 없었다. 그래서 택한 것이 바로 로고스였다.

당시 그리스 문화권에서 살던 사람들에게는 말씀으로 번역되는 그리스어 로고스가 세상을 완벽하게 운행하는 원리, 우주 만물을 질서 있게 유지해 주는 실제 원리, 그리고 만물을 생존할 수 있게 하는 근원, 만물이 실재하게 하는 씨 등으로 알려져 있었다. 아울러 사람들이 이 땅에서 준행하며 살아야만 하는 일종의 법을 가리키기도 했다. 끝으로 세상을 창조하는 도구이자 이 세상을 초월하여 계시는 하나님과 인간의 세계 사이의 다리 역할을 하는 인물로 묘사되기도 했다.

육신이 되신 로고스

사도 요한은 로고스 개념이 예수님을 묘사하는 데 한계가 있다고 느꼈을 것이다. 인격적인 의미는 물론 성육신하신 예수님과는 개념상 차이가 있기 때문이다. 그리스어의 로고스는 육화된 존재는 아니었기 때문이다. 그리스 문화에서는 하나님이 인간이 되신다는 것을 이해할 수 없었다.

이런 의미에서 로고스는 예수님을 지칭할 만한 완벽한 용어는 아니었다. 하지만 예수님의 하나님 되심을 표현할 수 있는, 그나마 보편화된 신적 개념을 담은 용어였다. 요한이 로고스를 차용한 것은 당시 흔히 쓰이던 로고스가 곧 예수님이라고 하면, 예수님의 하나님되심을 알리는 데 어느 정도 도움이 되리라고 판단했기 때문이다.

인간의 언어로는 야훼 하나님을 완벽하게 표현할 수 없다. 그래서 모세가 하나님의 이름을 묻자 하나님은 "나는 스스로 있는 자"(출 3:14)라고만 대답해 주셨다. 하나님을 가리킬 완벽한 단어가 세상에 없는 것이다.

"모세가 하나님께 아뢰되 내가 이스라엘 자손에게 가서 이르기를 너희의 조상의 하나님이 나를 너희에게 보내셨다 하면 그들이 내게 묻기를 그의 이름이 무엇이냐 하리니 내가 무엇이라고 그들에게 말하리이까 하나님이 모세에게 이르시되 나는 스스로 있는 자이니라 또 이르시되 너는 이스라엘 자손에게 이같이 이르기를 스스로 있는 자가 나를 너희에게 보내셨다 하라"(출 3:13).

요한은 예수님이 곧 말씀이라고 말함으로써 그분은 신적 존재로서 이 세상을 창조한 자이며 이 땅에 육신으로 오셔서 구원에 이르는 길을 비추는 참빛이심을 나타내고자 했다. 아울러 인간 세계와 천상 세계를 연결하는 분으로 묘사하려고 했다. 그리스 철학이 말하는 복잡한 형이상학적 로고스 개념이 아니었던 것이다.

지금 우리가 보기에 매우 익숙한 내용이지만 1세기 당시에는 예수님을 신적 존재로서 로고스로 나타낸 것은 혁신적인 발상이었다. 예수님의 신적 근원을 밝혀 주는 개념이기 때문이다. 그리고 이것은 삼위일체 하나님의 개념을 만드는 데 매우 중요한 기여를 하였다.

3.

멜기세덱이 누구예요?

–떡과 포도주를 가지고 나온 하나님의 제사장(창 14:18~20)

"살렘 왕 멜기세덱이 떡과 포도주를 가지고 나왔으니 그는 지극히 높으신 하나님의 제사장이었더라 그가 아브람에게 축복하여 이르되 천지의 주재이시요 지극히 높으신 하나님이여 아브람에게 복을 주옵소서 너희 대적을 네 손에 붙이신 지극히 높으신 하나님을 찬송할지로다 하매 아브람이 그 얻은 것에서 십분의 일을 멜기세덱에게 주었더라"(창 14:18~20).

멜기세덱은 어디서 왔을까? 창세기 14장에 그가 나타날 때까지, 우리는 그의 생애나 조상에 관해 아무런 정보도 찾을 수 없다. 그 후로도 창세기에는 멜기세덱에 관한 설명이 전혀 없다. 그가 보통 왕에 지나지 않는다면 별문제가 없을 것이다. 다른 왕들도 갑자기 등장하곤 하기 때문이다(창 14장). 그들 왕에 관해서는 큰 관심을 둘 이유가 없으므로 갑자기 등장했다가 사라져도 의아해하지 않는다.

그런데 창세기의 저자, 모세가 갑자기 등장한 살렘 왕 멜기세덱을 향해 "지극히 높으신 하나님의 제사장"이라고 선언한다(창 14:18). 나아가 멜기세덱이 스스로 "천지의 주재이시요 지극히 높으신 하나님이여"라고 고백하며 아브람이 믿는 야훼 하나님을 인정하고 찬양했다(창 1:19~20). 이 때문에 우리는 이 인물에 특별한 관심을 가질 수밖에 없다.

멜기세덱이 어떻게 해서 하나님을 알게 되었는지 궁금해진다. 하나님이 아브람을 부르시기 전에 이미 멜기세덱을 불러 하나님의 계시를 주고 훈련시키셨을까? 하나님의 제사장으로 일컫는 멜기세덱은 어디에서 왔을까? 왜 그를 "지극히 높으신 하나님의 제사장"이라 부르는가? 그의 정체는 무엇인가?

멜기세덱의 기원

호기심이 많은 사람은 하나님이 아브람을 택하시기 전에 멜기세덱이 제사장직을 수행하도록 어떤 특별한 부르심을 주셨을 것이라고 상상하기도 한다. 그러나 창세기 어디에도 그런 상상을 뒷받침해 주는 구절은 없다. 따라서 그러한 추측은 근거 없다고 단언할 수 있다. 하지만 그에 관한 정보가 왜 거의 없는지에 관해 궁금증이 이는 것이 당연하다.

앞서 다룬 가인의 아내가 어디서 왔는가에 관한 논의에서처럼 멜기세덱도 소위 생략의 법칙에 따라 그의 족보를 언급하지 않은 게 아닌가 하고 상상할 수도 있다. 하나님은 아브라함으로부터 시작하는 하나님의 백성에게 초점을 두고, 모든 구속사를 계획하셨기 때문에 아브람을 부르시기 전에 멜기세덱을 먼저 특별히 택하셨다고 해도 그에 관한 자세한 정보를 생략하실 수도 있다는 것이다.

그렇다면 멜기세덱이 중요인물이 아니어서 그의 생애를 누락시켰을까? 시편 110편과 히브리서 5~7장에서 멜기세덱이 보통 인물이 아니었음을 비교적 자세히 설명하고 있으므로 이러한 주장은 성립되기 힘들다. 따라서 생략의 법칙에 따라 시편과 히브리서에서와 달리 창세기에서 멜기세덱의 가족사를 언급하지 않았더라도, 이러한 생략이 멜기세덱이라는 인물 이야기가 덜 중요하거나 무가치해서는 아니었다고 결론 내릴 수 있을 것이다. 아마도 구약시대에는 이해하기 쉽지 않은 내용이 있었기 때문이 아닌가 하고 추측한다. 그 근거는 차차 설명하도록 하겠다.

멜기세덱의 기원에 관해 더 정확하게 알아보려면, 본문 외에도 시편과 히브리서를 참조하는 것이 좋다.

"여호와는 맹세하고 변하지 아니하시리라 이르시기를 너는 멜기세덱의 서열을 따라 영원한 제사장이라 하셨도다"(시 110:4).

시편 말씀에서 우리는 "너"라는 인물이 레위를 따르는 보통 제사장이 아님을 발견한다. 사실 여기서 "너"는 성자 하나님, 곧 예수 그리스도를 가리키는 것이다. "여호와께서 내 주에게 말씀하시기를 내가 네 원수들로 네 발판이 되게 하기까지 너는 내 오른쪽에 앉아 있으라 하셨도다"(시 110:1)라는 말씀에서 그 근거를 찾을 수 있다. 예수님은 자신이 시편 110편에서 말하는 그 "주"임을 스스로 언급하시기도 했다(막 15:35~37; 마 22:41~46; 눅 20:41~44). 예수님은 자신의 제사장직이 레위 자손처럼 일회적 또는 반복적 기능이 아닌 멜기세덱의 본을 따라 "영원"함을 말씀하셨다.

"또한 이와 같이 다른 데서 말씀하시되 네가 영원히 멜기세덱의 반차를 따르는 제사장이라 하셨으니"(히 5:6).

사도 바울은 멜기세덱의 "영원한" 제사장직을 언급하면서 예수님이 이 제사장직을 계승하셨다고 말한다(히 5:1~10).

결국, 예수 그리스도가 영원한 제사장직을 수행하셨고, 그 일을 이어 받으시도록 한 자가 멜기세덱이라면 그는 그저 평범한 제사장은 아니었을 것이다. 멜기세덱은 지극히 높으신 하나님의 제사장(창 14:18)이요, 성령의 감동하심으로 쓰인 시편 110편과 히브리서 5장에서 천명한 '영원한' 제사장이었다.

이는 곧 아브람이 만난 멜기세덱이 여느 왕과 달리 신적 존재였음을 암시한다. 구약의 이러한 신적 '나타남'을 데오파니Theophany라고 한다. 선지자를 통해 계시를 주실 때, 하나님이 직접 인간의 형상으로 나타나 하늘의 메시지나 약속을 전해 주시곤 하는데 아브람이 만났던 멜기세덱이 바로 그 신적 존재, 곧 하나님이셨다는 것이다.

성자 하나님을 예표하는 그림자

히브리서는 멜기세덱의 신적 기원을 좀 더 명확하게 묘사한다.

"아버지도 없고 어머니도 없고 족보도 없고 시작한 날도 없고 생명의 끝도 없어 하나님의 아들과 닮아서 항상 제사장으로 있느니라"(히 7:3).

이러한 표현은 4차원의 시공간을 뛰어넘는 5차원 이상의 영원성을 지닌 하나님에게만 적용된다. 따라서 히브리서는 멜기세덱을 하나님으로 명료하게 선언했다고 해석할 수 있다.

멜기세덱이 창세기에 갑자기 등장한 것에 관한 의문이 풀린다. 노아나 아브람과 별개로 하나님이 멜기세덱이란 사람을 불러 하나님의 제사장으로 삼고 훈련시키신 것이 아니다. 그는 하늘에서 인간의 형상으로 오신 하나님이셨다. 그래서 출생한 흔적이 없고, 후손도 없어서 족보가 필요 없는 것이다. 그는 인간이 아니므로 죽음도 없었다.

멜기세덱이 "얼마나 높은가를" 생각해 보지 않을 수 없다(히 7:4). 아마도 그는 성삼위 하나님 중에 제2위 하나님, 곧 성자 하나님이실 것이다. 히브리서는 예수님을 멜기세덱의 반차를 따른 대제사장이라 칭하였다.

그런데 왜 하필 제사장이었을까? 그리고 왜 모세는 창세기에서 히브리서처럼 그의 인물됨을 상세히 설명하지 않았을까? 그 이유를 히브리서 5~7장에서 찾을 수 있다. 레위 자손의 제사장직은 일회적, 반복적 속죄 행위를 하는 위치였으나 예수님의 죽음은 구약 제사와 달리 단번에(once and for all, 히 7:27) 온 인류의 죄를 속량하는 영원한 속죄 사역이다. 히브리서는 바로 이러한 그리스도 예수의 영원한 제사장직을 밝히려 하였던 것이다.

그런데 구약시대에는 아직 영원한 제사장직이 없었기에, 모세는 "하나님의 제사장"이라는 표현으로 멜기세덱을 묘사할 수밖에 없었다. 만일 하나님이 히브리서 저자에게 주신 계시를 모세에게도 주셨더라도 일회적/반복적 속죄 행위만 있던 그때에는 누구도 그 계시를 이해할 수 없었을 것이다. 따라서 하나님은 모세 시대에는 히브리서에서처럼 멜기세덱의 생애를 상세하게 알리실 필요가 없었던 것이다. 신약시대를 여는 그리스도가 오실 때까지 그리고 그의 죽음으로 영원한 속죄의 비밀이 계시될 때까지 기다려야 했다.

하나님의 제사장으로서의 멜기세덱은 오실 성자 하나님의 속죄 사역을 예표하는 그림자였다. 성자 하나님은 인성을 취하여 마리아의 몸에서 인간으로 태어나기도 전에 자신이 어떤 사역을 하실지 모세를 통해 본문에서 계시하신 것이다. 우리를 죄에서 구원하기 위해, 우리가 당해야 할 죽음을 대신 겪음으로써 영원한 속죄 사역을 이루실 것을 암시하신 것이다. 창세기 시대에는 깨닫지 못한 채, 시편 110편을 통해 희미하게나마 계시되었다가 신약시대에 이르러서야 비로소 본문의 의미가 명료해졌다.

멜기세덱은 어디서 왔는가? 노아와 아브람 시대 사이에 살았으나 이 땅의 사람은 아니었다. 하늘에서 오신 하나님이었다. 하나님의 제사장으로서의 멜기세덱은 미래에 이 땅에 오셔서 자신이 이룰 속죄 사역을 예고하고, 그리스도가 담당할 영원한 제사장직의 유비로서 자신을 계시하셨다.

4.

처녀가 아이를 낳았다니요?

–그리스도의 동정녀 탄생에 관하여(마 1:18, 23)

"예수 그리스도의 나심은 이러하니라 그의 어머니 마리아가 요셉과 약혼하고 동거하기 전에 성령으로 잉태된 것이 나타났더니 … 보라 처녀가 잉태하여 아들을 낳을 것이요 그의 이름은 임마누엘이라 하리라 하셨으니 이를 번역한즉 하나님이 우리와 함께 계시다 함이라"(마 1:18, 23).

처녀가 어떻게 아기를 낳을 수 있을까? 기독교인이 아닌 사람은 물론, 교회에 다니는 사람 중에서도 예수 그리스도의 동정녀 탄생에 관해 의심하는 사람들이 있다. 예수님이 병을 고치시고, 죽은 나사로를 살리신 것은 믿지만, 그리스도가 동정녀의 몸에서 태어난 것까지 믿을 필요는 없다고 생각해서다.

동정녀 탄생에 관한 회의적인 시각이 드리워진 것은 18세기 계몽주의의 영향이 컸다. 자연, 역사, 종교 등 모든 영역을 이성과 합리주의에 근거하여 해석하기 시작하면서, 기독교 신앙 역시 비판의 대상이 되었다. 동정녀 탄생은 당연히 비합리적, 비이성적, 또는 비과학적 이야기로 해석되었다. 계몽주의의 영향을 받은 상당수 기독교 신학자들도 동정녀 탄생을 거부하거나 재해석하는 데 적극적으로 동참했다.

동정녀 탄생은 정말로 비합리적이며 과학적으로도 불가능한 일일까? 예수님은 남녀의 결합 없이는 태어날 수 없던 인물이란 말인가? 어떤 근거로 동정녀 탄생에 관해 회의적으로 보거나 중요하지 않게 생각하는가? 그리스도의 동정녀 탄생은 신앙의 절대 근거가 될 수 없는가?

동정녀 탄생은 불가능한 일인가

동정녀 탄생에 관해 회의적이거나 재해석하려는 첫 번째 근거는, 합리주의 혹은 과학에 있을 것이다. 인간이 탄생하는 매우 상식적인 방식은 남녀의 결합이다. 여자가 아기를 낳기는 하지만, 남자의 도움 없이 혼자 아기를 가질 수는 없다. 이것을 부정하면 현대인이 아닐 것이다. 예수님이 역사적으로나 종교적으로나 인성을 지닌 완벽한 인간으로 사셨음이 분명하다면 당연히 남녀의 결합으로 태어나셨어야 한다는 것이다.

동정녀 탄생을 부정적으로 보는 두 번째 근거는, 마태가 이사야서에서 인용한 "처녀가 잉태하여"라는 표현에 있다(마 1:23; 사 7:14). 이 말은 원래 '젊은 여자'를 뜻하는 히브리어 "알마עַלְמָה"인데, 히브리어를 그리스어로 번역한 70인역Septuagint이 처녀로 오역했다는 것이다. 따라서 동정녀 탄생은 근거가 없다고 주장한다.

"그러므로 주께서 친히 징조를 너희에게 주실 것이라 보라 처녀가 잉태하여 아들을 낳을 것이요 그의 이름을 임마누엘이라 하리라"(사 7:14).

그러나 이사야서의 이 구절에서 보듯이 젊은 여자가 아이를 잉태했다면 "징조"가 될 일이 없다. 따라서 오역 문제로 동정녀 탄생의 의미를 퇴색하려는 시도는 잘못된 것이다. 게다가 70인역이 같은 단어를 처녀뿐 아니라 젊은 여자로도 번역했기 때문에, 어떤 단어로 번역되었는가보다는 앞뒤 문맥에 일치하는가에 주목해야 한다. 즉 정상적으로 결혼생활하는 젊은 여자가 아이를 낳는 것이 무슨 징조가 되겠는가를 생각하면, 본문의 동정녀 탄생을 부정하는 근거가 부족함을 알 수 있다.

또한, 여자 혼자 힘으로 아이를 갖는 것이 생물학적으로 불가능하다고 생각하고, 동정녀 탄생이 신화에 불과하다고 주장하는 것 또한 과학적으로 문제가 있다. 왜냐하면, 현대 생명과학은 남녀의 정상적인 성관계가 없어도 소위 체세포 복제를 통해 생명이 출현할 수 있음을 이론적으로 밝힌 바 있기 때문이다. 1996년에 복제 양 돌리가 태어난 이래 지금까지 개, 돼지, 소 등의 복제가 이루어지고 있음이 이를 뒷받침해 주고 있다. 반드시 성적 결합을 통해서만 생명체가 만들어지는 것은 아니다.

그렇다면 예수 그리스도가 남자를 통하지 않은 채 처녀의 몸에서 잉태될 수 없다고 주장해 온 20세기 이전의 과학과 합리주의는 옳지 않다고 할 수 있다.

근현대의 많은 신학자가 이러한 뒤떨어진 과학 논리와 이사야 7장 14절에 관한 서툰 해석에 기초하여 동정녀 탄생을 부인해 왔다. 어떤 사람들은 다른 종교에서 위대한 인물의 출생을 신화적으로 묘사하는 것처럼 그리스도의 동정녀 탄생도 이와 유사한 것이라고 주장하며 그리스도의 동정녀 탄생을 비역사적인 신화로 치부하기도 했다.[18]

또 다른 사람들은 동정녀 탄생은 역사적으로 일어날 수 없는 일이라

---

18 Stanley Grantz,『조직신학: 하나님의 공동체를 위한 신학』, 신옥수 역, (고양: 크리스챤다이제스트, 2003), 370-78.

고 하면서 동정녀 탄생을 믿지 않아도 주님을 믿는 믿음이 약화되지는 않는다고 말한다. 동정녀 탄생을 믿는 것이 기독교 신앙인의 정체성을 확인시켜 주는 데 어떤 역할도 하지 않는다는 것이다. 동정녀 탄생은 믿어도 그만, 안 믿어도 그만이라는 것이다.

동정녀 탄생은 정말로 과학적으로도, 신앙적으로도 받아들일 수 없는 것인가? 예수 그리스도는 요셉이 관여하지 않은 상태에서는 마리아의 몸에서 잉태될 수 없었을까? 여러 현대 신학자들은 동정녀 탄생에 관해 회의적이지만, 신앙인 대다수가 예수 그리스도의 동정녀 탄생을 여전히 인정한다고 하니 다행이다.

2014년 12월 미국의 퓨리서치 여론 조사 기관에서 발표한 바에 따르면, 미국인 10명 중 7명이 동정녀 탄생을 믿는다고 대답했다. 합리주의로 무장된 나라에서 국민의 70%가 동정녀 탄생을 믿고 있다는 것은 매우 고무적인 일이다. 그러나 우리나라는 기독교인이 상대적으로 많지 않고 기독교 문화권이 아니므로 동정녀 탄생을 믿는 비율이 현저히 낮을 것이다. 그러나 앞서 살펴봤듯이 현대 과학의 관점에서 봐도 동정녀 탄생은 전혀 불가능한 일이 아니다.

하나님이면서 인간이심을 알리는 방식

그렇다면, 하나님은 왜 성육신으로 동정녀 탄생이라는 방식을 택하셨을까? 동정녀 탄생이 왜 중요하며 그 의미는 무엇인가? 그리스도가 동정녀 탄생이라는 방식을 택하신 이유는 마리아의 몸에서 잉태되어 태어나시더라도, 하늘에서 내려오신 분이므로 본질적으로 하늘의 DNA를 갖고 계심을 우리로 인식하게 하시기 위함이다.

즉 마리아의 품에 안겨 젖을 먹어야 하는 연약한 아기로 오셨고, 그 키와 지혜가 자라나는 과정을 겪으셨지만(눅 2:40, 52), 그는 그동안에도 내내 제2위 하나님이셨다. 따라서 동정녀 탄생은 "그는 근본 하나님의 본체"(빌 2:6)이심을 고백하게 하는 근거가 된다. 동정녀 탄생을 부인하면 예수님이 보통 인간으로 태어나셨다고 선언하는 셈인데, 그가 아무리 신앙심이 투철하여 하나님의 특별 은총을 입어 신적 능력을 행사하는 사람이었다고 하더라도 이런 분이 하나님이라고 믿는 것은 정통 믿음이 아니다. 자유주의자들이 최상의 도덕 교사로 규정하는 인간에 지나지 않는 존재가 되는 것이다.

두 번째 이유는 소위 신인 양성(神人 兩性)의 하나 됨을 보장하는 출발이 되기 때문이다. 그리스도 예수를 '하늘에서 오신' 분으로만 봐서는 안 된다. 그리스도는 '땅에 계셨던' 분이기도 하다. 마리아와 요셉의 가정에서 성장한 예수는 그의 부모나 형제, 친척, 친구 등 이 땅의 모든 사람이 보기에 완벽한 인간으로 사신 동시에 성자 하나님으로서도 존재하셨다. 인간적으로 유약한 삶을 살면서도 존재론적으로는 여전히 하나님이셨다. 비록 하나님의 '행동'을 드러나게 보여 주시지는 않았지만 말이다.

정리하면, 성자 하나님은 인간 예수 외에 다른 어떤 생명체에게도 깃들지 않으셨다. 2천 년 전에 하늘에서 마리아의 몸에 하나님의 본질을 새기시지 않았다면 인간 예수의 실제 탄생은 없었을 것이다. 인간 예수는 홀로 존재하지 않으셨고, 하나님이 인간 안에 오시지 않은 상태에서 예수님이 그리스도로서, 즉 메시아로서 구속사적 행동을 하시지도 않았다.

이런 의미에서 동정녀 탄생은 구원을 위한 중요한 단서와 근거를 제공한다. 사실 우리에게는 이 점이 특히 중요하다. 왜냐하면, 앞서 설명한 바와 같이 신인 양성이 한 인격체 안에 실재하기에, 우리를 위해 참된 속죄 제물이 되실 수 있었기 때문이다. 우리 대신 우리 죄를 속하기 위해 우리와 같은 육체가 되어 실제로 죽으셔야 했고(요일 4:2), 또한 그 죽음은 제한적으로만 영향을 끼치는 평범한 인간의 죽음이 아닌 온 인류의 죄를 대신 질 수 있는 신성을 지닌 하나님이 치러 주셔야 했다. 그러므로 동정녀 탄생은 단순히 우리 신앙을 유지하게 하는 보조제가 아니라 신앙의 근거를 다지는 본질이 된다고 할 수 있다.

동정녀 탄생에 관해 회의적인 사람이 주변에 있을지 모르겠다. 그들은 아마도 자신을 고상한 현대인으로 자부하면서, 동정녀 탄생을 믿는 기독교인들을 고리타분한 미개인으로 여길지도 모른다. 그러나 그들은 진정한 현대인이 아니다! 신앙이 있다는 사람도 가끔 그리스도의 기적적 탄생을 의심하기도 하는데, 그들 대부분 스스로 가장 지성적인 기독교인으로 자부한다. 그러나 그들은 가장 무식한 종교인일 뿐이다. 진정한 지성적 신앙인은 동정녀 탄생과 같은 신학적으로 심오한 진리를 즐길 줄 아는 자다.

5.

독생자가 무슨 뜻이에요?

–아버지의 독생자의 영광이요(요 1:14, 18)

"말씀이 육신이 되어 우리 가운데 거하시매 우리가 그의 영광을 보니 아버지의 독생자의 영광이요 은혜와 진리가 충만하더라 … 본래 하나님을 본 사람이 없으되 아버지 품 속에 있는 독생하신 하나님이 나타내셨느니라"(요 1:14, 18)

"아버지의 독생자", "아버지 품속에 있는 독생하신 하나님"이란 무슨 뜻인가? 하나님 아버지에게는 아들이 오직 하나뿐임을 뜻하는 것이라면, 하나님에게는 딸 하나님은 없다는 뜻인가? 독생자, 독생하신 하나님이란 하나님의 세계에서도 이 땅에서와같이 생물학적 출생이 있음을 가리키는 것인가? 이쯤 되면 좀 불경스러운 질문을 하나 던지고 싶어진다. 독생자를 친히 낳은 어머니 하나님은 왜 성경에 등장하지 않을까 하는 것이다.

왜 하나님은 요한을 통해 그리스도께서 하나님 아버지의 독생자이심을 선포하게 하셨을까? 그냥 하늘에서 오신 하나님이라고 하면 그만인데, 왜 하필 독생자 하나님이란 말인가? 하나님의 아들이라고만 해도 될 텐데 왜 굳이 독생자라 하는가?

예수 그리스도, 본질상 하나님

독생자, 곧 유일하게 태어나신 아들. 독생하신 하나님, 곧 유일하게 태어나신 하나님이라는 표현에는 세 가지 의미가 담겨 있다. 첫째, 말씀이 육신이 되신 그분은 진짜 하나님이시라는 것이다. 그리스도 예수의 DNA가 곧 하나님이라는 뜻이다. 인간도 어떤 의미에서 하나님의 자녀이기는 하지만("영접하는 자 곧 그 이름을 믿는 자들에게는 하나님의 자녀가 되는 권세를 주셨으니" 요 1:12), 그렇다고 원래부터 하나님이었던 것은 아니다(롬 8:16; 요일 3:1~2 참조).

그러나 그리스도 예수는 인간과 달리 존재론적으로 하늘에서 오신 분이다. 그래서 그리스도는 하나님에게서 독생하신 분으로 표현한다. 유일하게 하나님의 DNA를 갖고 태어나신 분이다. 우리는 하나님의 자녀가 될become 뿐이다. 즉 입양자 신분인 것이다. 하지만 하나님이 육신이 되셨어도 이 땅에 계시는 동안 그는 영원히 하나님'이신'is 분이다.

비록 인간의 몸에서 태어나셨어도 그분은 성령으로 잉태된 임마누엘이시다. 33년 동안 인간들과 동고동락하며 사셨어도 그분은 하나님의 본성을 가진 분이셨다. "그 안에는 신성의 모든 충만이 육체로"(골 2:9) 거하신 본질상 하나님이셨다. 이것을 세상이 쉽게 알 수 있도록 독생자, 독생하신 하나님으로 표현했다.

강아지가 개인 것은 개에게서 나왔기 때문이며 귀여운 우리 아들딸이 사람인 것은 사람인 부모에게서 태어났기 때문이다. 사람이 개 짖는 소리를 똑같이 흉내 낸다고 해서 개가 되지는 않는다. 그럴 수 없는 것은 사람과 개의 DNA가 다르기 때문이다. 마찬가지로 그리스도 예수께서 인간과 같은 육체로 사셨어도 그분은 원래 하나님이셨다. 물론 이 말은 예수님이 온전한 인간으로 계셨음을 부인하는 것은 아니다. 여기서 강조하고자 하는 것은 예수님의 출생지가 하늘이라는 것이다. 다만, 그가 33년간 인간으로 사신 동안에는 거주지가 지상이었음을 말할 뿐이다.

둘째로는 삼위 하나님의 구별됨을 의도한 것이다. 삼위 하나님 가운데 유일하게 출생을 경험하신 분은 바로 성육신하신 그리스도이시다. 성부 하나님도, 성령 하나님도 출생하지 않으셨다. 성부 하나님은 '낳으신' 분이며 성령 하나님은 '나오신' 분이다. 성자 하나님만이 '나신' 분이다. 그분이 바로 그리스도 예수이시다.

다소 복잡하게 들릴 수도 있으나, 삼위 하나님의 구별은 매우 심오하고 중요한 의미를 지닌다. 왜냐하면, 한 분 하나님만 생각하던 사람에게는 하늘에 계신 그분이나 이 땅에 오신 그분이나 같은 하나님으로 생각되기 때문이다. 어떤 사람은 이 땅에 오신 분이 하늘에 있을 때는 하나님 아버지라는 양태로, 이 땅에서는 아들의 양태로 다르게 표현되었다고 봄으로써 그리스도 예수가 온전한 인간이셨음을 부인한다. 또 어떤 사람은 이 땅에 오신 그리스도는 하나님의 DNA를 가진 존재가 아니라고 부인하며, 더 나아가 그리스도를 하나님으로 부른다고 해도 그것은 인간 예수에게서 하나님이 되신 것을 의미할 뿐이라고 한다.

그러나 하나님은 물리적으로나 숫자상으로 하나라는 단일신론적으로 계시지 않는다. 유대인들이 먼저 이런 생각을 하고 있어서, 빛이 이 땅에 오셨지만, 그 빛을 아무도 깨닫지 못했다. 유대인이 믿는 것처럼 하나님은 하늘에 아버지 하나님으로서 계신다. 하지만 하나님은 하늘에 아버지 하나님으로 계시지만 겟세마네 동산에서 아버지 하나님께 기도하시던 그분도 하나님이시다. 이 둘을 어떻게 구별할 것인가? 숫자상으로 한 하나님만 믿으면 이 땅에 사셨던 예수님을 하나님으로 결코 인정할 수 없을 것이다.

성부, 성령과 구별되는 성자 하나님

하나님은 자기 존재를 삼위로 각기 구별하여 계시므로 유대인들과 33년 동안 같이하셨던 그리스도 예수도 하나님이시다. 그런데 하늘에 계신 창조주 하나님과는 어떻게 구별할 것인가? 요한은 바로 독생자, 독생하신 하나님이란 표현으로 창조주 성부 하나님과 구별하였다.

그러면 왜 하나님은 낳으시고, 나시고, 나오시는가? 그것은 아무도 알 수가 없다! 그러나 적어도 예수 그리스도가 '나신' 성자 하나님이시라는 사실은 그분이 창조주 성부 하나님과 극상의 친밀한 관계임을 증거한다. 이런 출생의 유비를 사용하신 것은 아마도 이 세상에서 가장 친밀한 관계인 부자父子 관계를 떠올리게 하시려는 의도일 것이다.

삼위 하나님 사이는 분리나 분열이 없고 유전적으로 하나 됨을 갖게 하는 방식을 설명하는데 이러한 표현들이 적합해서일 것이다. 부자 관계가 어떤 물리적, 정서적, 심리적 이유로도 근본적으로 깨어질 수 없듯이, 삼위 하나님은 영원히 하나이시라고 말하는 것이다.

아이를 보면 그 부모가 연상되듯이 부자는 서로 닮게 마련이다. 그래서 예수님은 "나를 본 자는 아버지를 보았거늘"(요 14:9)이라고 하셨다.

아버지 하나님을 보고 싶으면, 아들 하나님을 보면 된다. 아들 하나님, 예수 그리스도를 보면 아버지 하나님의 성품과 능력과 마음을 알게 되는 것이다.

셋째로 우리 구원과 영생이 얼마나 지대한 가치를 지니는지를 알려 준다. 성경은 하나님이 우리에게 독생자를 주셨는데, 믿는 자마다 멸망하지 않고 영생을 얻게 하려 하심이라고 말한다(요 3:16). 또 "하나님의 독생자의 이름을 믿지" 아니하면 심판을 받을 것이라고 지적한다(요 3:18). 사도 요한은 이것을 좀 더 분명하게 말해 준다.

"하나님의 사랑이 우리에게 이렇게 나타난 바 되었으니 하나님이 자기의 독생자를 세상에 보내심은 그로 말미암아 우리를 살리려 하심이라"(요일 4:9).

우리 구원을 위해 하나님이 독생자를 보내셨다는 것이다. 왜 그냥 예수 그리스도를, 혹은 하나님의 아들을 보냈다고 하지 않고, 독생자를 보내셨다고 했을까?

아브라함의 독자 이삭을 바치는 장면에서 그 힌트를 얻을 수 있지 않을까 한다. 하나님을 사랑하는 표시로 독자라도 아끼지 않는 아브라함을 칭찬하신 장면 말이다(창 22:12). 하나님은 우리를 향한 사랑을 절대적이며 최고 수준으로 표시해 주셨다. 바로 자신에게서 난 자, 곧 하나님과 가장 가깝고 전부라고 할 수 있는 성자 하나님을 보내신 것이다. 그만큼 우리를 향한 사랑이 진지하시다는 의미다.

독자를 버리는 것은 상상할 수조차 없는 슬픔과 고통이며 괴로움일 것이다(암 8:10; 슥 12:10 참조). 하나님은 우리를 구원하기 위해 스스로 엄청난 희생을 치르셨음을 독생자, 독생하신 하나님이란 표현을 나타내셨다.

독생자 그리스도는 우리처럼 실제적인 생물학적 출생을 겪었음을 의미하지는 않는다. 그러므로 어머니 하나님은 존재하지 않는다. 그것은 하나님의 존재론적 삶의 방식이다. 삼위 하나님 사이의 무한한 사랑 안에서 극상의 친밀도를 표현하는 것이며 자신을 다른 두 위 하나님과 구별해 주고, 나아가 인류를 사랑하여 구원하시는 것이 하나님에게는 엄청난 고통과 희생이었음을 표현해 주는 최적의 단어다.

6.

삼위일체가 뭐예요?

–나를 본 자는 아버지를 보았거늘(요 14:7~9)

"너희가 나를 알았더라면 내 아버지도 알았으리로다 이제부터는 너희가 그를 알았고 또 보았느니라 빌립이 이르되 주여 아버지를 우리에게 보여 주옵소서 그리하면 족하겠나이다 예수께서 이르시되 빌립아 내가 이렇게 오래 너희와 함께 있으되 네가 나를 알지 못하느냐 나를 본 자는 아버지를 보았거늘 어찌하여 아버지를 보이라 하느냐"(요 14:7~9).

예수님을 본 자는 아버지 하나님을 본 것이다! 예수님이 제자들에게 "너희가 이미 아버지 하나님을 알고 있다"고 말씀하시자 빌립이 수수께끼 같은 말씀을 이해하지 못하고 아버지를 보여 달라고 요구했다. 이에 예수님이 파격적 선언을 하신 것이다.

예수님의 말씀은 알쏭달쏭하다. 예수님과 하나님 아버지가 서로 같다는 뜻으로 오해할 수 있기 때문이다. 예수님에게는 아무 문제 없는 발언일지라도 3차원 공간 속에 머무는 우리에게는 매우 낯선 개념이다. 그래서 예수님은 이후 계속해서 이 말씀을 해석해 주셨고, 겟세마네 기도 때 그 의미를 더욱더 명료하게 보여 주셨다(요 17장).

그러나 본문만 봤을 때는 선뜻 해석하기가 난감하다. 그래서 어떤 사람은 예수님이 실제 하나님은 아니었지만, 그의 말씀과 행동에서 아버지 하나님의 특성을 보여 주었다고 해석하거나 아니면 예수님이 실제 하나님이심을 전제하되 이 말씀은 하늘에서는 자신이 아버지 하나님으로 계셨다가 이 땅에서는 아들로서 행세하시는 것이라고 해석하기도 했다.

후자의 경우는 예수님과 아버지 하나님이 문자적으로 동일한 실체임을 말한다. 전자의 경우는 야훼로 일컫는 하나님이 계시므로 예수님은 보통 인간일 뿐이라는 의미다. 하지만 두 가지 해석 모두 단일신론의 그릇된 전제에서 비롯된 이단적 해석에 지나지 않는다. 하나님이 숫자상으로 한 분임을 전제했기 때문이다.

우리는 이 구절을 어떻게 이해해야 할까? 왜 예수님은 듣는 이에 따라 아리송하게 여기도록 자신을 본 자는 아버지 하나님을 보았다는 말씀을 굳이 하셨을까?

예수님의 삼일일체론 강의

본문이 수수께끼처럼 들리는 것은 어쩌면 당연한 일인지도 모른다. 예수님이 빌립이 아직도 말뜻을 제대로 이해하지 못했다고 지적하면서 다시 풀어서 해석해 주셨지만, 더 헷갈리는 말씀을 주셨다.

"그 날에는 내가 아버지 안에, 너희가 내 안에, 내가 너희 안에 있는 것을 너희가 알리라"(요 14:20).

아버지 하나님과 예수님 사이의 관계를 알고 싶었을 뿐인데, 갑자기 예수님과 제자들의 관계로 논리가 비약한 듯 보이기 때문이다. 요한복음 15장에서 포도나무 비유를 통해 이 구절의 의미를 좀 더 쉽게 풀어서 해석해 주시기는 했지만, 여전히 고개를 갸우뚱하게 하는 말씀이었다.

"나를 미워하는 자는 또 내 아버지를 미워하느니라 내가 아무도 못한 일을 그들 중에서 하지 아니하였더라면 그들에게 죄가 없었으려니와 지금은 그들이 나와 내 아버지를 보았고 또 미워하였도다"(요 15:23~24).

예수님을 보면서 아버지 하나님을 본 자는 제자들만이 아니라 예수님을 미워하던 유대인들도 포함된다는 것이다. 모든 사람이 예수님을 보면서 아버지 하나님을 보았다는 것이다. 갈수록 첩첩산중이다. 급기야 예수님은 성령 하나님을 보내신다고 말씀하면서 제자들이 이해하기 힘들겠다고 여기셨던 모양이다.

"내가 아직도 너희에게 이를 것이 많으나 지금은 너희가 감당하지 못하리라"(요 16:12).

그렇다. 제자들은 그 이해하기 어렵다고 하는 삼위일체론 강의를 예수님께 직접 듣고 있었던 것이다! 예수님은 아버지 하나님과 자신과 "아버지께로부터 너희에게 보낼 보혜사 곧 아버지께로부터 나오시는 진리의 성령"(요 15:26)의 실재를 소개하며, 삼위 하나님이 어떻게 하나를 이루시는지를 강연하셨다. 그 후 2천 년이 지난 오늘날에도 삼위일체론이 어렵게 들리는데 당시 성령님에 관한 지식이 아직 없던 그들이 이해하기란 쉽지 않았을 것이다. 예수님이 "내가 떠나가지 아니하면 보혜사가 너희에게로 오시지 아니할 것"(요 16:7)이라고 하신 만큼 제자들이 성령님에 관해 알기란 정말로 어려웠을 것이다.

삼위일체론에 관한 충분한 지식이 없으면 삼위일체 하나님은 예수님을 직접 만난 1세기 사람들도 이해하기 어려운 개념이다. 그러나 삼위일체에 관한 올바른 논리와 체계적 지식을 얻은 우리에게 본문 말씀은 그렇게 어렵게 다가오지는 않는다. 오히려 삼위일체 하나님을 지지하는 강력한 말씀이 될 뿐이다.

우선 이 말씀은 앞에서 말한 단일신론적 문장이라고 할 수 없다. 이 말씀은 삼위 하나님 가운데 성부 하나님과 성자 하나님의 실재를 가리키는 것이며 15장 끝과 16장에서 보혜사 성령 하나님에 관해 기술하면서 비로소 성부, 성자, 성령 하나님의 실재를 말하기 때문이다. 성자 하나님, 곧 예수님이 아버지로부터 보냄을 받았듯이(요 8:42) 이제는 예수님이 성령을 보내실 것이며(요 15:26), 그가 스스로 말하지 않고 오직 들은 것을 말할 것이라고(요 16:13) 하면서 삼위의 실재를 밝히셨다.

본문은 여러 말씀에 비추어 하나님은 오직 숫자적으로만 하나이신 분이 아님을 증명해 주고 있다. 아울러 각각의 하나님의 실재를 말하므로 하늘에서는 아버지의 양태로, 땅에서는 아들의 양태로, 승천하신 뒤에는 성령의 양태로 계시는 것도 아님을 보여 준다.

각각이면서 하나로 계시는 하나님

유감스럽게도 많은 사람이 "내가 아버지이자 남편이며 또한 회사원이듯이"라고 삼위일체를 설명하곤 한다. 하지만 옳은 설명이 아니다. 한 사람을 가리킬 뿐 세 존재를 증거하지는 않기 때문이다. 그러나 성부, 성자, 성령은 각각 실재하는 개별 존재다. 예수님의 겟세마네 기도에서 이것을 분명히 확인할 수 있다.

"나는 세상에 더 있지 아니하오나 그들은 세상에 있사옵고 나는 아버지께로 가옵나니 거룩하신 아버지여 내게 주신 아버지의 이름으로 그들을 보전하사 우리와 같이 그들도 하나가 되게 하옵소서"(요 17:11).

"아버지여, 아버지께서 내 안에, 내가 아버지 안에 있는 것 같이 그들도 다 하나가 되어 우리 안에 있게 하사 세상으로 아버지께서 나를 보내신 것을 믿게 하옵소서 내게 주신 영광을 내가 그들에게 주었사오니 이는 우리가 하나가 된 것 같이 그들도 하나가 되게 하려 함이니이다"(요 17:21~22).

예수님의 말씀에서 보듯이 "우리"라는 복수 인칭대명사가 하나님이 '하나이면서 여러 양태로' 계시다는 주장이 얼마나 비성경적인지를 잘 보여 준다. 하나님은 세 존재로 계신다. 다만 우리는 하나님이 삼위의 실재實在로 계시지만 어떤 방식으로든 하나로 계신다고 말해야 한다. 다음 말씀에서 그 근거를 찾을 수 있다.

"나와 아버지는 하나이니라 하신대"(요 10:30).

"내가 아버지 안에 거하고 아버지는 내 안에 계신 것을 네가 믿지 아니하느냐 내가 너희에게 이르는 말은 스스로 하는 것이 아니라 아버지께서 내 안에 계셔서 그의 일을 하시는 것이라"(요 14:10).

예수님은 "나를 본 자는 아버지를 보았다"고 말씀하시면서 삼위 하나님의 하나 됨을 은유적으로 표현하셨던 것이다(요 14:9). 이 말씀은 예수님을 본 자가 물리적으로도 성부 하나님을 봤다는 뜻이 아니라 성부 하나님의 성품과 그 신적인 사역을 보았다는 뜻이다. 다시 말해 예수님이 행하신 모든 일과 말씀 선포는 바로 아버지 하나님이 행하시는 신적인 일이자 말씀이라는 것이다. 따라서 하나님이 하나라고 하실 때는 바로 이같이 삼위 하나님이 각각 하나님으로서의 본질에 충실할 뿐만 아니라 각 위격이 완전하게 신적인 사역을 하심으로써 하나가 된다고 말하는 것이다.

하나님은 왜 이런 식의 표현으로 하나 됨을 설명하고자 하셨을까? 그 이유는 어렵지 않게 추측할 수 있다. 아버지와 아들을 보라. 서로 닮지 않았는가? 아들을 보면 그 아버지가 떠올리지 않는가? 외모는 물론 성품까지도 말이다. 부자의 관계는 정서적, 물리적, 생물학적으로도 나뉠 수가 없다. 특히 부자간의 정서적 친밀도는 세상에서 가장 강력할 것이다. 다른 아들과 딸이 아무리 멋있어 보여도 내 자식만큼 예쁠까?

마찬가지로 예수님은 삼위 하나님이 하나 됨을 표현하는 어구로 가장 적합한 선택을 하셨다. 예수님과 성부 하나님 사이가 얼마나 가까운지를 표현하는 적절한 단어인 것이다. 그래서 이 말씀을 해석해 주시면서 예수님은 무엇이든지 구하라고 하면서 "내가 아버지께 구하겠다"고 말씀하며 친밀함을 과시하셨다(요 14:16). 보혜사를 통해 우리가 구하는 모든 것을 행할 수 있도록 우리 안에 함께 거하게 하겠다고 말씀하신 것이다. "무릇 아버지께 있는 것은 다 내 것이라"(요 16:15)는 말씀 역시 성부 하나님과의 강력한 친밀감을 증명해 주고 있다.

이것을 '관통, 순환'이란 뜻의 그리스어 페리코레시스perichorésis적 삼위일체 하나님의 모습이라 한다. 무한한 사랑 안에서 빛의 속도 이상으로 삼위 하나님이 서로를 관통하며 순환하여 실질적으로 상호내주 하시는 하나의 하나님을 이루는 것이다.

예수님은 우리도 그러한 관계를 갖도록 주문하신다. 우선 "내 안에 거하라 나도 너희 안에 거하리라"(요 15:4)라고 말씀하심으로써 예수님과 하나가 되라고 하신다. 그리고 성삼위가 하나이시듯 우리도 "하나가"(요 17:22) 되기를 바라셨다.

우리는 말씀에서 삼위 하나님이 가진 극상의 친밀도를 발견할 뿐만 아니라 우리 역시 서로 간에 강한 친밀도를 구축하여 하나가 되어야 할 숙제를 갖게 되었음을 확인한다.

7.

예수님은 아버지가 둘이신가요?

–내가 내 아버지 집에 있어야 될 줄을 알지 못하셨나이까(눅 2:48~50)

"그의 부모가 보고 놀라며 그의 어머니는 이르되 아이야 어찌하여 우리에게 이렇게 하였느냐 보라 네 아버지와 내가 근심하여 너를 찾았노라 예수께서 이르시되 어찌하여 나를 찾으셨나이까 내가 내 아버지 집에 있어야 될 줄을 알지 못하셨나이까 하시니 그 부모가 그가 하신 말씀을 깨닫지 못하더라"(눅 2:48~50).

멀쩡히 살아있는 아버지를 두고 또 다른 아버지를 들먹거리는 아들이 있다면 애지중지 키워 준 아버지에게는 충격 그 이상일 것이다. 예수님은 자신을 12년간이나 잘 키워 준 아버지 요셉을 당황하게 만들었다.

유월절 동안 온 가족이 예루살렘에서 같이 머물다가 뒤늦게 12살짜리 아들을 잃어버린 것을 깨닫고 3일을 찾아 헤매다가 겨우 만났는데, 정작 아들은 기진맥진해 있는 부모에게 "내가 내 아버지 집에 있어야 할 줄을 모르셨습니까?" 하고 물으니 황당할 수밖에 없었을 것이다.

정황상 소년 예수가 부모의 말을 듣지 않고, 엉뚱한 곳으로 갔음을 추측할 수 있다. 아마도 부모는 소년에게 말했을 것이다. 어디서 조용히 있던지 밖에서 놀더라도 친지와 함께 있다가 부모가 있는 곳으로 언제까지 돌아오라고 말이다. 그래서 당연히 친지들 가운데 있는 줄 알았을 것이다. 그런데 없어진 아들을 3일 후에나 찾았으니 놀란 부모가 어린 예수에게 "어찌하여 우리에게 이렇게 하였느냐" 하고 꾸짖은 것은 당연하다.

예루살렘 성전에 있던 소년 예수는 기쁨과 반가움으로 부모를 맞이하기는커녕 오히려 말대꾸하듯 대답했다. 자기 아버지 집에 있는데 뭐가 문제냐는 식이다. 소년의 대답에 누구나 당황할 수밖에 없었을 것이다. 아버지 요셉은 물론 마리아도 아들 예수의 말에 당황하여 무슨 말을 하는 것인지 깨닫지 못했다(눅 2:50).

요셉과 마리아를 당황하게 만든 예수님의 말씀은 무엇을 의미하는가? 왜 예수님은 12세가 되어서야 육신의 부모에게 이런 선언을 하셨을까? 11세에 하실 수도 있지 않았을까? 아니면 예루살렘에 올라가기 전에 요셉과 마리아가 당황하지 않도록 미리 얘기할 수도 있지 않았을까? 결국, 예수님은 두 아버지를 인정한 셈인데, 이것은 무엇을 의미하는가?

이 땅에서 완전한 인간으로 사시다

이 말씀은 예수님 자신이 하나님의 아들, 곧 삼위일체의 제2위 성자 하나님임을 선언하신 것이다. 인간 마리아의 몸에서 잉태되어 비천한 말구유에서 태어나셨지만, 그는 구약의 예언대로(사 9:6; 미 5:2) 이 땅에 구주로 온 하나님이신 것이다. 그래서 성자 하나님이신 예수님의 입장에서 보면, 예루살렘 성전이 곧 하나님의 집이라는 점과 자신이 하나님의 아들이라는 자의식self-consciousness을 가졌음을 전제할 때, 예수님에게 성전은 자기 아버지의 집이 된다(시 135:2; 슥 8:9; 딤전 3:15 참조).

그런데 왜 하필 12세가 되어서야 자기 정체를 드러내신 것인가? 11세에는 불가능했을까? 우리는 이 질문에 만족스러운 답을 얻지 못한다. 성경적 증언의 한계 때문이다. 하지만 추론할 수는 있다. 약 12세 정도면 자의식을 가질 때이므로 아마도 이때 언급하셨을 것이다. 물론 11세에 예루살렘에 올라가셨을 때도 똑같은 일이 벌어졌을 수 있다. 그러나 중요한 것은 소년 예수의 자의식이 성장함에 따라 적절한 때에 자기 정체를 드러내기 시작했다는 사실이다. 이 말은 곧 예수님이 온전한 인간a very same human being으로 계셨지만, 단순한 인간으로a mere human being 계신 것이 아니라는 것을 말한다. 그는 본래 하나님이셨다는 뜻이며, 아기 때부터 계속해서 온전한 하나님이셨다는 것을 의미한다.

또한, 육신의 부모가 놀라지 않도록 미리 자기 정체를 보여 줄 수는 없었을까 하고 질문할 수도 있다. 그러나 예수님은 자기 정체를 드러내는 매우 효과적인 방법을 택하신 것이다. 예루살렘 성전 안에서 자신을 드러내는 것과 길을 오가다가 자신을 드러내는 것 중에 어느 쪽이 더 효과적일지를 생각해 보라. 관념적 전달이 아닌 시청각적 전달이 효율적임은 당연지사다.

예루살렘 성전이라는 실물을 택하고, 3일이나 되어서야 자신을 드러내는 방식은 매우 극적이었다. 물론 이러한 행동에서 자신이 보통 사람과 달리 두 명의 아버지를 가진 존재임을 보여 준 셈이었다. 이때 마리아는 예수님의 말을 마음에 두었기에(눅 2:51) 예수님이 보통 인간은 아닐지도 모른다는 생각을 했을 것이다.

아마도 13년 전 가브리엘 천사로부터 성령으로 말미암아 아들을 잉태할 것과 다윗의 왕위를 이어받을 자라는 것, 그리고 하나님의 아들이라 칭함 받을 것을(눅 1:31~35) 들은 기억이 떠올랐을지도 모른다. 하여튼 성경에서는 이에 관해 더는 정보를 제공하지 않으므로 마리아가 예수님의 말을 마음에 둔 의미를 해석하기는 쉽지 않다.

하지만 예수님의 갑작스러운 두 번째 아버지에 관한 고백을 정확하게 알지 못했던 것은 사실이다. 아마도 이때로부터 적어도 공생애가 시작되기 전까지 18년을 더 보내면서 예수님이 하늘에 계신 하나님, 여호와의 아들, 성자 하나님임을 마리아도 못 느꼈을 것이다. 다만 "마음에 두니라"에서, 마리아는 자기 아들 예수가 보통 인물은 아니라고 느꼈을 것이다. 그래도 가브리엘의 예언처럼 다윗의 뒤를 잇는 왕이 되는 것 이상은 생각하지 못했을 것이다. 마리아의 눈에 예수님은 아직 여느 어린아이와 다를 바 없는 아이였기 때문이다.

이 말은 매우 중요하다. 우리 죄를 대속하기 위해 죽으신 예수님은 완전한 인간이셔야 하는데, 다음 말씀이 이를 증언해 준다.

"예수께서 함께 내려가사 나사렛에 이르러 순종하여 받드시더라 그 어머니는 이 모든 말을 마음에 두니라 예수는 지혜와 키가 자라가며 하나님과 사람에게 더욱 사랑스러워 가시더라"(눅 2:51~52).

예수님은 육신의 아버지 요셉 앞에서 하늘 아버지를 언급하여 자신의 신적 정체성을 분명하게 드러내었음에도 불구하고, 부모를 따라 다시 나사렛으로 가서는 요셉과 마리아에게 "순종"하는 삶을 사셨던 것이다. 분명코 하나님의 아들이시지만 당시 도덕과 상식에 맞추어 부모에게 순종하고 보통 사람과 전혀 다를 바 없이 육체적으로 성장하며 율법과 규례를 따라 동생들과도 보통 아이처럼 어울려 지냈고, 동네 어른들이나 또래 친구들과도 평범하면서도 예의 바른 모범적 관계를 맺으며 살아가셨다.

예수님은 공생애를 시작하고 유명 인사가 되어 고향에 돌아갔을 때 고향 사람들이 놀라며 한 이야기가 이 설명을 확증시켜 준다.

"고향으로 돌아가사 그들의 회당에서 가르치시니 그들이 놀라 이르되 이 사람의 이 지혜와 이런 능력이 어디서 났느냐 이는 그 목수의 아들이 아니냐 그 어머니는 마리아, 그 형제들은 야고보, 요셉, 시몬, 유다라 하지 않느냐"(마 13:54~55).

만일 예수님이 어린 시절부터 온 동네 사람이 다 알 정도로 유식을 자랑하며 신적 능력을 행사했더라면 예수님의 공생애 사역이 놀랍지 않았을 것이다. 그렇지 않았다는 것은 예수님이 아버지 요셉을 따라 평범한 목수로서 조용히 사셨다는 증거다. 완전히 인간으로 사셨던 것이다.

하나님의 아들이 자기를 낮추어 복종하시다

그러나 예수님은 스스로 고백하듯이 하늘의 하나님, 여호와의 아들이시기도 하다. 다른 성경에서 증언하듯이, 예수님은 완전한 하나님이며 그리스도이시고, 하나님의 아들이시다(마 16:16). 또한, 창조주이시며(요 1:3, 10) 말씀이 육신이 되신 아버지 하나님의 독생자요(요 1:14), 근본적으로 하나님의 본체이신 분으로(빌 2:6), 신성의 모든 충만이 육체로 거하신 분이요(골 2:9), 보이지 않는 하나님의 형상(골 1:15)이시다.

그런데 이 분이 낮고 천한 곳에 오셔서 완전한 육신으로 살면서 자신의 피조물인 마리아와 요셉에게 순종하며 사셨다! 하나님이 어떻게 성육신하여 온전한 인간으로 사셨는지는 물리적으로나 이론적으로나 파악하기가 매우 어렵다. 즉 예수님이 어떻게 하나님이면서 동시에 인간일 수 있는가 하는 것이다.

예수의 인격person of Christ Jesus에 관한 주제가 난해한 만큼, 마리아와 요셉이 예수님의 두 번째 아버지에 관한 선언에 당황한 것은 이해할 만하다. 그러나 분명한 것은 이 땅의 사람에게 순종하며 살다가 공생애 시절에 고난의 십자가를 지는 고통을 겪으셨지만, 그분은 언제나 온전한 하나님이셨다는 사실이다.

예수님은 하나님을 아버지로 둔 하나님의 아들이었지만, 자신이 하나님이심을 억지로 드러내 보이지 않고, 인간 아버지 요셉에 순종하셨다. 이것은 하나님의 무한한 겸비의 실례이며, 또한 우리 삶의 모범이 된다. 바울은 빌립보서에서 예수님이 근본 하나님의 본체이시면서도 자기를 비워 사람으로 사셨고, 자기를 낮추어 죽기까지 복종하셨다고 말했다.

"너희 안에 이 마음을 품으라 곧 그리스도 예수의 마음이니 그는 근본 하나님의 본체시나 하나님과 동등됨을 취할 것으로 여기지 아니하시고 오히려 자기를 비워 종의 형체를 가지사 사람들과 같이 되셨고 사람의 모양으로 나타나사 자기를 낮추시고 죽기까지 복종하셨으니 곧 십자가에 죽으심이라"(빌 2:5~8).

우리는 하나님의 자기희생적 헌신의 삶에서 참된 경건의 원리를 발견한다. 진정한 주의 백성이라면 자기를 비워 날마다 자기 십자가를 지며 상대를 존귀하게 여기고 겸손하게 살아야 할 것이다.

8.

예수님은 왜 하나님을 아버지라 부르셨어요?

–내 아버지시니 곧 너희 하나님이라(요 8:54)

"예수께서 대답하시되 내가 내게 영광을 돌리면 내 영광이 아무 것도 아니거니와 내게 영광을 돌리시는 이는 내 아버지시니 곧 너희가 너희 하나님이라 칭하는 그이시라"(요 8:54).

예수님은 유대인들이 믿던 하나님을 가리켜 자기 아버지라고 하셨다. 이 말은 예수님이 하나님의 아들이라고 믿고 있는 우리에게는 전혀 낯설지 않다. 하지만 하나님이 야훼 한 분이라고 믿던 유대인들에게는 충격적인 말이었다. 심지어 예수님의 형제들까지도 예수님을 이상하게 볼 정도였다. 자기들 아버지가 요셉인 것은 지극히 당연한데 느닷없이 맏형인 예수가 '다른' 아버지를 말했기 때문이다. 예수님이 행동하는 것 모두가 의외의 것들이어서 믿기 힘든 터에 자기 가족의 족보를 바꾸려고 하니 예수님을 더는 신뢰할 수 없었던 것이다("이는 그 형제들까지도 예수를 믿지 아니함이러라" 요 7:5).

나는 하나님의 아들이다

예수님은 본문이 등장하는 요한복음 8장에 들어서기 전에 이미 자신은 유대인이 믿어 온 그 하나님의 아들임을 수차례 밝히셨다. 성전에서 비둘기를 파는 사람들에게 "이것을 여기서 가져가라 내 아버지의 집으로 장사하는 집을 만들지 말라"(요 2:16)고 말씀하신 것에서 확인할 수 있다. 그다음으로는 예수님이 안식일에 28년 된 병자를 고치신 후에, 유대인들이 안식일에 이런 일을 하였다고 공격해 올 때, 하신 말씀에서 발견한다.

"예수께서 그들에게 이르시되 내 아버지께서 이제까지 일하시니 나도 일한다 하시매"(요 5:17).

유대인들이 믿던 야훼 하나님이 자기 아버지임을 선언하신 것이다. 이후에도 수차례나 예수님은 유대인의 하나님이 자기 아버지임을 고백하셨다(요 4:23, 5:19, 6:32 참조). 요한복음 전체에서 거의 100번 이상 예수님은 자신이 유대인이 믿던 야훼 하나님의 아들로 밝히며 하나님을 아버지로 부르셨다. 이것은 요한이 유대인들이 믿던 야훼 하나님이 바로 예수님의 아버지임을 의도적으로 부각시키려 했다고밖에는 달리 해석할 수가 없다. 공관복음서인 마태복음, 마가복음, 누가복음 전체에서 예수님이 야훼 하나님을 아버지로 고백하고 선언하신 것이 겨우 22번 정도인 것을 보면, 이러한 판단은 틀리지 않을 것이다.

예수님의 출신 성분을 놓고 예수님과 유대인 사이에 심지어 격론이 벌어지기도 했다(요 8장). 예수님은 "진실로 진실로 너희에게 이르노니 아브라함이 나기 전부터 내가 있느니라"(요 8:58)라고 말씀하심으로써 자신이 미친 사람이거나 아니면 진짜로 신적인 존재임을 제시한 셈이다. 당시 청중과의 대화록을 통해 알 수 있는 것은 예수님이 자신을 신성을 지닌 존재로 공표했다는 사실이다. 특히 앞의 여러 구절에서 하나님을 아버지로 부른 점에 비추어 자신이 하나님의 아들임을 간접적으로 드러내셨다고도 할 수 있다.

예수님이 자신을 가리켜 하나님의 아들이라 하신 것은 야훼 하나님이 하늘 산부인과에서 자신을 생물학적으로 출산하셨다는 의미가 아니라 야훼 하나님과 동일한 본질을 갖고 계심을 표현한 것이다. 예수님이 말씀하신 의도를 아는 것은 매우 중요하다. 왜냐하면, 왜 주님이 야훼 하나님을 아버지로 부르셨는지를 알 수 있기 때문이다.

예수님은 요셉과 마리아에게서 태어났고, 그의 형제들과 함께 자라나는 등 인간으로서의 삶을 사셨지만, 원래 하늘에서 오신 분이었다. 그래서 유대인들이 정말 하나님을 믿는다면 자신을 알아보았어야 한다고 말씀하셨던 것이다.

"이에 그들이 묻되 네 아버지가 어디 있느냐 예수께서 대답하시되 너희는 나를 알지 못하고 내 아버지도 알지 못하는도다 나를 알았더라면 내 아버지도 알았으리라"(요 8:19).

자신이 하는 말이나 행동을 보면 보통 사람과 다른 존재임을 알 텐데, 왜 인지하지 못하느냐고 반문하기도 하셨다.

"예수께서 이르시되 빌립아 내가 이렇게 오래 너희와 함께 있으되 네가 나를 알지 못하느냐 나를 본 자는 아버지를 보았거늘 어찌하여 아버지를 보이라 하느냐 "(요 14:9).

"나를 미워하는 자는 또 내 아버지를 미워하느니라"(요 15:23).

예수님은 모든 언행을 신적인 능력에 힘입어 하셨는데도 청중이 왜 그것을 느끼지 못하는지 한탄하셨다. 하늘에서 오신 하나님을 알아보는 자가 없었다. 알아보았더라면 야훼 하나님을 섬기듯 예수님도 섬겼을 것이다.

"이는 모든 사람으로 아버지를 공경하는 것 같이 아들을 공경하게 하려 하심이라 아들을 공경하지 아니하는 자는 그를 보내신 아버지도 공경하지 아니하느니라"(요 5:23).

성부 하나님과의 친밀감 표시

예수님이 야훼 하나님을 아버지라 부른 것에는 또 다른 의미가 있다. 예수님과 야훼 하나님과의 상호의존적인 유기적 관계 혹은 강한 친밀감을 드러내고자 하셨던 것이다.

"그러므로 예수께서 그들에게 이르시되 내가 진실로 진실로 너희에게 이르노니 아들이 아버지께서 하시는 일을 보지 않고는 아무 것도 스스로 할 수 없나니 아버지께서 행하시는 그것을 아들도 그와 같이 행하느니라"(요 5:19).

성부 하나님 없이는 성자 하나님도 없다. 역으로도 마찬가지다. 이처럼 성부와 성자는 매우 친밀한 불가분의 관계이다. "나와 아버지는 하나"(요 10:30)라고 말씀하신 것처럼 사실상 두 분은 본질상 하나이기 때문이다. 그런데 예수님은 야훼 하나님을 가리켜 "내 아버지 곧 너희 아버지"(요 20:17)라고 하셨다. 야훼 하나님이 우리 아버지라는 것은 무슨 의미인가? 이 질문에 대답할 필요가 있다. 우리 아버지와 예수님의 아버지가 어떤 의미에서 같고, 어떤 의미에서 구분되는지가 드러나기 때문이다. 예수님에게 야훼 하나님이 생물학적 아버지가 아니었던 것처럼 우리 역시 야훼 하나님의 생물학적 자녀는 아니다. 즉 야훼 하나님이 예수님이나 우리의 물리적 아버지가 되시는 것은 아니다. 그러나 예수님과 달리 우리에게는 야훼 하나님이 우리 창조주이며 영육 간의 원천이 되신다.

다시 말해, 인간은 세상에 태어나 양육을 받고 자라는 동안 하나님을 섬기고 의지해야 하는 연약한 존재이며 본질상 절대 의존적인 존재다. 그러나 예수님은 야훼 하나님과 신적으로 동일한 본질을 갖고 있기 때문에 야훼 하나님에게 일방적으로 의존하거나 종속적이시지 않다. 이런 의미에서 야훼 하나님은 예수님과 우리의 아버지이긴 하지만, 각각의 관계는 질적으로 차이가 있다.

따라서 하나님 아버지를 너무 가볍게 생각하고 대해서는 안 된다. 요즈음 우리 사회는 아버지 부재 현상이 심각하여 아버지를 존경하기는 커녕 돈 버는 기계 아니면 운전기사쯤으로 여기곤 한다. 그러나 우리 야훼 하나님은 그런 식의 아버지가 아니시다. 하나님을 우리 아버지라 부를 때는 경외하는 마음으로 존경하고, 그의 명령에 순종해야 한다. 주님만을 의지하여야 한다. 필요할 때만 찾고, 마음에 안 들면 무시할 수 있는 대상이 아니시다.

예수님이 유대인들의 신앙 대상인 야훼 하나님을 자기 아버지라 부른 것은 자신의 모든 언행에 신적인 권위가 실려 있음을 선언하신 것이다. 아울러 야훼 하나님과 동일한 권위로 인정받기를 원하며 자신의 명령을 따라 살 것을 공표하신 것이다. 야훼 하나님과 동일한 본질을 지니고 계신 분이기 때문이다. 예수님은 인성과 신성을 동시에 지닌 존재이시다.

9.

예수님이 너무 심약하신 거 아니에요?

–내 마음이 괴로우니 무슨 말을 하리요(요 12:27)

"지금 내 마음이 괴로우니 무슨 말을 하리요 아버지여 나를 구원하여 이 때를 면하게 하여 주옵소서 그러나 내가 이를 위하여 이 때에 왔나이다"(요 12:27).

하늘에서 오신 온전한 하나님인 예수님이 어쩌다가 이렇게 심약한 모습을 보이게 되셨을까? 왜 이렇게 극심한 심리적 압박을 받으셨을까? 예수님은 원래 어떤 분이신가? 창세전에 하늘에서 아버지 하나님과 함께 영광을 누렸으며(요 17:5), 아브라함이 나기 전부터 계셨고(요 8:58), 시간과 공간을 초월하여 5차원 이상의 존재로 사셨던 독생하신 하나님이며(요 1:18), 천지를 창조하고(요 1:3) 죽은 나사로를 살리고(요 11:43~44) 수많은 병자를 치료하고 여러 가지 초자연적 능력을 보여 주셨던 온전한 하나님이 아니신가!

사도 요한은 요한복음 첫 구절부터 예수님을 전능하신 하나님으로 묘사해 오다가 십자가 죽음을 앞두자 공포에 질리신 듯한 예수님의 모습을 보여 준다. 우리는 예수님의 본성에 대한 반전을 보며 당황한다. 이러한 급격한 반전을 어떻게 이해하고 받아들여야 할까?

그는 진정으로 하나님이셨는가? 만일 그렇다면, 이렇게 무기력한 모습을 보이는 예수님을 어떻게 설명해야 할까? 원래는 보통 인간이었는데 신령한 은사와 능력을 받으셨던 것일까? 그래서 가끔 매우 인간적인 면을 드러내시는 것일까? 그것도 아니면, 자신을 하나님으로 착각하거나 자기 최면에 걸려 신적인 언행을 하며 살아온 인물인가?

상반된 본성이 공존하는 존재

예수님이 참 인간이자 완전한 하나님이심을 믿고, 또한 신성을 드러내지 않으시고 인간으로서 나약하게 살아가신 사실을 믿는다고 해도 어떻게 한 인격체가 이처럼 상반된 본성을 동시에 드러낼 수 있는지 의문이 든다.

왜 예수님이 이런 나약한 모습을 보이셨는지 그 배경부터 살펴보자. 예수님이 자신을 하나님의 아들, 독생자, 독생하신 하나님으로 증언하셨음에도 불구하고, 공포와 두려움에 질린 채 나약한 고백을 하신 것처럼 보이는 이유는 예수님 자신이 장차 십자가의 잔혹한 죽음을 겪을 것을 아셨기 때문이다. 앞뒤 문맥에 등장하는 여러 표현이 이를 뒷받침해 준다. 곧 "인자가 영광을 얻을 때가 왔도다"(요 12:23), "한 알의 밀이 땅에 떨어져 죽지 아니하면"(요 12:24), "이 세상에서 자기의 생명을 미워하는 자는"(요 12:25), "내가 땅에서 들리면"(요 12:32) 등의 말씀이 이를 암시한다.

그는 완전한 하나님으로 전능하신 하나님의 능력을 보여 주셨지만, 십자가 죽음을 앞두고는 극심한 괴로움을 토로하셨다. 예수님의 고백이 얼마나 진지하신지 말씀을 읽으면 그분의 괴로운 얼굴이 그려질 정도다.

사도 요한이 요한복음에서 예수님의 신적 본질에 관해 1~12장에 걸쳐 증언하다가 갑자기 그분의 인간적인 모습을 그려 낸 기술 방식에 대해서는 더 이상 논의할 것이 없다. 그리 중요한 문제가 아니기 때문이다. 다만 예수님이 하나님의 아들, 독생하신 하나님, 초자연적 역사를 일으키신 전능하신 하나님임에도 불구하고, 인간의 몸으로 오신 분이기에 인간적인 모습을 보이시는 것은 문제가 안 된다는 점은 밝혀야 한다.

자유주의자들은 한 존재 안에 어떻게 상반된 본성이 공존하는지에 관해 과학적 합리론으로 문제를 제기하지만, 그들은 하나님이 전능하시다면 그분이 스스로 나약한 존재로도 계실 수 있음이 비합리적이 아님을 간과했다. 마치 러시아의 표트르 대제가 네덜란드의 조선소에서 목수로 일하며 배 만들기를 밑바닥부터 배운 것과도 같다. 예수님은 하나님 DNA를 타고나셨지만, 마리아와 요셉의 보호 아래 유아기를 보내고 청년기를 보내셨다. 이것은 전혀 비합리적이지 않다. 그분의 신적 존재를 의심하게 만들지도 않는다. 비록 연약한 인간으로 사셨지만, 도리어 전능하기에 스스로 나약한 육체로 사셨다고 할 수 있다.

그래서 바울이 "그는 근본 하나님의 본체시나 하나님과 동등됨을 취할 것으로 여기지 아니하시고 오히려 자기를 비워 종의 형체를 가지사 사람들과 같이 되셨고 사람의 모양으로 나타나사 자기를 낮추시고 죽기까지 복종하셨으니 곧 십자가에 죽으심이라"(빌 2:6~8)라고 고백했다. 하나님이신 그리스도 예수께서 연약한 인간의 모습을 보이신 것은 그분의 무한한 겸비를 표현한 것일 뿐, 그분의 신적 존재를 의심할 만한 근거는 되지 않는다.

따라서 자유주의자들처럼 본문 구절을 예로 들어서 요한복음 앞부분의 예수님의 신적 본질에 관해 기술한 내용은 다른 사람에 의해 삽입된 것이라고 말하거나 예수님이 원래는 인간이신데 신적 존재로서 은유적으로 표현된 것에 지나지 않는다고 주장하는 것은 성경 전체 증언과 배치되는 이단적인 발언이다.

로마 황제 베스파시아누스Vespasianus는 죽을 때 "나는 신이 되어 가고 있다네" 하고 눈을 감았다! 인도의 사이바바Saibaba는 자신을 신의 화신이라 밝히며 경호원을 대동하고 다니곤 했다! 이처럼 예나 지금이나 인간이 신이 될 수 있다는 허황된 믿음을 가진 자들이 있어 왔다. 그러나 마치 예수님도 그들처럼 하나님 행세나 하던 인간인 듯 몰아가는 것은 성경 전체 메시지와도 부합하지 않는다.

자유주의자들은 "아브라함이 나기 전부터 내가 있느니라"(요 8:58)와 "창세 전에 내가 아버지와 함께 가졌던"(요 17:5)의 말씀을 성경에 누군가가 삽입해 넣었으리라고 주장하지만, 실제로는 원문을 부정할 근거를 스스로 제시하지 못하고 있다. 예수님의 신적 본질을 가장 강력하게 증거하는 두 구절을 예수님이 직접 언급하신 게 맞는다면 진정한 하나님이셨을 것이라고 말했을 뿐이다.

하나님이 성육신하여 이 땅에 오셨을 때, 그분은 하나님으로 온전히 계시면서도 인간이 갖는 육체적, 정신적, 심리적 상태 또한 고스란히 가지고 사셨다. 본문이 의미하는 것은 바로 이것이다.

스스로 낮추어 십자가 고통을 친히 겪으시다

요한의 증언이 갖는 또 하나의 중요성은, 예수님이 하나님의 본질을 갖고 계신다고 해도 인간의 온전한 본질 또한 갖고 있어야 십자가 죽음의 실효성과 대속의 유효성이 보장된다는 사실이다. 예수님은 십자가 고통을 겪기에 앞서 지금 자기 마음이 괴롭다고 호소하며, 십자가를 지지 않을 길은 없느냐고 영혼의 고통을 토로하셨다. 이러한 말씀들을 예수님이 인간인 척 행동한 것으로 보아서는 안 된다. 이러한 주장은 가현설주의Docetism로서 예수님을 하나님으로만 보아서 생긴 이단적 발언이다. 본문은 예수님의 십자가 죽음이 실제적 고통의 현장임을 간접적으로 증거하는 것이다. 따라서 예수님이 실제 고통의 십자가를 겪으심으로써 우리 죄가 온전하게 그리고 실제로 사라질 수 있게 된 것이다.

본문이 말하고자 하는 것을 요약하면, 첫째로 전능하신 하나님인 예수님은 오히려 전능하시기에 자신을 스스로 낮추어 십자가 고통을 직접 겪으며 참 인간으로서 사셨다는 것이다(요일 4:2 참조). 이로써 예수님이 완전한 하나님과 완전한 인간으로서 사셨다는 점을 자연스럽게 부각하고자 하였다. 둘째로 예수님이 십자가 죽음을 상상하며 참혹한 고통을 회피하려는 인간적인 심약한 모습을 보이신 것은 그분의 실제적 인성을 드러내신 것이라는 점이다. 이 사실이 중요한 것은, 예수님이 하늘에서 오신 주님일지라도 이 땅에서 완전한 인간으로 살다가 십자가 고난을 받아야만 비로소 우리 죗값을 온전히 치르실 수 있기 때문이다. 그래야 우리 죄가 사해지는 것이다. 만일 고통을 받는 척만 했다면, 십자가의 고통과 죽음은 기만에 불과했을 것이고, 따라서 죽음을 통한 실제 대속이 불가능했을 것이다.

10.

하나님의 아들이 곯아떨어지시다니요?

-고물에서 베개를 베고 주무시더니(막 4:37~41)

"큰 광풍이 일어나며 물결이 배에 부딪쳐 들어와 배에 가득하게 되었더라 예수께서는 고물에서 베개를 베고 주무시더니 제자들이 깨우며 이르되 선생님이여 우리가 죽게 된 것을 돌보지 아니하시나이까 하니 예수께서 깨어 바람을 꾸짖으시며 바다더러 이르시되 잠잠하라 고요하라 하시니 바람이 그치고 아주 잔잔하여지더라 이에 제자들에게 이르시되 어찌하여 이렇게 무서워하느냐 너희가 어찌 믿음이 없느냐 하시니 그들이 심히 두려워하여 서로 말하되 그가 누구이기에 바람과 바다도 순종하는가 하였더라"(막 4:37~41).

예수님이 하나님의 아들이며 삼위일체의 제2위 하나님이신 것을 우리는 믿는다. 하지만 배 안에서 주무시는 주님을 어떻게 받아들여야 할지에 관해 논리적인 확신을 제시하기란 여간 어려운 게 아니다. 왜냐하면, 하나님은 졸지도 주무시지도 않는다고 했기 때문이다.

"이스라엘을 지키시는 이는 졸지도 아니하시고 주무시지도 아니하시리로다"(시 121:4).

그래서 이때 예수님이 주무시는 척하신 것뿐이라고 변호하기도 한다. 예수님의 신성을 강조하려면 시편 말씀에 충실해야 하기 때문이다. 그러나 그런 식으로 말한다고 해서 문제가 해결되지는 않는다. 왜냐하면, 예수님은 우리처럼 사람으로 계셨기 때문이다.

"우리에게 있는 대제사장은 우리의 연약함을 동정하지 못하실 이가 아니요 모든 일에 우리와 똑같이 시험을 받으신 이로되 죄는 없으시니라"(히 4:15).

하나님이면서 사람이신 예수님

만일 하나님이 사람으로 온전하게 사신 것을 부인한다면 그는 거짓 그리스도인인 셈이다.

"이로써 너희가 하나님의 영을 알지니 곧 예수 그리스도께서 육체로 오신 것을 시인하는 영마다 하나님께 속한 것이요"(요일 4:2).

따라서 예수님이 완전한 하나님이심을 믿는 만큼 그분이 우리와 똑같은 인간으로 사셨다는 것도 말해야 한다. 그래야 본문을 어느 정도 이해할 수 있게 된다. 즉 예수님이 배 안에서 주무신 것은 그가 우리와 같은 사람이기에 피곤한 나머지 "곯아떨어지신" 것이라고 말할 수 있다. 하나님이시므로 주무신 척했을 뿐이라고 무리하게 해석하지 않아도 된다. 비록 예수님이 하나님이기는 하지만 온전한 인간이시기에 피곤을 느낄 수 있고 잠도 잘 수 있는 것이다.

하지만 예수님이 어떻게 하나님이면서 동시에 인간일 수 있는지를 설명해야 하는 과제가 남아 있다. 이 주제에 관해 온전하게 답하기란 쉽지 않다. 왜냐하면, 예수님이 하나님이시라면 주무실 수 없는 것이 아니냐는 질문이 재차 제기될 것이기 때문이다. 그가 인간이기에 주무실 수 있다고 말한다면, 또한 동시에 하나님이기에 잠자는 게 불가능하지 않으냐는 주장 또한 성립하는 것이다. 따라서 예수님이 어떤 방식으로 하나님으로서 주무실 수 없으면서도 인간으로서는 주무셨는지를 말해야 하는 숙제가 우리에게 남겨져 있다고 하겠다.

이런 의미에서 우리의 답변은 미완성에 지나지 않는다. 그것이 얼마나 답하기 어려운 질문인지 다음 예를 통해 확인해 보자.

남자에서 여자로 성전환 수술을 한 사람에 관해 생각해 보자. 그는 남자인가 여자인가? 아니면 남자이면서 동시에 여자인가? 결론부터 말하자면, 이 질문에 관해 명료하게 답할 수는 없다고 하겠다. 왜냐하면, DNA는 남성인데 외모는 여성이며, 겉으로는 여성이지만 자궁이 없으므로 임신과 출산이 불가능하여 완벽한 여성이라고 할 수 없기 때문이다. 즉 한 사람이 완벽한 남자이면서 동시에 완벽한 여자이기는 불가능하다.

마찬가지로 바다를 잔잔케 할 수 있는 전능하신 자이면서 동시에 피곤하면 잘 수밖에 없는 무능한 존재를 상상하기란 어렵다. 그래서 많은 사람이 예수님이 하나님이면서 동시에 인간이라는 점을 받아들이기 힘들어한다.

하나님이시기에 잠자는 척하셨다고 말하기도 하고, 실제로 잠에 빠진 인간에 불과하셨다고 말하기도 한다. 또 어떤 이들은 예수님이 연약한 인간이어서 잠이 들었을 테지만, 워낙 신앙심이 깊은 나머지 하나님이 되어became 십자가에서 죽은 후에 부활하여 초능력을 가진 신이 되었다고 말한다. 그러나 세 부류의 해석 모두가 오류인 것은 자명하다.

이해하지 못해도 틀림없는 진리

만일 예수님이 하나님이면서 동시에 인간이심을 부인한다면, 그분은 삼위일체의 제2위 하나님이 아니므로 삼위일체론이 무너지며 동시에 진짜 인간이 아니시므로 십자가에서 예수님은 아픈 척, 피 흘린 척, 죽은 척하신 셈이 되니 실제 대속 제물이 되었다고 할 수 없다. 따라서 오늘날의 기독교는 존재할 수 없게 된다. 한마디로 양성 연합 교리two natures in one person를 받아들이지 않으면, 기독교는 사이비 종교가 되고 마는 것이다.

그러므로 세 부류의 해석이 아무리 그럴듯하게 들려도 미혹되어서는 안 된다. 비록 그리스도의 양성 교리를 합리적으로 이해하지 못한다 해도 진리임이 틀림없기 때문이다.

배 안에서 주무셨던 예수님에 관해서는 원래 하나님의 본체이신 분이 우리 구원을 이루기 위해 약한 인간으로 오셨으니 고단하면 곯아떨어지실 수도 있었겠다고 이해하는 게 좋다. 또한, 본래 하나님이시니 그분의 의지에 따라 신적 능력을 발휘하여 바다를 잔잔케 하실 수도 있었으리라 믿는 게 좋다. 다음 말씀이 이를 확인할 수 있게 해 준다.

"그는 근본 하나님의 본체시나 하나님과 동등됨을 취할 것으로 여기지 아니하시고 오히려 자기를 비워 종의 형체를 가지사 사람들과 같이 되셨고"(빌 2:6~7).

다만 신성이든 인성이든 그리스도의 한쪽 성질에만 강조점을 두어서는 안 될 것이다. 즉 그리스도의 신성에 강조점을 둔 나머지 예수님이 실제로 주무시고 실제로 십자가에서 고통당하신 사실의 의미를 희석해서는 안 된다는 것이다. 마찬가지로 그리스도의 인성을 강조한 나머지 그 시간에 실제로 세상을 주관하지는 못하셨을 것이라고 말하여 예수님의 신성을 약화해서도 안 된다.

아무리 깔끔하게 정리하려 해도 이 주제를 완벽하게 이해하기란 어렵다. 그만큼 양성 교리는 인간의 이해 능력을 넘어선다. 우리는 이따금 거꾸로 생각하며 위로받을 때가 있다. 양성 교리가 머리로 이해되지 않는다고 해서 받아들이지 않는다면 어떻게 될지 생각해 보자. 당연히 우리 신앙이 헛되게 느껴질 것이다.

비록 양성 교리가 논리적으로는 이해되지 않는다고 해도 믿음으로 받아들일 것인가? 그래서 신앙의 확신을 견고하게 할 것인가? 아니면 거부하여 신앙을 포기하는 길을 택할 것인가? 선택은 우리에게 달려 있다.

PART 7

어떻게 살아야 할지 모르겠어요

"낮에와 같이 단정히 행하고 방탕하거나 술 취하지 말며 음란하거나 호색하지 말며 다투거나 시기하지 말고"(롬 13:13)

믿는 사람들이 실제 사회생활을 어떻게 해야 할지 고민할 때가 많다. 술 좀 마시면 안 되는지 묻는 사람이 많다. 술 문화가 일반적인 우리 사회에서 믿는 사람이 늘 고민하는 문제가 아닌가 한다. 직장 상사에게는 어떤 태도로 대해야 할까? 과연 사장은 왕이고, 사원은 종인가? 성경이 그와 비슷한 말을 하기 때문이다.

또한, 성경에 등장하는 인물 중 출세한 사람들을 보면, 과연 그들의 삶을 정당화해도 되는지 생각하게 된다. 예를 들어, 요셉은 애굽의 총리로 있으면서 곡물 경영을 잘하여 바로에게 인정을 받았다. 그런데 사실 왕의 배를 불리는 정책을 펼친 것은 아닌가? 돈을 받고 곡물을 팔다가 나중에는 돈 대신에 가축을 받고, 급기야 토지까지 거두어들여 왕의 소유로 삼게 했기 때문이다. 다니엘은 어떠한가? 이스라엘 민족을 위한 독립운동은 안 하고 엘리트로서 침략국의 왕실에서 일하지 않았던가? 느헤미야도 이방 나라의 관원으로 활동하지 않았던가?

여기서 다루는 믿는 자들의 사회생활상은 오해를 불러일으킬 만한 이야기들이다. 그래서 우리로 하여금 헷갈리게 한다. 자칫 오만하고 부도덕한 기득권자의 삶을 합리화할 우려가 있기 때문이다. 그러나 각각의 성경 구절과 하나님이 주로서 이 세상을 어떻게 다스리시는지를 잘 이해한다면, 그러한 내용이 왜 성경에 기록되었는지 그리고 우리는 사회생활을 어떻게 해야 할지 그 방법과 지혜를 얻게 될 것이다.

1.

술 마시는 게 죄예요?

–술 취하지 말라(잠 23:31, 딤전 3:3, 롬 13:13, 벧전 4:3, 눅 21:3)

"낮에와 같이 단정히 행하고 방탕하거나 술 취하지 말며 음란하거나 호색하지 말며 다투거나 시기하지 말고"(롬 13:13).

기독교인은 술을 마시면 안 되는가? 세상과 담을 쌓고 산다면 모를까, 사회생활을 하면서 술 한 잔 정도는 할 수 있는 것 아닌가? 본문만 보더라도 "술 취하지 말라"고 했지 아예 마시지 말라는 말은 없지 않은가? 그냥 취하지 않을 정도로, 분위기 맞추는 정도로 적당히 한두 잔 정도 마셔 주면 되지 않겠는가?

결론부터 말하자면, 술은 마시지 않는 것이 옳다. 특히 우리 사회에서 기독교인이 술을 마시면 안 되는 이유는, 우리는 취하기 위해 술을 마시는데, 신체 구조상 서양인보다 더 쉽게 취하게 되어 추태를 부리는 데 빠르기 때문이다. 한 잔만 마시겠다고 해도 한 잔에 그치는 경우는 많지 않다. 몇 잔 더 마시게 되고, 그러다 보면 빨리 취하여 실수하게 된다. 게다가 성경은 술 취하는 것을 범죄행위로 보고 정죄한다.

물론 술을 마시는 것 자체는 큰 문제가 아니다. 성경에 나오는 술과 관련된 말씀을 보더라도 술 마시는 것을 정죄하지는 않기 때문이다. 술 취하지 말라고 했을 뿐 아예 술을 금한다고는 하지 않는다.

직분자의 경우, 술을 즐기지 아니해야 하며(딤전 3:3; 딛 1:7. 원문은 '술 취하지 아니하며' 혹은 '술에 젖어 살지 말며'), 술에 인박히지 아니하고(딤전 3:8. 원문은 '술 너무 많이 마시지 말며')라고 했다. 어떤 의미에서는 적당히 혹은 취하지 않을 정도로 조금만 마셔도 된다고 말할 수도 있다. 다만, 술 취해서 고주망태로 살아가는 술고래나 알코올중독자는 교회 직분자가 될 수 없다는 말이다.

술에 지독하게 취한 사람은 보기에 얼마나 추한가! 여기저기 구토하고, 고성방가에 노상방뇨까지 하기도 한다. 지나가는 사람에게 시비를 걸거나 폭행을 저지르는 등 술만 취하면 그야말로 개가 되는 사람이 많다. 그런 사람이 어떻게 교회 지도자가 되겠는가?

술 취함은 도적질과 마찬가지다

즉 본문의 요지는 술을 마시는 것 자체보다는 취하는 것을 금한 것이다. 그렇지 않다면 예수님도 포도주를 드시곤 했는데 이를 어떻게 설명해야 할지 난감해지기 때문이다. 예수님은 자신이 술을 즐긴다고 비난받는 것을 아셨다(마 11:19). 물론 예수님이 포도주를 마시는 것을 과장해서 한 비난이겠지만 말이다. 그렇다고 하더라도 예수님이 포도주를 자주 마셨음은 분명하다. 그렇지 않고서야 "즐긴다"고까지 했을 리가 만무하기 때문이다. 심지어는 사람들에게 술을 베풀기도 하셨다. 혼인 잔치에서 물로 포도주를 만들어 잔치의 여흥이 계속되게 하셨던 것이다(요 2:1~11).

한편, 성경에는 포도주를 보지도 말라는 구절도 있다. "포도주는 붉고 잔에서 번쩍이며 순하게 내려가나니 너는 그것을 보지도 말지어다"(잠 23:31). 그러나 이 구절은 과음이 가져오는 부작용을 경계하는 말씀으로 해석해야 한다. 왜냐하면, 포도주와 관련한 수십 개 성구 대부분은 "취하지 말라"는 내용이기 때문이다(롬 13:13; 벧전 4:3; 눅 21:34).

그러면 어느 정도라야 취하지 않는 것인가? 아마도 알코올중독 수준은 피하라는 의미가 아닌가 한다. 예를 들어, "아침에 일찍이 일어나 독주를 마시며 밤이 깊도록 포도주에 취하는 자들은 화 있을진저"(사 5:11)에 암시된 바와 같이 술 없이는 못 사는 경우를 가리킬 것이다. 실제로 매일 술을 마시는 사람은 알코올중독에 걸렸다고 봐야 한다. 이런 사람은 거의 늘 취해 있게 마련이라 자연스럽게 실수할 수밖에 없다. 즉 자기 모습만 추해지는 것이 아니라 다른 사람에게 피해를 주는 일종의 범죄를 저지를 수 있다는 것이다.

실제로 성경은 술 취하는 것과 도적질을 같은 수준으로 취급한다.

"도적이나 탐욕을 부리는 자나 술 취하는 자나 모욕하는 자나 속여 빼앗는 자들은 하나님의 나라를 유업으로 받지 못하리라"(고전 6:10).

하나님은 술에 취해 사회적으로 물의를 일으키는 범죄를 저지르지 말라고 경고하신다. 그래서 술꾼과는 사귀지도 말라고 말씀하기도 한다(잠 23:20). 함께 술독에 빠져 죄를 범하기 때문이다. 이런 의미에서 술 좋아하는 친구가 주변에 있다면(혹은 앞으로 있게 된다면) 사귀는 것을 다시 고려해 봐야 한다.

그렇다면, 술을 조금만 마시면 되지 않을까? 취하지 않을 정도로 말이다. 하지만 그것도 안 된다! 왜 안 되는가? 자제력이 뛰어나서 조금만 마시고 그만두는 사람도 있겠지만, 일반적으로 술은 한 잔에 그치게 않게 마련이기 때문이다. 특히 우리나라 사람들은 여럿이 어울려서 마시곤 하는데, 분위기에 맞추고 상대방의 장단에 맞추다 보면 현실적으로 많이 마시게 된다. 게다가 술잔을 돌리며 마시는 문화가 있지 않은가! 상사나 선배가 잔을 받으라고 내미는데, 거절하기가 쉽지 않다. 관계를 끝낼 각오가 아니면 말이다. 애당초 술을 마시기 시작한다면 정말 조금만 마시기란 불가능에 가깝다.

물론 세상을 살면서 술을 아예 입에 대지도 말라는 얘기는 아니다. 술을 가까이하지 않아도 직장이나 학교에서 살아남기도 하지만, 대부분은 그렇지 못하기 때문이다. 술 문화가 많이 달라지곤 있지만, 우리나라 성인 중 80% 이상이 술을 즐긴다고 하고, 술 소비량이 세계 2위인 것을 보면 아직도 술을 퍼마시는 문화가 대세라고 할 수 있다. 술을 못 마시면 친구나 동료와 가까워지기가 어렵다.

중고등학생조차 62%가 음주를 경험했다고 하니 우리는 정말로 술을 꽤 좋아하는 민족인가 보다. 우리는 술 권하는 사회에 살고 있다. 그러다 보니 피치 못하게 조금만 마셔야 할 때도 있을 것이다. 그러나 이는 예외적으로 허용되는 것이지, 원론적으로는 조금이라도 마시지 않는 것이 좋다.

술 권하는 사회에서는 필요한 것

예수님도 마셨는데 왜 안 되는가 하고 반문할지도 모르겠다. 유대인들이 주로 마시던 술, 즉 포도주는 우리처럼 취하거나 즐기기 위한 것이 아니었다. 오히려 음료에 가까웠다. 당시 물이 귀하기도 해서 오늘날 우리가 청량음료를 마시듯 포도주를 마셨던 것이다.

물론 적당한 포도주는 건강에 좋다고 한다. 프랑스 사람들에게 심장병이 적은 것은 그들이 식사 중에 포도주를 자주 마시기 때문이다. 그러니 포도주를 음료수처럼 손쉽게 자주 마시지 않는다면 금지 항목은 아닌 것이다. 성경은 단지 과도하게 마셔서 취하거나 아니면 독주나 소주를 마시는 것을 금한다(잠 20:1; 민 6:3; 눅 1:15. –원어로는 소주가 아닌 독주로 포도주와 다름).

그러나 우리에게 술은 음료수가 아니다. 주로 소주나 맥주를 마시는데 취할 정도로 마시곤 한다. 한 잔 마시고 그만두는 냉정한 사람들이 아닌 것이다. 그래서 2차는 기본이요, 3차까지 가야 한다고 말하곤 한다. 기독교인이 술을 가까이하지 말아야 할 이유가 여기에 있다. 같이 취하게 만들기 때문이다.

그러면 술을 마시되 취하지 않으면 되지 않는가 하고 물을 수도 있겠다. 왜 한국인은 술을 마시면 안 되는지 말하겠다. 의학적 판단에 의하면, 한국인을 포함한 동양인은 서양인보다 알코올을 해독하는 효소ALDH가 결핍되어 있어서, 소위 술주정하게 하는 유해 물질아세트알데히드, Acetaldehyde을 잘 분해하지 못한다고 한다. 그래서 서양인은 술을 마셔도 잘 취하지 않지만, 동양인은 쉽게 취하는 것이다.

외국인들은 한국인의 이런 체질을 모른다. 그래서 우리가 술에 취해 구토하는 것을 이해하지 못한다고 한다. 그래서 옛날 선교사들이 우리 교인들에게는 술을 마시지 못하게 한 모양이다. 처음에는 교인들끼리 술잔치를 하기도 했다고 한다. 크리스마스 같은 날에 말이다. 그런데 서양 선교사들은 말짱한데, 빨리 취한 우리 교인들이 술주정했던 것이다. 게다가 한번 마셨다 하면 코가 삐뚤어지도록 퍼마셨으니 가만 놔두면 알코올중독에 이를 게 빤해 보였을 것이다.

요약하면, 술에 취하는 것이 문제이지 술 마시는 것 자체는 시빗거리가 되지 않는다. 그래서 서양에서는 교인들이 포도주 마시는 것을 금하지 않는다. 취하기 위해 마시는 문화가 아니기 때문이다. 그렇다고 해서 술 마시기를 권장하는 것도 아니다. 하지만 우리 사회는 술을 권하는 문화이며, 체질상 쉽게 취하므로 술을 아예 금해야 마땅하다.

다행히 요즈음에는 술 안 마실 권리를 인정해야 한다는 공감대가 형성되어 마음먹고 의사를 분명히 밝히면 술자리를 피할 수 있는 시대가 되었다. 술을 마셔야 사회생활을 할 수 있는 시대가 점차 저물고 있는 것이다.

2.

그때는 맞고 지금은 틀리다고요?

–여자는 머리에 수건을 써야 한다니(고전 11:5)

"무릇 여자로서 머리에 쓴 것을 벗고 기도나 예언을 하는 자는 그 머리를 욕되게 하는 것이니 이는 머리를 민 것과 다름이 없음이라"(고전 11:5).

사도 바울은 여자들에게 교회에서 맨머리로 있지 말고 머리에 무엇이든 쓰라고 했는데, 모슬렘이 두르는 천 같은 것을 써야 하는 걸까? 그런데 왜 우리는 초대교회에서처럼 머리에 수건을 두르지 않을까?

바울을 통해 주신 말씀을 오늘날에도 그대로 지켜야 하는지 궁금할 것이다. 결론부터 말하자면, 오늘날에는 교회에서 여성 교인들이 머리에 수건 같은 것을 쓰고 기도하거나 예배드릴 필요가 없다.

그러나 이 편지를 수신한 고린도 교회는 바울의 조언을 따라야 했다. 왜 그들은 머리에 수건 같은 것을 써야 했고, 오늘날 우리는 그럴 필요가 없는가? 근거가 무엇인가? 이 질문에 답하려면, 성경을 해석하는 기본 원리를 알아야 한다.

성경을 해석할 때는 문화적 배경을 알아야 한다

성경의 여러 저자는 자신의 감정, 지식 등을 바탕으로 당대 사람들이 갖는 지식, 관습, 문화를 고려하여 말씀을 기록하였다. 성령님이 저자의 심리적, 지적인 상태는 물론 당대 환경을 고려하면서 하나님의 말씀을 기록하게 하셨던 것이다.

따라서 우리는 성경을 해석할 때 저자의 삶을 자세히 알 필요가 있다. 또한, 저자가 어떤 환경과 문화에서 살았는지를 상세하게 연구할 필요가 있다. 그렇게 할 때 저자의 근본 의도가 무엇인지를 분명하게 밝혀낼 수 있기 때문이다. 그래야 수천 년이 지난 오늘날 우리에게 올바로 적용할 수 있게 된다.

그런 측면에서 우리는 바울 사도가 고린도 교회 성도들에게 편지할 때의 상황에 관해 살펴볼 필요가 있다. 유대 여인들은 자기 남편 외에 다른 남자와 간음을 했거나 혹은 그랬으리라고 의심을 받으면 제사장 앞에서 머리를 풀어야 했다(민 5:18). 부정한 여인이라는 일종의 표시다. 따라서 유대인들은 머리를 풀어헤친, 즉 머리에 수건 같은 것을 덮지 아니한 여인은 간음한 여인이나 그렇게 의심되는 여인으로 간주했다.

당시 고린도는 아프로디테 여신을 숭배하기로 유명한 곳이었으며, 성적인 것을 소재로 하는 의식을 중요하게 여겼다. 그래서 성전에서 창녀들이 제사장으로 많이 활동했다고 한다. 그런 이유로 고린도 지역에는 창녀가 많았다. 그들은 보통 여인들처럼 머리에 수건을 두르지 않았고, 머리를 밀거나 짧게 깎고 다니곤 했다고 한다. 어떤 이유에서 그랬는지는 모르지만 평범한 여인들과는 다른 외모를 보이려고 했던 모양이다. 제사장이라는 자부심 때문이었는지도 모른다. 그래서 머리에 수건을 두르고 다니던 평범한 여인들과 대비되었다. 실제로 당시 유물 중에 도자기에 새겨진 그림을 보면 고린도의 여인들이 머리에 수건을 두른 모습을 발견할 수 있다.

바울은 평범한 여인들이 머리에 수건을 두르고 외출하듯이 교회에서도 여성 교인들이 머리에 수건 같은 것을 써야 한다고 명령했던 것이다. 만약 그들이 머리에 아무것도 쓰지 않은 채 다니면 교회에서도 아프로디테 여신 숭배 의식을 드리는가 보다 하고 오해할 수 있기 때문이다. 여 제사장으로 창기와 같은 역할을 하는가 보다 하고 생각할지 몰라서다.

아니면 당시에 교회에서 여자들이 영적 활동을 보장받고 활발히 활동하였으므로 자신을 적극적으로 드러내려다 보니 남자들처럼 머리에 두른 천을 벗어 버리고 일했는지도 모른다. 그래서 바울이 여자들의 머리는 남자요, 남자의 머리는 그리스도라고 하면서 머리 모양을 별나게 드러내어 자신을 나타내지 말라고 했던 것이다. 그리스도의 영광이 가려진다는 이유에서 말이다.

반면에 남자는 어떤 것으로든 머리를 가리지 말라고 했다. 이는 아마도 남자가 교회 예배의 공식 순서를 맡을 때, 머리에 무언가를 쓰고 자신의 권위를 나타낼까 염려하여 경고한 말일 것이다. 그리고 당시 문화에서 성적으로든 다른 어떤 것으로든 남자가 맨머리로 있어도 특별히 부정적인 행동을 한다고 여기지는 않았기 때문에 굳이 남자에게도 무언가를 쓰라고 하지는 않았을 것이다.

이처럼 당시 문화나 관습에 따라 적절히 행동하라는 뜻에서 경고한 말씀으로 해석하는 것이 좋다. 관습과 문화가 교회에 중대한 오해나 수치를 막아 준다면 따르는 것이 좋다고 여긴 것이다.

또한, 바울은 이 논의를 시작하기에 앞서 "너희가 모든 일에 나를 기억하고 또 내가 너희에게 전하여 준 대로 그 전통을 너희가 지키므로 너희를 칭찬하노라"(고전 11:2)라고 말함으로써 전통, 즉 유전 파라도시스, παράδοσις, tradition, ordinance을 지키는 것을 언급했다. 여자들이 머리에 수건을 두르는 것도 유전에 속한다고 할 수 있다. 따라서 교회를 보호할 수만 있다면 당대의 유전을 지킬 만하다는 것이다.

문화적 관습은 하나님의 절대명령이 아니다

결론적으로 머리에 수건을 쓰고 기도하라는 것은 당대의 전통 혹은 관습의 차원에서 이해해야 한다. 즉 하나님의 절대적인 법령은 아닌 것이다. 왜냐하면, 다른 나라, 예를 들어 우리나라에서는 여자들이 머리에 수건을 두르고 대중 앞에 나서지는 않기 때문이다. 고린도 교회 여인들은 창녀나 간음한 혹은 간음했다고 의심되는 사람으로 오해받지 않으려면 당시 정숙한 여인들이 그러했듯이 머리에 수건을 두르고 교회에 나갈 필요가 있었지만, 우리에게는 그런 문화가 없으므로 굳이 머리에 수건을 두르라 마라 할 필요가 없다. 요점은 교회에서 세상의 정숙하지 못한 여인들처럼 하고 다니지 말라는 것이다.

만일 중동 지역에서 교회를 세운다면, 고린도 교회에서처럼 여성 교인들이 머리에 수건을 두르고 다녀야 할 것이다. 그곳에서는 여인들이 히잡(머리에 수건을 두르는 것)이나 차도르(머리부터 발목까지 검은 천으로 뒤집어쓰는 것)를 두르고 다니기 때문이다. 그들은 여자들이 머리를 드러내면 심한 노출로 간주하며 남자들의 성욕을 유발한다고 여기는 것이다.

본문의 본래 의도를 무시하면 지금도 고린도 교회 여인들처럼 하고 다녀야 한다고 주장할 수 있다. 로마 가톨릭 교회가 그랬고, 이단으로 판명된 안상홍진홍회(하나님의 교회)도 그랬다. 모두 성경을 문자적으로 적용한 결과다. 그러나 이것은 억지 주장에 불과하다. 성경 해석의 기본 원리를 모르는 데서 나온 무지의 산물이다. 무엇보다도 하나님이 특정한 문화에 주시는 말씀의 근본 의도를 파악하는 것이 중요하다. 각 문화에 맞게 적용해야 하기 때문이다.

하나님은 고린도전서 11장 말씀을 통해 무엇을 말씀하고자 하셨을까? 머리에 수건을 두르고 말고가 초점이 아니다. 눈치가 빠른 독자들은 이미 알아챘을 것이다. 여성 교인들은 교회에 정숙하지 않은 차림으로 나와서는 안 된다는 것이다. 나이트클럽이나 술집에서나 입을 법한 복장으로 오지 말라는 것이다. 그런 모습으로 교회에 나오면 세상 사람들이 교회를 어떻게 보겠는가? 교회가 타락했나 보다 하고 생각하지 않겠는가? 사실 이것은 남녀 모두에게 해당하는 말씀이다. 남자든 여자든 정갈한 복장으로 교회에 나와 예배를 드려야 한다.

3.

직장인은 종으로 살아야 하나요?

–상전들에게 범사에 순종하라(딛 2:9~10)

"종들은 자기 상전들에게 범사에 순종하여 기쁘게 하고 거슬러 말하지 말며 훔치지 말고 오히려 모든 참된 신실성을 나타내게 하라 이는 범사에 우리 구주 하나님의 교훈을 빛나게 하려 함이라"(딛 2:9~10).

종교적 의미에서 하나님의 종으로 산다는 말은 쉽게 수긍할 수 있다. 만물의 주인이신 하나님을 섬기며 살아가는 것은 신앙인의 당연한 의무이기 때문이다. 하지만 본문은 신분제도가 없는 대한민국에서 노예로 살아가라는 명령으로 들려서 마치 먼 나라 이야기처럼 받아들이게 된다.

요즈음은 누구나 기본 인권과 함께 상사의 권한 남용에 따른 부당한 대우에 대해 일정 부분 저항할 권리를 갖는다. 상사나 사장이라고 해서 부하 직원이나 종업원을 함부로 대할 수 없는 세상이다. 피고용인이라도 불법적이거나 부당한 업무 지시는 거절할 수 있으며, 정당한 명령이라도 조건부로 이행할 수 있다. 노조의 합법적인 권한이 이를 가능하게 만들었기 때문이다.

이제 고용인과 피고용인은 모든 면에서는 아니더라도 어느 정도 대등한 관계를 맺게 되었으며, 적어도 옛날처럼 무조건 복종하는 노예로 살아가지는 않게 된 것이다. 그만큼 시대가 달라졌다.

그렇다면 디도서의 말씀은 오늘날에도 적용 가능한가? 21세기를 사는 현대인에게도 성경은 상전에게 노예처럼 살라고 명령하고 있는가?

성경은 노예제도를 용인하지 않는다

먼저 짚고 넘어가야 할 것이 있다. 성경은 노예제도를 용인하지 않는다. 이 말씀은 바울의 다른 서신에서 나타나는 바다(딤전 6:1~2; 엡 6:5~6; 골 3:22). 그는 종이 주인에게 공경하는 것이 옳음을 설명할 뿐 노예제도 자체를 합법적으로 용인한 적이 없다. 베드로 사도 역시 같은 내용을 언급할 뿐 노예제도를 전제로 명령하지는 않았다(벧전 2:18). 바울이 빌레몬의 종이었던 오네시모를 형제로 여기라고 한 것을 보면 고대사회에 만연했던 노예제도를 인정했다기보다는 오히려 부정하고 있음을 알 수 있다(몬 16~17).

그렇다면, 왜 바울은 교회 안에 있는 종들에게 자기 주인에 순종하라고 말하는가? 당시는 노예제도가 있던 시대다. 혹시 믿는 종들이 제도를 거스를 경우, 그들은 반사회적 인물로 각인되고 교회가 자칫 반사회적 단체로 오인되어 복음화 사역에 방해가 될까 봐 그랬던 것은 아닐까? 매우 그럴듯한 추리다. 하지만 당시 교회가 이미 유대 사회에서나 로마로부터 핍박받고 있었으므로 설득력이 떨어진다.

더욱이 디도서뿐 아니라 다른 서신서들에서도 종들에게 주인에게 순종할 것을 명령하며 이러한 명령이 "범사에 우리 구주 하나님의 교훈을 빛나게 하려 함"(딛 2:10)이라고 강조하는 것으로 보아, 종의 순종적 태도를 모든 일에 있어 하나님의 영광을 드러내는 종교적인 자세로 받아들였음을 알 수 있다. 주인에 대한 종의 순종은 시대와 장소를 초월하는 기독교적 원리인 것이다. 2천 년 전뿐 아니라 오늘날에도 마찬가지로 적용할 수 있는, 하나님이 세상을 섭리하시는 법칙이라는 뜻이다.

따라서 노예제도가 없는 21세기 한국에서도 신앙인들은 피고용인으로서 고용인에게 어떻게 처신해야 할지 분명히 알 수 있다. 앞서 지적한 바와 같이 오늘날의 직장 문화는 노예제도하의 종 문화와는 질적으로 차이가 있지만, 회사 일을 하고 임금을 받는다는 차원에서 옛날에 노예들이 주인집 일을 하고 의식주를 해결했던 것과 같다고 할 것이다. 그렇다면, 직장인들은 자기가 맡은 일을 하면서 정당하게 주어지는 급료 외에는 뇌물을 받아서도 안 되고, 공금을 횡령해서도 안 된다.

여기까지는 누구도 동의하지 않을 자가 없을 것이다. 하지만 "종들은 자기 상전들에게 범사에 순종하여 기쁘게 하고 거슬러 말하지 말라"(딛 2:9)는 명령에는 전적으로 동의하지 않을 수도 있다. 왜냐하면, 어디까지 순종해야 하는지 고민되기 때문이다. 현행법에 어긋나는 부당한 일을 시켜도 무조건 순종하라는 것인지, 또는 세금 포탈이나 일삼고 인체에 유해한 식품을 만들거나 거짓 상품을 속여 팔거나 임금을 터무니없이 적게 주거나 제때 주지 않는 악덕 고용주에게도 무조건 순종하여 소위 딸랑이 노릇이나 하라는 것인지 알 수 없기 때문이다.

실제 상사는 하나님

아무리 직장생활이라고 해도 불법 행위에 동조할 수는 없는 일이다. 이런 경우에는 바울 사도가 "눈가림만 하여 사람을 기쁘게 하는 자처럼 하지 말라"(엡 6:6)고 명한 것처럼 악덕 상사의 비위를 맞추지 말아야 한다. 오히려 하나님을 바라보고 일한다고 생각하고 불의하거나 불법적인 일에 함께하지 말아야 한다.

정당한 절차에 따라 바른말을 해야 할 때가 있다. 궁극적으로 바른말은 상사를 진정으로 기쁘게 하는 결과를 가져올 것이다. 이것이 상전에게 순종하여 기쁘게 하라는 바울의 참된 의도를 실현하는 것이다.

하지만 디도서나 에베소서 등이 전하는 "상사에게 순종하여 기쁘게 하라"는 메시지에는 사실 하나님이 그 상사를 세우셨음을 인정하라는 뜻이 담겨 있다. 하나님이 그 상사를 통해 당신에게 의식주를 해결할 임금을 허락하고, 당신이 행복한 가정생활과 문화생활을 영위하도록 일자리를 주셨다는 것이다.

이런 의미에서 "상전에게 순종하기를 그리스도께 하듯 하라"(엡 6:5)는 것은 하나님의 섭리에 순응하라는 말이다. 그러므로 실정법을 위반하거나 사회 통념상 용인될 수 없는 비도덕적인 행위가 있지 않은 이상 상사에게 순종하는 것은 하나님의 명령을 따르는 일이다.

직장인은 노예가 아니다. 그런데도 직장 상사에게 순종해야 하는 것은 그의 실제 상사가 바로 하나님이시기 때문이다. 하나님이 당신을 사랑하사 당신의 의식주를 책임지라고 그에게 권한을 주어 회사를 운영하도록 하셨기 때문이다.

직장은 인간이 창조한 것이 아니다. 하나님이 당신을 위해 직접 만드신 하나님의 회사인 것이다. 따라서 직장인이 상사를 진심으로 존중하고 따를 때, 그리고 맡은 바 일을 신실하게 수행할 때, 하나님을 믿는 사람으로서 선함을 드러내게 되며, 궁극적으로 하나님께 영광을 돌릴 수 있게 된다.

때로는 믿지 않던 상사가 부하 직원의 신실함을 보고 하나님의 주권을 인정하게 되기도 하는 것이다. 변화된 기독교인은 직장에서나 세상에서 늘 새롭게 하는 영적 리더가 된다. 이것이 바로 회사원, 종업원 혹은 공무원에게 요구하는 성경의 메시지다.

4.

빈익빈 부익부를 부추기는 거 아니에요?

–땅이 바로의 소유가 되니라(창 47:14, 16, 20)

"요셉이 곡식을 팔아 애굽 땅과 가나안 땅에 있는 돈을 모두 거두어들이고 그 돈을 바로의 궁으로 가져가니"(창 47:14).

"요셉이 이르되 너희의 가축을 내라 돈이 떨어졌은즉 내가 너희의 가축과 바꾸어 주리라"(창 47:16).

"그러므로 요셉이 애굽의 모든 토지를 다 사서 바로에게 바치니 애굽의 모든 사람들이 기근에 시달려 각기 토지를 팔았음이라 땅이 바로의 소유가 되니라"(창 47:20).

요셉의 곡물 관리 정책을 보면, 그가 권세가만을 위한 친부자 경영을 한 것은 아닌가 하고 의문을 제기하게 된다. 풍년 시기에 흉년의 기근을 잘 대비함으로써 애굽의 온 백성이 굶어 죽는 대참사를 막기는 했지만, 결과적으로 온 백성의 재물과 소유가 심지어 토지까지도 바로의 소유가 되었기 때문이다.

그가 가난한 백성에게서 가혹하게 세금을 거두어 바로만 배부르게 한 것은 아닐까? 한마디로 부자를 위한 경영을 한 것은 아닌가 하는 의문이다. 가난한 백성들에게 좀 더 관대할 수는 없었을까? 특히 토지까지 바로의 수하에 들어가게 한 것이 과연 옳은 일인가? 요셉이 가난한 애굽 백성과 가나안 백성들에게 정말로 가혹했을까?

요셉의 경영은 문제 될 게 없다

먼저 그가 백성들의 돈을 긁어모아 바로의 궁으로 가져간 것이 경영자의 윤리에 배치되는지를 확인할 필요가 있다. 회사나 나라의 경영을 맡은 경영자는 자신이 속한 조직의 이익을 극대화하고 살림을 키우는 것이 임무다. 오늘날의 잣대로 볼 때도 전혀 문제 될 바가 없다.

애굽의 경영을 책임지게 된 요셉은 곡물 경영 전략을 통해 나라의 재정을 채웠으므로 애굽에 기여한 바가 크다. 문제가 될 것이 없다는 뜻이다. 그가 곡물을 필요로 하는 백성들에게 정당한 값을 받았다면, 그의 윤리의식에 문제가 있다고 이의를 제기할 수 없다. 만일 그가 곡물을 사재기하여 가격 폭등을 조장하고 과도한 수익을 챙겼거나 독과점을 이용하여 곡물 가격을 임의로 인상했다든지 하여 부당 경영을 했다면, 또는 뇌물을 받거나 매매 수익 중 일부를 착복했다면 문제가 될 것이다.

그러나 애굽이나 가나안 백성들이나 요셉 총리에게 곡물가의 부적절성에 관해 이의를 제기한 적이 없고, 오히려 곡물 부족을 호소하며 자청하여 돈 대신 가축으로 지불하겠다고 한 점을 볼 때, 요셉에게는 도덕적 책임을 물을 수 없다. 특히 그가 착복하기 위해 곡물을 사재기한 것도 아니고, 곡물가를 과도하게 높인 것도 아님을 확인할 수 있으므로 더욱 그렇다.

우리는 요셉이 돈에 눈이 멀었거나 바로의 재정을 불리는 데 목적을 두고 곡물 정책을 펼친 것이 아님을 추론할 수 있다. 그의 곡물 경영 정책은 애초에 바로의 꿈을 해석할 때부터 고안되었다. 흉년 7년을 대비하여 풍년 7년의 풍작을 선용할 것을 제안한 것에서 보듯이(창 41:36),

흉년의 때와 기근 시 백성들이 굶어 죽지 않도록 하는 것이 그의 최우선 관심사였던 것이다.

돈이 떨어진 백성들에게 가축을 요구한 것은 심하지 않았냐고 반문할 수도 있다. 그러나 3천 년 전 당시에는 가축 역시 화폐처럼 시장에서 교환 수단으로 활용되었음을 생각할 때, 곡물의 대가로 가축을 요구한 것을 비난할 수는 없다. 만일, 돈이 없다고 해서 곡물을 무상 공급해 주었다면 오히려 사회적 혼란이라는 부작용과 정치적 후폭풍을 감수해야 했을 것이므로 나라의 경영을 책임지는 자로서 돈 대신 가축을 받도록 한 것은 정당한 행정 집행이었다고 할 수 있다.

무상 공급이 자칫 백성들에게 대중적 인기를 얻는 기회가 될지는 모르지만, 3천 년 전 왕정 시대에 바로 외에는 누구도 대중적 지지를 받는 것이 매우 위험한 일이었다. 그런 정치적 상황에서 요셉뿐 아니라 그 누구도 함부로 곡물을 백성들에게 무상으로 퍼줄 수는 없었을 것이다. 무상으로 공급할 때 총리가 펼쳐 온 곡물 관리 정책의 일관성이 깨져 국정 운영에 혼란을 가져와 정치적인 파국을 맞을 개연성이 있고, 아울러 백성들의 도덕적 해이를 조장하여 풍년 때 제대로 대비하지 못한 책임을 나라에만 지우게 될 위험성이 있었다. 따라서 돈이 바닥난 가난한 백성들에게서 가축을 요구한 것은 착취가 아닌 안정적 통치를 위한 지혜로운 정책이었다고 할 수 있다.

생명을 존중하는 신앙인의 윤리경영 모범

하지만 요셉을 아무리 변호해도 가난한 백성의 토지까지 빼앗은 것은 비난받아 마땅하지 않으냐고 이의를 제기할 만도 하다. 출애굽 이후 이스라엘 백성은 토지에 관해 하나님께 이런 명령을 받게 될 것이기 때문이다.

"토지를 영구히 팔지 말 것은 토지는 다 내 것임이니라 너희는 거류민이요 동거하는 자로서 나와 함께 있느니라"(레 25:23).

혹자는 하나님의 말씀을 인용하여 토지에 관한 하나님의 소유권을 요셉이 바로에게 돌린 것이 아니냐고 비판할지도 모른다. 하지만 하나님의 토지 공개념 정신이 법으로 선포되기 한참 전에 살았던 요셉에게까지 이 법을 적용하는 것은 무리다. 만일 요셉이 어떤 악의를 가지고 빈털터리가 된 백성을 수탈할 목적으로 토지를 사들였다면 도덕적 책임을 면할 수 없겠지만, 이 또한 근거 없는 억측에 불과하다.

오히려 애굽 백성들이 토지의 매입을 요구했다는 점에서(창 47:19) 요셉에게 혐의를 뒤집어씌울 수는 없다. 그는 토지세나 과도한 추수세를 징수하지 않고도 백성들이 충분히 먹고살 수 있도록 배려했다. 참혹한 기근을 막고 생활의 안정을 도모했다는 점에서 지혜로운 정책을 펼쳤다고 할 수 있다.

"추수의 오분의 일을 바로에게 상납하고 오분의 사는 너희가 가져서 토지의 종자로도 삼고 너희의 양식으로도 삼고 너희 가족과 어린 아이의 양식으로도 삼으라"(창 47:24).

그는 백성들에게 종자를 주어 경작하게 했을 뿐만 아니라 추수 후 곡물의 20%만 상납받고 나머지 80%는 백성이 소유하도록 했다. 조선 시대 말에 소작인이 토지 주인에게 소작료로 수확물의 50%를 내야 했던 것과 비교하면 요셉의 토지 정책은 상대적으로 매우 관대했다고 하겠다.

따라서 요셉의 곡물 경영 정책은 애굽과 가나안의 백성들을 가혹하게 착취하거나 바로의 배를 불리기 위해 쓰인 것이 아니라고 하겠다. 요셉은 총리로서 풍년에 수확을 저축해 두었다가 흉년에 기근으로 백성이 죽지 않도록 하는 데 정책 중심을 두었다.

만일 애굽 백성이 기근 시 돈으로 곡물을 사야 했고 가축과 토지까지 팔아서 목숨을 연명해야 했다면, 사실 그것은 풍년 수확을 절제 없이 탕진한 애굽 백성들의 탓으로 돌려야 할 것이다. 게다가 창세기 47장의 문맥을 고려하면, 요셉과 관료들이 애굽 백성에게 흉년을 대비할 것을 경고했을 것으로 충분히 추측할 수 있다. 이러한 추측이 설득력 있는 것은 기근의 때에 이들이 정책에 불만을 표시하지 않고, 오히려 자청하여 도움을 구했다는 데서 그 근거를 찾을 수 있다.

요셉은 진정성을 가지고 백성을 다스렸다. 실제 흉년에도 개인적인 비리가 하나도 없이 모든 백성이 만족하는 정책을 수행했으며, 여론을 수렴해 가며 곡물 경영 정책을 시행함으로써 불필요한 잡음을 피할 수 있었다. 요셉이야말로 사람을 중시하고 생명을 존중하는 윤리경영을 도모한 신앙인의 모범을 제시해 주었다고 하겠다.

그의 세속 경영의 삶에서 우리는 그리스도인으로서 정치과 경영의 목적과 방법을 배운다. 기독교인 정치인과 경영자가 많은 우리나라에 부정부패가 끊이지 않고, 여론을 존중하지 않고 국민화합을 해치면서까지 권력욕에만 사로잡힌 이들이 많다는 것은 매우 부끄러운 일이다. 기독교인 정치인과 경영자는 요셉에게서 윤리 의식과 지혜를 배워야 할 것이다.

5.

처세에 능해야 하나요?

–침략자 느부갓네살을 섬긴 다니엘(단 2:37)

"왕이여 왕은 여러 왕들 중의 왕이시라 하늘의 하나님이 나라와 권세와 능력과 영광을 왕에게 주셨고"(단 2:37).

우리는 대개 바벨론에 포로로 끌려간 다니엘이 느부갓네살 왕이 정한 육식 명령을 거절하고 채식만 고집했던 용기에 감동한다. 인간의 생명을 파리 목숨처럼 여겼던 절대 권력의 왕에게 도전하다니! 아마도 다니엘은 바벨론 제국에 저항하는 반체제인사이거나 아니면 적어도 유다의 독립을 위해 은밀히 활동하는 사람이 아니었을까 상상하게도 된다.

그러나 다니엘서 2장을 보면, 그러한 상상은 한낱 공상에 지나지 않았음을 발견한다. 다니엘이 자기 나라를 짓밟고, 왕을 폐위시키고 왕족과 귀족을 포로로 잡아간 원수의 나라 바벨론의 느부갓네살 왕에게 아첨하는 듯한 태도를 보이기 때문이다. 본문에 그의 태도가 그대로 드러난다.

민족주의적 관점에서 보면 충분히 오해할 만하다. 침략자요 정복자인 바벨론 왕의 지배를 정당화하는 발언으로 들리기 때문이다. 일제강점기 때 우리나라 사람이 일본 왕에게 다니엘이 말한 식으로 말했다면 아마 매국노 소리를 들었을 것이다. 일본의 식민 지배를 정당화하는 발언이기 때문이다.

어쩌면 다니엘은 강대국 바벨론의 세계 지배가 명확한 만큼 살아남기 위해서, 아니 대국의 관료로서 안락하게 살기 위해서 왕에게 아첨한 것은 아닐까? 그는 이른바 처세의 달인이 아니었을까?

하나님의 섭리를 이해한 다니엘

그러나 이는 완전히 빗나간 오해요 억측이다.

"이 여러 왕들의 시대에 하늘의 하나님이 한 나라를 세우시리니 이것은 영원히 망하지도 아니할 것이요 그 국권이 다른 백성에게로 돌아가지도 아니할 것이요 도리어 이 모든 나라를 쳐서 멸망시키고 영원히 설 것이라"(단 2:44).

다니엘은 느부갓네살의 꿈을 해석하면서 바벨론 왕국이 멸망할 것은 물론 궁극적으로 하나님이 영원한 나라를 세우실 것을 천명했기 때문이다. 그로써 그가 단순히 시대의 아첨꾼도 아니며 처세술로 살아가는 소인배도 아님을 보여 주었다. 그는 오히려 우주 만물을 섭리하시는 하나님의 계시를 전달하는 용기 있는 신앙인이었다.

여기서 우리는 다니엘이 말하는 침략자요 정복자인 이방 나라 바벨론의 왕 느부갓네살을 하나님이 세우셨다는 사실에 주목하고자 한다. 왜 하필 하나님은 유다 나라가 아닌 우상을 섬기는 바벨론을 세우셨는가? 이것은 바벨론의 유다 침공을 정당화하는가? 침략을 당한 유다 백성들은 아마도 우리가 일제강점기 때 겪었던 고통 못지않은 좌절과 슬픔, 고난과 역경을 경험했을 것이다. 그렇다면 하나님은 유대인들의 고난에 책임이 있으신 것은 아닌가?

우리는 하나님의 섭리를 오해할 때가 많다. 자신이 건강하고 자녀가 출세하고 사업이 번창하며 부와 명예를 얻으면 하나님의 섭리이고, 그 반대로 병약하여 늘 병원 신세를 지고 취업도 못 하고 사업 실패로 가난과 고통을 겪으면 아마도 사탄의 장난으로 생각할 것이다. 물론 그 정도 생각만 가져도 아예 하나님을 인정하지 않는 사람들보다는 나을지도 모르겠다.

그러나 다니엘서에서 보듯이 하나님은 우리가 원하지 않는 일도 관장하신다는 것을 알 수 있다. 유대인 중에 누가 바벨론의 포로로 살기를 원했을까? 아무도 없었을 것이다. 그러나 말씀에서 확인하듯이 느부갓네살 왕은 하나님이 세우셨고, 그의 권세와 능력과 영광은 하나님이 주신 것이다. 왜 하나님은 유다를 영원한 번영을 누리는 부국강병의 나라로 만들어 세계사의 중심이 되는 대국으로 세우지 않으셨을까? 당시 유다 백성들이 이 부분을 매우 안타까워했을지도 모른다.

그러나 다니엘은 세계사를 움직이시는 하나님의 웅대한 섭리를 알고 있었다. 이 세상에서는 아무리 강대국이라도 언젠가는 멸망하고 영원한 나라를 하나님이 친히 세우실 것을 미리 내다봤던 것이다(단 2:44). 다니엘의 꿈 해석의 초점은 바로 이것이다.

하지만 언제 그러한 혁명적 사건, 즉 종말적 현실, 다른 말로 하면 완전한 하나님 나라가 세워질지 모르는 상태에서 지금 우리가 겪는 모순된 역사에 질문하는 것은 충분히 공감할 수 있다. 악한 지도자 한 사람 때문에 수많은 백성이 고통을 겪는 것이 옳지 않음을 인정하기 때문이며, 조속한 시일 내에 선한 통치자가 나타나 나라를 경영해 주기를 간구하기 때문이다. 북한의 경우가 그렇다. 하나님이 김일성 일가의 독재를 언제까지 허용하실지 안타까울 따름이다. 물론 언젠가는 이 문제를 반드시 해결해 주실 것을 믿지만 말이다.

여기서 말하고자 하는 것은 비단 나랏일뿐이 아니라 우리 가정과 직장과 친구 관계 그리고 심지어 교회에 이르기까지 우리가 겪는 모순되고 악한 일들이나 구조들과 관련한 하나님의 섭리에 관심을 가져야 한다는 것이다. 우리가 원하지 않은 관계들, 얼굴도 마주하기 싫은 사람들에 대해 같이 생각해 보자는 것이다. 왜 하나님은 이러한 힘든 관계를 허락하시는가?

인간의 자유로운 행동도 하나님의 섭리 안에 있다

결론적으로 말해, 모순되어 보이는 모든 일에는 하나님의 관여하심이 있기는 하지만 그렇다고 하나님이 모든 것을 일방적으로 주관하여 이끌어 가시는 것은 아니라는 사실을 믿어야 한다. 당사자의 의지적 행동이 영향을 끼치기 때문이다. 이러한 형식을 우리는 하나님의 협력적 섭리라고 한다.

하나님은 전지하고 전능하시기에 세계사뿐 아니라 나의 직장 일과 가정사는 물론 심지어 로또 당첨까지도 친히 관여하신다. 그러나 세계 정치, 경제, 사회 모든 분야와 회사의 투자 결정, 직원 채용, 남자와 여자가 만나 데이트하다가 결혼에 골인하는 일, 부부가 여행지를 선택하는 문제로 다투다가 각방을 쓰게 되는 일 등 모든 일에 각각 당사자의 의지가 아무런 방해 없이 반영되는 것이 사실이다. 즉 하나님이 세상사 모든 행동에 관여하시지만, 그 행동이 있기까지는 당사자의 의지가 자유롭게 행사되는 것이다.

다시 말해 하나님은 느부갓네살 왕을 세우고 그가 유다 나라를 정복하게 하시되, 그가 왕이 되고 유다를 정복하기까지 유다를 포함한 당대 복잡한 정치 구도의 이해당사자들이 책임 있게 행사하는 자유의지적 결단과 함께하시는 것이다. 그러므로 악한 일의 경우, "하나님께서 그들을 마음의 정욕대로 더러움에 내버려" 두신다(롬 1:24).

하나님은 유다의 피지배에 책임이 없으시며 마찬가지 원리로 북한의 김일성 일가의 세습에도 책임이 없으시다. 따라서 우리는 북한의 변화를 위해 지정학적, 문화적 여러 복잡한 채널이 잘 움직여지도록 더욱 노력해야 한다. 똑같은 원리로 부부간에 싸움이 일어나도 분방하지 않도록 결단해야 하며, 대학에 들어가기 위해서는 기도만 할 것이 아니라 형설지공의 노력을 게을리하지 말아야 한다. 직장에 취업하려면 면접 준비를 철저히 해야 하며, 사업에 실패하지 않으려면 부단히 자기 혁신을 하며 세계 경제 동향에 민감하게 능동적으로 대응해야 한다. "하늘은 스스로 돕는 자를 돕는다" 만큼 하나님의 섭리에 관해 잘 표현한 말이 없다.

그럼에도 불구하고, 하나님은 궁극적으로 악한 일도 선하게 만드심을 믿어야 한다. 그래서 바벨론이 다니엘을 포로로 잡아가서 자기 뜻대로 이용하려고 했지만, 하나님이 다니엘을 통해서 세상을 운행하시는 이는 느부갓네살 왕이 아닌 여호와 하나님임을 알도록 하셨던 것이다.

바벨론 포로생활도 언젠가는 끝날 것이다.

이런 의미에서 다니엘은 자기 혼자 출세하려고 느부갓네살 왕에게 아첨이나 하는 처세술에 능한 사람이 아니었다. 하나님의 섭리를 정확하게 전했을 뿐이다. 우리도 마찬가지다. 지금 용인하기 어려운 모순된 세계에 살고 있다고 해도, 사실 그대로를 받아들이고 하나님의 섭리를 존중해야 한다. 이해하기 어려운 북한의 상황과 마음에 들지 않는 관계나 껄끄러운 관계에 대해서도 하나님의 섭리를 인정하고 인내로써 견뎌야 한다. 궁극적으로는 하나님이 합력하여 선을 이루어 주실 것을 믿으며 소망 가운데 살아야 할 것이다(롬 8:28).

6.

성공하면 하나님의 일에 도움이 되나요?

–이방 나라의 관원이 된 느헤미야가 필요한 이유(느 1:11)

"주여 구하오니 귀를 기울이사 종의 기도와 주의 이름을 경외하기를 기뻐하는 종들의 기도를 들으시고 오늘 종이 형통하여 이 사람들 앞에서 은혜를 입게 하옵소서 하였나니 그 때에 내가 왕의 술 관원이 되었느니라"(느 1:11).

하나님은 왜 하필 이방 나라 바사(페르시아, 지금의 이란)의 관원을 들어 사용하셨을까? 느헤미야의 신앙을 폄하하려는 의도는 전혀 없다. 다만 예루살렘에도 신앙 훈련을 받고 있던 많은 유대인이 있었음에도 불구하고, 왜 하나님은 하필 당대에 가장 강대국인 페르시아의 아닥사스다 1세를 모시던 유대인 관료를 통해 예루살렘 성곽을 건축하도록 하셨는지 의문이 생길 뿐이다.

예루살렘에는 1차 포로귀환(BC 538년)을 통해 약 5만 명이 예루살렘으로 돌아와 스룹바벨의 지도하에 성전 건축을 하고 있었다(스 1:1~6:22. BC 515년), 2차 포로귀환 때는(BC 458년) 약 1,700여 명이 돌아와 나름대로 정착했다.

특히 에스라를 통해 신앙 회복 운동이 일어나기도 했다(스 7:1~10:44). 이스라엘 백성들은 하나님의 계명을 거역한 죄를 회개하며 성결한 가정을 회복하는 대개혁을 단행했다. 예루살렘은 이미 성시화된 상태였다.

하나님은 그들 중에서 경건하고 유능한 지도자를 택하여 성곽 건축을 하도록 하실 수 있었다. 예루살렘이 성화의 삶을 살기 시작한 지 겨우 10여 년 정도 지났을 뿐인데, 왜 굳이 이방 나라 관료인 느헤미야로 하여금 무너진 성벽을 건축하도록 하셨는지 의문을 갖는 것이다(3차 포로귀환, BC 445년경).

현실적인 문제 해결사 느헤미야

예루살렘 성벽 건축 후 느헤미야는 에스라와 함께 또다시 심령 사경회를 열어 2차 포로귀환 후 일어났던 회개와 정화 운동을 반복해야 했다는 점에서(느 8~9, 13장), 1차 회개와 개혁의 효과가 부족했는지 의심할 수도 있다. 이에 따라 하나님이 신실한 느헤미야를 사용하신 것이 아니겠는가 하고 주장할 수도 있다.

하지만 느헤미야가 오기 전부터 에스라는 이미 상당한 영향력을 행사하고 있었다. 따라서 성벽 재건에 필요한 지도자를 찾는다면, 에스라나 그와 함께했던 사람 중에 찾는 것이 나을 수도 있지 않은가 하고 생각해 볼 수 있다. 실제로 느헤미야가 성벽 재건을 제안했을 때, 예루살렘에 있던 방백, 제사장들, 귀족들이 모두 쉽게 동의했고 그들은 겨우 52일 만에 성벽 재건을 완성할 정도로 한마음이 되어 열성을 다해 건축

일에 동참했기 때문이다(느 2~4장).

"또 그들에게 하나님의 선한 손이 나를 도우신 일과 왕이 내게 이른 말씀을 전하였더니 그들의 말이 일어나 건축하자 하고 모두 힘을 내어 이 선한 일을 하려 하매"(느 2:18).

그런데 말씀을 자세히 살피면 하나님이 왜 이방 나라의 관원인 느헤미야를 사용하셨는지 합당한 단서를 확인할 수 있다. 유대인 지도자들이 느헤미야를 인정하게 된 것은 느헤미야의 신앙을 확신했기 때문도 있지만, 그가 전한 "왕이 내게 이른 말씀"의 영향이 컸기 때문이다. 그의 말을 들은 그들은 "일어나 건축하자 하고 모두 힘을 내어 이 선한 일을 하려"했던 것이다.

그들이 느헤미야를 신뢰한 이유는 단지 그의 투철한 신앙심 때문만은 아니었다. 그가 "하나님의 선한 손"이 도우셨다고 증거하는 말에 감동할 수도 있지만, 사실 그들은 당장 치안이 무너지고 백성의 생명이 위협받는 등 공권력이 훼손된 현실을 인지하고 이러한 사회 불안을 잠재울 유능한 정치인을 기다렸던 것인지도 모른다.

실제로 당시 예루살렘에는 유대인들이 큰 환난을 당하고 능욕을 받았기에(느 1:3), 그들이 신변에 위협을 느끼는 것은 당연했다. 그들 힘으로 성벽을 재건하고자 했어도 방해 세력 때문에 생명의 위협을 느껴 감히 엄두를 내지 못한 것이다. 실제로 산발랏을 비롯한 사마리아 군대의 성벽 재건 방해 공작이 꾸준히 있었다(느 4:1~23).

그런데 느헤미야가 당시 최고 권력인 아닥사스다 왕을 직접 모시고 있던 고위 관료인 데다가 왕의 명령에 따라 성벽을 재건하겠다고 하니 그들에게는 성벽 재건을 위한 확실한 담보를 얻은 셈이었다. 따라서 느헤미야의 리더십을 수용하는 데 잠시도 주저하지 않았던 것이다. 이런 의미에서 예루살렘 성벽 재건 사업을 위해서 당대 정치역학 구도상 힘 있는 정치인 느헤미야가 발탁된 것은 그야말로 신의 한 수였다.

다만, 왜 하필 이방 나라 관원인가 하고 민족주의적 감정을 표출하는 자가 없었을까 하는 의문이 남기는 하다. 만일 일제강점기에 친일 관료의 권세를 힘입어 집을 건축한다거나 사업을 했다고 하면 민족 정서상 그 리더십을 용납하기란 쉽지 않았을 것이기 때문이다. 이스라엘이 여전히 식민지로 남아 있던 시기이기에 민족주의적 의식이 그들에게 있었을 것으로 추측해 볼 수 있다.

하지만 그들은 이미 에스라를 통해 자신과 그의 조상이 하나님의 계명을 어긴 죗값으로 현재 노예생활을 하고 있으며 주권 상실의 고통을 치르고 있음을 배웠기 때문에 인본주의적 민족주의가 이미 제거되었을 것이다. 나아가 고레스 왕 이래 당시 아닥사스다 왕에 이르기까지 그들의 포용 정책을 통해 유대인들은 일정 부분 자유롭게 신앙생활을 하고 있었기 때문에 비록 이방 나라 왕을 따르던 관료라고 해도 그에 대한 거부감은 크지 않았을 것이다.

이렇듯 완화된 민족주의적 정서가 예루살렘의 치안 부재를 해결할 구원자 혹은 이들의 신변 보호와 성곽 건축의 해결사로서 등장한 정치인 느헤미야를 적극적으로 받아들이는 데 상당 부분 기여했다.

세속 권력도 하나님의 주권 아래 있다

하나님이 이방 관료인 느헤미야를 세우신 근본 이유는 성벽 재건만을 위해서가 아니다. 느헤미야 5장, 8~9장과 13장에 나타나듯이 이스라엘 백성의 확실한 회개와 개혁적 삶에 그 목적이 있었다. 성벽 재건도 중요했지만, 예루살렘 안에 여전히 존재하던 불의와 계명을 어기는 일을 회개하게 하는 사역이 느헤미야서의 상당 분량을 차지하고 있는 것으로 보아 알 수 있다. 에스라를 통해 1차 회개가 이루어졌지만, 그들은 형제 같은 자기 백성들을 여전히 착취했으며 심지어 종으로 팔기까지 했다(느 5:1~13), 이방 사람들과 교제하여 이방 신앙의 영향을 받았으며 이방 여인을 아내로 취하는 범죄를 저지르기도 했다(느 13:23~27).

느헤미야는 에스라를 통한 1차 회개와 개혁보다 더 구체적으로 유대 사회 내부 개혁을 이루어 유대인의 한 덩어리 의식(하베림 고르 이스라엘)을 회복시켰다. 이는 정치인으로서(후에는 총독으로서) 자신의 지위를 십분 활용한 성과다. 느헤미야는 에스라보다 유대 사회를 좀 더 효과적으로 개혁할 수 있는 유능한 리더십을 보여 주었다.

하나님이 그를 역사 속에 등장시키신 것은, 성벽 재건뿐 아니라 유대 사회의 정화와 개혁을 이루는 데 그가 가진 당대 최고 권력과의 친분을 활용하시기 위해서였다. 이렇듯 하나님의 섭리는 우리가 원하든지 원치 않든지 세속 권력을 통해 이루어지기도 한다는 사실을 보여 준다.

예를 들어, 하나님은 바사 왕 고레스를 감동시켜(스 1:1) 바벨론 포로에서 처음으로 유대인을 해방하시고 성전 건축까지 허락하도록 명령하셨다(스 1:2, 2장). 같은 맥락에서 하나님은 느헤미야를 통해 아닥사스다 왕이 하나님의 거룩한 일을 수행하도록 하셨다고 말할 수 있다. 이방 나라의 왕도 하나님의 세계 통치와 섭리에 유용하게 세워질 수 있는 것이다.

이런 의미에서 우리는 평범한 하나님의 백성이 아닌 왕과 같은 세상 권력자, 정치인, 관료들도 하나님 백성의 신앙을 유지, 보호하기 위해 사용하심을 인정해야 한다. 같은 원리로, 기독교인이 아닌 직장 상사라도 하나님은 그를 통해 성도의 삶을 유지하고 보호하게 하신다.

그러므로 우리는 세상 권세와 상사를 위해 기도하고, 또한 그에게 인정받기 위해 노력할 필요가 있다. 기독교 신앙은 물론 우리 삶과 사회의 건강한 윤리를 보호해야 하기 때문이다.

어느 미래학자는 우리나라에 언젠가는 동성애를 인정하고 차별금지법이 통과될 것이며, 이슬람교가 확장될 것이라고 내다봤다. 곧 성경적 성 윤리와 유일신 경배 신앙과 전도 사역의 동력이 제한받게 되리라 예측할 수 있다. 따라서 우리에게는 반기독교적 법안을 저지해 줄 유능한 정치인이나 법조인이 필요하다.

하나님은 한 사회와 한 나라의 운명을 결정짓는 일에는 교회만 출석하는 평범한 사람보다는 당대 사회 권력자들을 종으로 이용하신다. 그러므로 우리에게는 입법, 사법, 행정의 최종 결정권자를 설득할 수 있는 사회적으로 영향력이 있고 신실한 느헤미야와 같은 사람들이 필요하다.

7.

착하기만 하면 안 될까요?

–착하고 충성된 종에 대한 기대(마 25:20~21)

"다섯 달란트 받았던 자는 다섯 달란트를 더 가지고 와서 이르되 주인이여 내게 다섯 달란트를 주셨는데 보소서 내가 또 다섯 달란트를 남겼나이다 그 주인이 이르되 잘하였도다 착하고 충성된 종아 네가 적은 일에 충성하였으매 내가 많은 것을 네게 맡기리니 네 주인의 즐거움에 참여할지어다 하고"(마 25:20~21).

본문에 의하면 칭찬받은 종은 착했다. 그리고 성공한 사업가였다. 이렇게 볼 때, 5달란트 받은 종은 착해서 성공했다는 단순 논리가 가능해진다. 그런데 착하면 성공하는가? 선하게 살면 돈을 많이 버는가? 원가 1만 원 하는 물건을 어떤 가난한 사람이 9천 원에 달라고 하니 마음 약한 상인이 헐값에 팔았다고 하자. 늘 이런 식으로 한다면 아무리 장사해도 이윤을 남기가 어렵다. 경영의 목적이 이윤 추구라고 하면, 너무 착하기만 해서는 5달란트로 5달란트의 수익을 낼 수 없을 것이다.

선하게 장사하고 착하게 사업하는 것을 비하하려는 의도는 전혀 없다. 선하고 착하게 살지 말자고 말하는 것도 물론 아니다! 실제로 착한 경영을 하는 기업도 있다. 하지만 그런 기업이 엄청난 이윤을 냈다는 이야기는 들어보지 못했다. 예나 지금이나 사업하는 사람이 착해 빠져서는 성공하기가 힘들다는 것이 일반적인 상식이다. 실제로 정주영이나 이병철 같은 사람이 어디 착해서 큰 기업을 일구었겠는가?

잘하였도다 훌륭하고 충실한 종아

1달란트는 약 33~36kg(34kg 기준으로 약 9천 돈)이므로 금 5달란트면 약 165~180kg(179kg 기준으로 약 4만5천 돈)이니 어마어마한 가치가 있음이 틀림없다. 2015년 초 시세로 금 1돈에 약 20만 원이니 환산하면, 금 1달란트는 약 18억 원이며, 금 5달란트는 약 90억 원에 달한다. 적은 돈으로 장사하여 2배 이익을 남기기도 쉽지 않은데 90억 원이라는 거액을 투자해서 90억 원의 거액을 남기는 일은 보통 일이 아닐 것이다.

더욱이 착한 마음으로 사업하여 이 정도 수익을 내기란 실제로 불가능에 가깝다. 물론 주인이 오랜 시간이 흐른 후에 돌아와서 결산했다고 하니(마 25:19) 1~2년 안에 이 만큼의 수익을 낸 것은 아니라고 할 수 있다. 하지만 90억 원이나 되는 거액으로 그만큼의 거액을 남기려면 어지간한 재능과 지혜가 있지 않은 한 쉽지 않을 것이다. 기업 운영은 거의 전쟁이나 다름없는데 다른 경쟁 업체와 겨루어 이겨 내려면 윤리경영만으로는 힘들 만큼 비현실적이다.

한글로 번역된 본문을 그대로 받아들이면 예수님의 원래 비유를 오해할 수 있다. 그러면 이러한 비현실적인 내용을 담고 있는 것으로 보이는 본문의 문제가 과연 무엇인가? "착하고"의 우리말 번역이 오역이기 때문이다.

"착하고"의 그리스어 원문은 '아가쏘스ἀγαθός'인데, 이것은 영어로 단순히 good을 의미하지는 않다. 설혹 good을 의미한다고 해도 이것이 의미하는 바는 '착하다'가 아닌 '좋다', '충분하다', '만족할 만하다', '훌륭하다'이다. 즉 "그 주인이 이르되 잘하였도다 착하고 충성된 종아" 대신에 "그 주인이 이르되 잘하였도다 훌륭하고 충실한 종아"라고 번역해야 옳다.

아가쏘스는 도덕적 품성이 아닌 능력의 정도를 지칭하는 단어인데, 우리말 번역에서 전자의 의미를 부여한 것이다. 이것은 명백히 잘못된 번역이다. 어쩌다가 그렇게 번역하게 되었는지 알다가도 모를 일이다. 아마도 옛날에 영어를 배울 때 "You are a good boy!"를 우리말로 "너는 착한 소년이구나!"라고 번역하던 습관이 무의식중에 작용한 것이 아닌가 싶다. 어쨌든 이 단어의 우리말 번역은 분명히 잘못되었다.

나아가 아가쏘스에는 good 외에도 '출중하다'excellent, '뛰어나다'distinguished라는 뜻도 있으므로 본문을 다시 번역하면, "잘하였도다. 너는 능력이 매우 출중한 종이로다"가 될 것이다.

마태복음 25장 전체가 주의 마지막 심판을 주제로 한다고 할 때, 주께로부터 마지막 날에 칭찬을 얻으려면, 곧 구원을 받으려면 어떻게 해야 하는가 하고 물을 때, 자칫 그냥 도덕적으로 "착함"을 강조할 수 있는데, 그러면 기독교를 윤리 종교로 보거나 공로주의를 내포하게 만들 위험이 있다. 구원은 우리가 도덕적으로 착해서 얻어지는 것이 아니라 하나님의 은혜로 주어지는 것이다.

하지만 본문은 진정으로 구원받은 자로서 능력의 정도를 보이라는 메시지를 담고 있다. 구원의 엄청난 기쁨을 누릴 큰 자산(1달란트, 2달란트, 5달란트)을 받았는데, 우리 삶이 이러한 구원의 기쁨을 마음껏 표출하는 능력을 보여야 한다는 말이다. 여기서 '너는 능력이 매우 출중하고' 즉 '뛰어난'이라는 단어를 언급하는 것은 그만큼 지혜, 지식, 노력, 열심 등을 최대한 동원하여 주님께 영광을 돌려드려야 할 것을 의미한다.

하나님을 영화롭게 할 재능

달란트 비유는 우리가 하나님을 영화롭게 할 대단한 능력을 갖추고 있음을 보여 준다. 금 1달란트만 해도 약 18억 원이나 된다. 말이 18억이지 평생 모아도 이러한 재산을 모을 사람이 국민 중 몇 %나 될까?

이 말은 교회에서 직분이 낮더라도 그는 하나님의 능력을 크게 입은 자이므로 교회에서나 가정, 직장, 학교 등 어디에서든지 하나님을 영화롭게 할 재능을 보여 줄 수 있다는 뜻이다. 심지어 교회에 출석하지 않는 사람이라도 하나님은 모든 사람에게 인간의 고귀함, 죄인 됨, 하나님 존재의 확실함을 알 수 있는 능력을 주셨음을 의미한다. 그러므로 1달란트 받은 사람이 그것을 땅에 묻어 둔 것은 자신이 받은 자의식과 신에 대한 지식과 양심을 땅에 버린 셈이 된다. 당연히 그 사람은 마지막 날에 심판을 받을 수밖에 없다.

우리는 모두 하나님으로부터 자신에게 맞는 어마어마한 재능을 부여받았다. 1달란트면 어떻고 5달란트면 어떤가? 달란트의 양이 중요한 것이 아니다. 주님은 2달란트 받은 종이나 5달란트 받은 종이나 모두 똑같이 칭찬해 주셨다. 자신에게 주신 능력 안에서 최선을 다하면 그만이다.

하나님은 2달란트 받은 사람에게서 5달란트만큼의 일을 요구하지 않으신다. 그러므로 하나님 앞에서는 누구도 상대적으로 우월하거나 열등하지 않다. 자기에게 주어진 분량만큼 최선을 다하면 된다. 만일 주님이 주신 재능이 탁월하여 많이 배우고 학문을 익혀 교회와 이웃을 위해 지도자로서 일할 수 있는 사람이라면, 당연히 그는 그런 일을 할 것이고, 우리는 그의 일을 인정해 주면 된다. 너무 칭송할 것도 없고, 상당한 대우를 해 주어서도 안 된다. 그는 그가 받은 재능대로 일하기 때문이다.

모든 사람은 하나님 앞에 평등하다. 주어진 재능이 달라서 일의 분량이 많거나 적을 뿐이다. 다만 주께 칭찬을 듣고자 하는 자는 자기가 맡은 일을 잘할 수 있도록 온갖 지혜와 지식을 동원해서 특별히 일을 더 잘하려고 노력해야 한다.

5달란트 받은 자는 자기 재능을 창의적으로 활용하여 받은 것에서 2배나 불렸다. 머리를 쓰지 않고 적당히 사업해서는 거액의 재산을 투자하여 그만큼 모을 수는 없다. 빌 게이츠는 자기 회사에 면접 보러 온 사람에게 늘 똑같은 질문을 했다고 한다. "맨홀 뚜껑은 왜 둥근가?" 창의성이 없으면 좋은 직원, 뛰어난 직원이 될 수 없다고 판단해서다.

교회 일도 마찬가지다. 누가 시켜서 억지로 등 떠밀리듯 일해서는 칭찬을 못 듣는다. 물론 대부분 교회 일을 훼방만 하지 않아도 감지덕지하지만…. 이런 사람은 교회의 꼭 필요한 일꾼, 주께로부터 칭찬받는 사람이 되지 못한다. 주인의 마음, 곧 하나님의 마음을 가지고 지혜롭게, 머리를 써 가며, 창의적으로 주님의 의도에 맞게 교회 일을 해야 한다. 그는 분명히 착한 종이 아닌 능력을 뛰어나게 발휘한 종으로서 칭찬을 받을 것이다.

8.

믿지 않는 사람과 결혼해도 될까요?

–에스더의 결혼 이야기(에 2:8, 10, 17)

"왕의 조서와 명령이 반포되매 처녀들이 도성 수산에 많이 모여 헤개의 수하에 나아갈 때에 에스더도 왕궁으로 이끌려 가서 궁녀를 주관하는 헤개의 수하에 속하니 … 에스더가 자기의 민족과 종족을 말하지 아니하니 이는 모르드개가 명령하여 말하지 말라 하였음이라 … 왕이 모든 여자보다 에스더를 더 사랑하므로 그가 모든 처녀보다 왕 앞에 더 은총을 얻은지라 왕이 그의 머리에 관을 씌우고 와스디를 대신하여 왕후로 삼은 후에"(에 2:8, 10, 17).

유대인 에스더가 이방인과 결혼했다. 이방인과의 결혼을 금기시하던 유대 사회에서 어떻게 이런 일이 가능했는가? 어쨌든 거룩한 하나님의 말씀인 구약성경 안에 에스더 이야기가 등장하는 것을 보면 이방인과의 결혼이 합리화된 것처럼 보인다.

그렇다면 오늘날 우리도 에스더처럼 비기독교인과 결혼해도 괜찮을까? 현실적으로 전혀 설득력이 없는 얘기는 아닌 듯하다. 교회마다 결혼 적령기에 속한 청년 중에 형제보다 자매가 훨씬 더 많은데, 산술적으로 계산해도 누군가는 교회 밖에서 남자를 구할 수밖에 없을 것이기 때문이다. 그러니 왜 믿지 않는 사람과 결혼하느냐고 힐문하지도 못한다.

이러한 현실론에 에스더가 이방인과 결혼했다는 말씀이 힘을 더해 주는 듯하다. 그러면 과연 에스더의 결혼은 오늘날 교회 청년들의 결혼관에 있어 일정 부분 모형typology 역할을 한다는 말인가? 비기독교인과의 결혼은 성경적으로 허용되는가?

이방인과의 결혼 금지 목적

우선 에스더의 결혼이 정말로 모세의 율법에 어긋나는 결혼이었는지를 살펴보자. 모세의 율법에 따르면, 이스라엘 백성은 하나님이 주실 땅에 들어가서 살 때 그 땅 거주민들과 혼인하면 안 되었다.

"또 그들과 혼인하지도 말지니 네 딸을 그들의 아들에게 주지 말 것이요 그들의 딸도 네 며느리로 삼지 말 것은"(신 7:3).

그런데 하나님이 이 말씀을 주신 목적을 살펴보면, 이방인과의 결혼 불허가 결혼 그 자체보다는 이스라엘 백성의 이방 신 숭배를 막기 위한 것임을 알 수 있다.

"그가 네 아들을 유혹하여 그가 여호와를 떠나고 다른 신들을 섬기게 하므로 여호와께서 너희에게 진노하사 갑자기 너희를 멸하실 것임이니라"(신 7:4).

하나님은 이방 민족과의 혼인을 금지하는 명령에 바로 이어 금지의 목적이 무엇인지 밝히셨다. 결혼하면 서로 좋아 지내니 자칫 여인의 유혹에 남자가 신앙을 버릴 우려가 있다는 것이다. 팔레스타인 땅에 살던 일곱 족속의 자녀와 혼인하는 것은 곧 이스라엘 백성이 그들이 섬기던 이방 신을 받아들이는 지름길이 될 것이라고 하나님은 확신하셨던 것이다(신 7:1). 왜 그런가?

팔레스타인 땅의 신들은 보기에 워낙 매력적이었다. 인간을 위해 번영과 물질 축복을 빌어주는 신인데, 그런 매력적인 신을 마다할 보통 인간이 어디 있을까? 그러나 이는 하나님만으로 만족하며 살라고 요구하는 야훼 신 개념과는 배치된다. 하나님은 이스라엘 백성이 세상의 물질 지상주의, 번영과 자본 축적을 추구하는 욕심에 빠져드는 것을 결코 용납하실 수 없었다. 그것은 곧 하나님을 떠난 삶이기 때문이다.

그래서 하나님을 배반하게 하거나 야훼 하나님을 거역하게 하는 통로 역할을 하게 될 이방인들과의 결혼은 경계대상이었다. 이제 막 세속 세계에 첫발을 내딛는 이스라엘 백성들로 하여금 하나님을 잊게 만들 결정적인 위험 인자였기 때문이다. 이런 이유로 하나님은 유대인들이 팔레스타인 일곱 족속과 결혼하는 것을 금지하셨다.

에스더 시대는 예외

반면에 에스더가 살던 시기의 유대인들은 나라가 멸망하여 이방 나라에 끌려가 살고 있지만 바사(페르시아) 왕의 종교 자유 정책에 힘입어 그들 고유의 신앙을 지키며 살아가고 있었다. 에스더 시대의 아하수에로 왕(BC 486~464년) 이전에 고레스 왕(BC 559~530년) 때부터 바사(페르시아, 오늘의 이란)는 야훼 하나님을 인정하였을 뿐만 아니라 유대인들에게 예루살렘 귀환을 명령하고, 성전 건축을 허락할 정도로 친 유대 정책을 시행해 왔다(스 1:1~4).

에스더에게 아버지 역할을 한 모르드개가 아하수에로 왕을 살리는 소위 역모 고발(에 2:19~23)을 했다는 사실로 미루어 보아 유대인들은 바사 제국이 하나님의 종 역할을 한다고 믿고 적극적으로 친 바사적 행동을 취했다. 고레스 왕은 이미 100여 년 전에 이사야 선지자가 예언한 하나님의 목자요, 야훼로부터 기름 부음을 받은 자였다.

"고레스에 대하여는 이르기를 내 목자라 그가 나의 모든 기쁨을 성취하리라 하며 예루살렘에 대하여는 이르기를 중건되리라 하며 성전에 대하여는 네 기초가 놓여지리라 하는 자니라"(사 44:28, 사 45:1 참조).

고레스 시대를 거쳐 아하수에로 왕 시대에 유대인들은 바사 왕국의 시민이나 다름없는 생활을 하고 있었다. 에스더의 남편 아하수에로 왕이 피살된 후, 그의 전처로 폐위된 와스디에게서 낳은 아들 아닥사스다가 왕위에 올랐지만, 그 역시 고레스 왕 이후 바사 제국의 전통적 통치 방식을 따라 지속적으로 친 유대 정책을 펼쳤다. 아닥사스다 왕은 에스라로 하여금 유대인들을 데리고 예루살렘에 올라가도록 허락하였을 뿐만 아니라 바벨론이 빼앗은 성전의 여러 기명들을 돌려주었으며 심지어 성전 재건에 사용할 자금도 하사하였다(스 7:7~26). 바사 제국에서 몇 대에 걸쳐 살아온 유대인들은 야훼를 마음껏 섬기지 못하는 것 외에는 바사 제국의 통치와 그 나라에서의 삶에 대체로 만족했던 것이다.

그러나 바사 제국의 유대인들은 과거에 조상들이 살았던 팔레스타인과는 전혀 다른 환경에서 살았다. 자기 조상들이 반 야훼 풍조와 바알, 아세라 신 숭배에 빠지곤 했던 팔레스타인에서의 삶과는 확연히 대비되는 삶을 살았다. 과거보다는 좀 더 정신 차린 모습이었다. 포로 생활은 참 신앙을 회복하는 동기가 되었다. 더욱이 그들은 신앙이 보장되었던 친 유대 정책을 펴는 나라에 살고 있었다.

그래서 유대인이 아닌 사람과 결혼한다고 해도 이방 신 숭배의 위험이 없었기 때문에 이방인과의 결혼이 문제시되지는 않았던 것이다. 에스더나 모르드개나 모두 신앙이 투철한 것을 보면 누구와 결혼하든 큰 문제가 아니었던 것으로 보인다. 어떤 결혼이든지 이방 신을 따르지 않고, 야훼를 섬기는 데 제약이 없으면 그만이었던 것이다.

그 증거를 하나 살펴보자. 아닥사스다 왕 시대에 에스라가 예루살렘에 돌아와 하나님이 혼인을 금하셨던 가나안의 일곱 족속과의 결혼에 관해 회개했다(스 9:1). 그러고 나서 이방인 아내와 그 자식들을 내어 보내게 되는데, 흥미로운 것은 이때 에스라가 수많은 유대인을 살렸던 에스더를 잘 알고 있었을 텐데도 에스더의 이방인 결혼에 관해서는 침묵했다는 것이다. 이는 에스라가 친 유대 이방 왕과의 결혼은 예외로 했음을 방증한다.

그 근거는 에스라가 일곱 족속(신명기 7:1)이 포함된 팔레스타인 지역의 이방 사람들과의 혼인에 국한하여 회개했기 때문이다.

"이 일 후에 방백들이 내게 나아와 이르되 이스라엘 백성과 제사장들과 레위 사람들이 이 땅 백성들에게서 떠나지 아니하고 가나안 사람들과 헷 사람들과 브리스 사람들과 여부스 사람들과 암몬 사람들과 모압 사람들과 애굽 사람들과 아모리 사람들의 가증한 일을 행하여 그들의 딸을 맞이하여 아내와 며느리로 삼아 거룩한 자손이 그 지방 사람들과 서로 섞이게 하는데 방백들과 고관들이 이 죄에 더욱 으뜸이 되었다 하는지라"(스 9:1~2).

이런 의미에서, 일곱 족속이 아닌 야훼 하나님을 인정하고 예루살렘 성벽 및 성전 재건에 물심양면으로 지원을 아끼지 않은 바사 제국 사람과의 결혼은 큰 문제가 되지 않았던 것이다. 따라서 이방 신 숭배를 절대시하는 "더러운 땅"(스 9:11), 즉 팔레스타인 지역의 종족과 결혼하여 야훼를 배신하는 것이 아니라면 이방인과의 결혼을 문제시하지 않은 것이다.

다만, 에스라가 유대인들이 모압 사람의 딸을 맞이한 것에 대해 회개한 것은 조심스럽게 해석해야 한다. 왜냐하면, 모압 여인 룻이 다윗 왕의 증조모가 되기 때문에 모압 여인을 취한 것 자체로 보아스가 죄인 취급을 당해야 한다면, 다윗 왕을 이스라엘을 대표하는 경건한 위대한 신앙인으로 보는 유대인들은 자칫 자기모순에 빠지게 되기 때문이다. 룻은 이미 신실한 야훼 하나님을 잘 섬기는 자였음을 기억해야 한다(룻 1:16~17).

요컨대 유대인들이 이방 나라 사람과 결혼하는 것은 그 나라 사람의 정신, 영혼이 얼마나 반 야훼 신앙적인지 아니면 룻처럼 야훼 신앙을 지니고 있든지 혹은 더러운 세속 사고를 지니지 않은 친 야훼 성향을 보이든지 하는, 조건에 따라 금할 수도 있고 허락될 수도 있었다는 것이다. 이런 의미에서 에스더의 결혼은 세 번째 조건에 속하기 때문에 문제가 없었다.

보수적으로 신중하게 선택하라

그렇다면 오늘날 결혼 문화를 어떻게 만들어 나갈 수 있을까? 에스라와 예루살렘에 귀환한 유대인들이 회개한 것처럼 반 야훼적인 비기독교인들과의 결혼에 관해서는 금하는 것이 마땅할 것이다. 교회 안에서 거룩한 성도들 사이에 결혼하여 거룩한 계대를 이어 가게 하는 것이 옳다.

지극히 반기독교적이고 무종교적이며 유물론적이고 무속 신앙적이며 기독교에 대해 배타적이어서 결혼 후에 신앙생활을 지속하는 데 힘들게 할 만한 남자나 여자는 아무리 매력적으로 보이더라도 결혼하지 않는 것이 좋다. 거룩한 신앙인에게는 지옥과 같은 결혼생활이 될 것이기 때문이다. 신앙을 지켜 내는 일이 상상을 초월하는 고통이 될 것이다. 자칫 고귀한 신앙을 버려야 하는 상황으로 내몰릴 수도 있다. 더 심각한 것은, 세속화 또는 이방 종교화되어 배교하게 될 수도, 아예 자진하여 교회를 떠날 수도 있으리라는 점이다.

반대로 교회 안에서 성도들 사이에 결혼이 장려됨에도 불구하고, 현실적인 이유로 교회 밖에서 배우자를 얻게 되는 경우에는 하나님이 이스라엘 백성에게 명령하신 이방인과의 결혼 금지 목적을 완전히 이해하고 받아들인다면 예외적으로 허용된다고 하겠다.

즉 룻처럼 즉시 신앙을 얻게 된다든지 아니면 인격과 품성이 극히 친기독교적이라든지 하여 결혼 이후에도 신앙생활을 하는 데 전혀 지장을 받지 않을 수 있다고 판단하는 경우에, 나아가 비기독교인과의 결혼을 통해 신앙인을 하나 더 얻게 될 것으로 확신하는 경우에 조심스럽게 결혼을 고려해 볼 수 있다.

이러한 결혼이 성공적일 경우, 누가 아는가! 에스더의 결혼이 유대인 전체를 살리는 역할을 한 것과 같이(에 4:14), 비기독교인과의 결혼이 그 집안을 살릴 뿐만 아니라 더 큰 구원의 역사를 이루게 할지!

하지만 그러한 결혼은 실패할 확률도 상존함을 잊지 말아야 한다. 그 실례가 하나 있다. 독실한 신앙인이었던 올리비아 랭돈Olivia L. Langdon이, 무신론자이지만 기독교 신앙에 호의적이었던 미국의 유명 작가 마크 트웨인Mark Twain과 결혼했다가 결국 남편을 회심시키기는커녕 자신이 신앙을 포기하기에 이르렀다고 한다. 이처럼 비기독교인과의 결혼은 제한적으로 허용될 수는 있지만 크게 장려할 것은 못 된다고 하겠다.

9.

바울처럼 독신으로 사는 게 좋을까요?

–독신주의에 관한 성경적 가르침(고전 7:8)

"내가 결혼하지 아니한 자들과 과부들에게 이르노니 나와 같이 그냥 지내는 것이 좋으니라"(고전 7:8).

최근 어느 온라인 기관에서 "왜 결혼을 미루는가"를 조사한 결과, 경제적으로 자립하지 못하여 결혼할 엄두를 못 낸다고 응답한 사람들이 제일 많았다고 한다. 하지만 마음의 여유가 없어서 결혼을 미룬다고 한 사람도 그에 버금갈 정도로 많았다. 이는 청춘남녀들이 결혼 적령기를 넘기는 데는 단순히 돈 문제만 있는 것은 아니라는 말이겠다.

오늘날 개인주의와 페미니즘이 만연하고, 세속화의 영향으로 결혼을 미루거나 아예 혼자 살려는 사람들이 늘어가고 있다. 특히 여성들은 남성 중심의 가부장적 전통 사회의 가족 관계에 혐오를 느끼고, 소위 시월드(시댁 식구의 세계) 알레르기나 직장 여성으로서 경력 단절의 우려로 점점 더 결혼을 주저하고 있다. 결혼 적령기를 넘기면 아예 결혼을 포기하고 독신으로 살려고도 한다.

우리나라 청년들의 결혼 기피 현상은 교회 안에서도 쉽게 찾아볼 수 있다. 만일 교회의 미혼 청년들이 바울의 독신을 권면하는 본문을 읽는다면, 경제 형편이 나아질 기미가 보이지 않는 데다 혼자 사는 것에 대한 거부감이 점차 줄어드는 추세이니만큼 이참에 결혼하지 말라는 거룩한 계시로 받아들이고 아예 독신을 선언하려고 할지도 모르겠다.

바울은 미혼남녀가 자기처럼 정말로 독신으로 살기를 바랐을까? 그렇다면 남녀가 합하여 한 몸을 이루라고 말씀하며(창 2:24) 결혼을 권장하신 하나님의 말씀은 어떻게 해석해야 할까? 예수님 역시 같은 말씀을 하셨는데(마 19:5), 이를 어떻게 보아야 하는가? 더욱이 바울도 같은 고린도전서에서 "남자마다 자기 아내를 두고 여자마다 자기 남편을 두라"(고전 7:2)고 말했으며 다른 서신서에서는 부부 관계에 관한 권면을 제시하기도 했다(엡 5:22~33). 이처럼 결혼을 권하는 말씀은 또 무엇인가?

이상의 말씀들을 염두에 둘 때, 우리는 본문에서 결혼에 관해 언급한 바울의 진짜 의도가 무엇인지 궁금하지 않을 수 없다. 결혼하여 부부로 잘살아가라는 뜻인지 아니면 정말로 독신으로 살아가라는 뜻인지 말이다. 결혼해야 하나? 아니면 하지 말아야 하나?

실은 불륜을 금지한 명령이었다

고린도 교회가 맞닥뜨렸던 당면 과제가 무엇이었는지와 바울의 종말론에 관해 안다면 결혼에 관한 바울의 진정한 의도를 알아낼 수 있다.

결론부터 말하자면, 바울은 결혼은 반드시 해야 한다고 믿지도 않았고, 그렇다고 결혼을 무작정 거부해서도 안 된다고 생각했다는 것이다. 단, 결혼하지 않으려면 타당한 이유, 즉 풀타임으로 하나님께 헌신하겠다는 진지한 신앙적 결단을 내리거나 하나님으로부터 독신의 은사를 받았다고 확신한 경우여야 한다. 그 외에는 경제적인 이유로 혹은 남편이나 시댁 식구 때문에 스트레스받는 게 귀찮아서 또는 일종의 도피성으로 독신주의를 택하거나 남녀 간의 성적 관계를 불결하게 여기는 금욕주의로 결혼을 기피하는 것은 권장하지 않았다.

결혼에 관한 바울의 의견은 고린도 교인들이 바울에게 질문한 것과 깊은 관련이 있다. 즉 "너희가 쓴 문제에 대하여 말하면 남자가 여자를 가까이 아니함이 좋으나"(고전 7:1)에서 볼 수 있듯이 당시 고린도 교회는 남녀 간에 무분별한 성적 관계 때문에 골치를 앓고 있었다. 그래서 바울에게 질문을 던졌던 것이다. 고린도 교회가 겪었던 문제는 다음에서 유추해 볼 수 있다.

"너희 중에 심지어 음행이 있다 함을 들으니 그런 음행은 이방인 중에서도 없는 것이라 누가 그 아버지의 아내를 취하였다 하는도다"(고전 5:1).

교회 안에 자기 아버지의 아내를 취한 사건이 일어났던 것이다. 성적으로 얼마나 개방적이었는지 모른다. 그만큼 고린도라는 도시가 음란했으며, 향락과 쾌락의 도시였음을 알 수 있다. 그래도 그렇지 아무리 세상이 타락했기로서니 "이방인 중에서도 없는"(고전 5:1) 일이 교회 안에서 벌어졌다는 것은 충격적이다. 아마도 그런 음행이 한두 건이 아니었을 것이다. 어쩌면 고린도 사람들에게는 일상이었는지도 모른다. 그래서 교회에서도 그것이 정말로 비도덕적인지 상식적으로 구분되지 않았던 모양이다. 급기야 고린도 교회가 바울에게 음행과 관련한 질문을 던졌던 것이다.

바울은 단호하게 "남자가 여자를 가까이 아니함이 좋으나"(고전 7:1)라고 답했다. NIV성경에는 이를 "남자가 결혼하지 않는 것이 좋으나"라고 더 사실적으로 번역했다. 즉 "취하였다"(고전 5:1)가 결혼하여 함께 사는 것과 다를 바 없음을 의미하는 것임을 알 수 있다. 이런 의미에서, 고린도 교회에서는 단순한 음행을 넘어 가족 관계까지도 파괴되고 있었던 것이다. 일회성 음행 사건이 아니었다는 말이다.

따라서 바울은 문자 그대로 결혼하지 말라는 뜻이 아니라 다른 사람의 아내를 자기 배우자로 만드는 작업을 하지 말라는 뜻에서 자기와 같이 그냥 지내는 것이 좋다고 말했음을 알 수 있다(고전 7:8).

만일 여자 없이는 못 지내는 사람이라면 결혼해서 한 배우자와 잘 살라는 것이고, 나아가 아내에게 의무를 다하여 부부가 실제로 한 몸을 이루어 살 것을 권했다(고전 7:2~3). 바울은 아주 절제된 언어로, 그러나 매우 명료하게 부부의 성적인 친밀함의 중요성을 강조하였다(고전 7:4~5). 기도하는 것 외에는 분방하지 말라는 말이 그것이다. 그만큼 당시 고린도 지역은 음란이 광란으로 치달았던 모양이다. 잠시라도 한눈을 팔면 다른 남자가 아내를 채 가는 세상이었던 것 같다.

그런데 세상이 아무리 음란해도 오늘날 우리나라가 그 정도는 아닐 것이다. 내가 너무 관대하게 보는 것이 아니길 바란다. 무슨 말인가 하면, 자기 아내와 남편을 지키기 힘들 것 같다는 핑계로 결혼을 포기하지는 말라는 것이다.

바울은 독신주의를 부르짖지 않았다

바울의 의도를 충분히 이해하기를 바란다. 그는 결혼 자체를 금기시하거나 독신주의를 부추긴 적이 없다. 독신주의는 부부로 살아갈 것을 명령하신 하나님의 창세기 말씀과 배치되기 때문이다. 하지만 바울이 처녀들에게 그냥 지낼 것을 권면한 것은 사실이다.

"처녀에 대하여는 내가 주께 받은 계명이 없으되 주의 자비하심을 받아서 충성스러운 자가 된 내가 의견을 말하노니 내 생각에는 이것이 좋으니 곧 임박한 환난으로 말미암아 사람이 그냥 지내는 것이 좋으니라"(고전 7:25~26).

결혼해도 좋다고 말해 놓고, 다시 또 독신을 장려하는 듯한 발언을 한 것이다. 그러나 이 내용은 바울이 제시한 임박한 종말론에 비추어 이해해야 한다. 즉 그는 환난이 임박했다고 믿었다. 주의 재림이 임박했다고 믿은 것이다. 이런 이유로 여자가 결혼해서 남편을 기쁘게 하는데 정신을 쏟게 되면 교회를 섬기고 복음을 전파하는 일을 덜 하게 되니 바람직하지 않다고 봤다. 임박한 종말을 앞두고 복음 전파가 얼마나 중요한지를 강조했던 것이다.

바울은 결코 독신주의를 권장하지 않았다. 곧이어 남녀가 결혼하는 것이 죄짓는 게 아니라고 말하면서 서둘러 이 문제를 중립지대로 옮겨 놓은 것이 바로 그 증거다(고전 7:28). 다시 말해, 결혼하든지 하지 않든지 그것은 절대적인 문제가 아니라는 것이다. 다만, 앞에서 언급한 바와 같이 음란한 세상에서 자기 배우자 외에 다른 사람과 음행을 저지르지는 말라는 것이고, 다른 한편으로 종말론적 관점에서 복음 전파의 중요성을 강조한 것뿐이다.

정말로 독신의 은사를 받아서 남자는 여자에게, 여자는 남자에게 이성적으로 전혀 끌리지 않는 게 아니라면 과감하게 결혼하라! 바울은 결코 독신주의를 부르짖지 않았다. 바울이 혼자였다는 이유를 들어 자신도 결혼을 미루거나 독신주의를 핑계로 삼는 것은 전적으로 성경을 오해한 것이다. 성경은 특별한 은사를 받은 사람을 제외하고는 모두 결혼할 것을 권장한다.

10.

남편은 아내의 주인님인가요?

–사라가 아브라함을 주라 칭하여 순종한 것 같이(벧전 3:6)

"사라가 아브라함을 주라 칭하여 순종한 것 같이 너희는 선을 행하고 아무 두려운 일에도 놀라지 아니하면 그의 딸이 된 것이니라"(벧전 3:6).

우리는 이따금 오늘날 상식과는 거리가 먼 듯 보이는 성경 말씀을 발견하곤 한다. 그중 하나가 바로 본문 말씀이다. 사라가 그랬듯이 아내는 남편을 '주인님'으로 받들고 순종하며 살아야 할까? 남녀가 평등한 시대에 하나님은 정말로 옛날처럼 아내가 남편을 주인님으로 받들며 종처럼 살아가라고 말씀하신 걸까? 아내들은 남편이 하라는 대로 무조건 순종하는 복종녀가 되어야만 할까?

극단적인 예이기는 하지만, 조선 시대 유학자 송시열이 혼인하는 딸에게 써 준 《계녀서》戒女書에서처럼, 남편이 첩을 100명이나 두어도 본체만체하고, 첩을 아무리 사랑해도 성내지 말고 공경해야 한다는 말인가? 여자는 남자가 제멋대로 살고 여자 속을 처참하게 뒤집어 놓아도, '그래 자기 좋은 대로 열심히 살아' 하고 태연자약한 듯 살아야 하는가? 심지어 온갖 폭언에 폭행까지 일삼아도 '귀머거리 삼 년, 장님 삼 년, 벙어리 삼 년'을 살아야만 할까?

남자나 여자나 모두 하나님의 형상

우리가 성경 말씀을 종종 오해하는 이유는 적어도 두 가지 때문이다. 성경을 통전적으로, 즉 창세기에서 계시록까지 전체적으로 일관되고 통일된 메시지 안에서 개별 성경 구절을 해석하여 보는 데 익숙하지 않은 경우와 그 말씀이 어떤 문화적 역사적 상황에서 기록되었는지에 관해 무지한 경우다.

본문 말씀도 마찬가지다. 성경 전체에서 발견되는 하나님의 말씀은 남녀를 차별하라든지, 유교 문화에서처럼 남존여비 사상을 지지하라고 하지 않는다. 남자와 여자가 모두 하나님의 형상으로 지음 받았기 때문이다(창 1:27). 이 말씀은 남녀평등을 간명하게 설명하는 것 중에 하나다. 여자도 하나님의 형상인데, 남자가 어떻게 여자를 무시하겠는가!

"아담이 돕는 배필이 없으므로"(창 2:20)라는 의미심장한 구절을 살펴보자. 여기서 "돕는 배필"은 히브리어로 에제르 케네그도עֵזֶר כְּנֶגְדּוֹ인데, 그 뜻은 영어로 helper according to Adam, helper equal and adequate to himself, 또는 suitable helper이다. 우리말로 번역하면 '맞춤형 도우미', '어울리는 조수', '적합한 자' 또는 '참된 구원자'라는 의미다. 이 말씀에서 여자가 남자의 부속물이 아님을 알 수 있다. 그러므로 남자가 여자를 하대할 당위성이 없다. 에제르는 하나님께도 똑같이 적용된다. 하나님이 우리 에제르가 되신다는 말이다. 단순한 도움을 넘어선다. 죽고 사는 문제를 해결할 구원자가 되신다는 의미다.

"내가 산을 향하여 눈을 들리라 나의 도움이 어디서 올까 나의 도움은 천지를 지으신 여호와에게서로다"(시 121:1~2).

하나님은 우리 생존을 위해 가장 적합하신 분 또는 구원자 하나님이라 말할 수 있다. 만일 여자란 존재가 있으면 좋고 없어도 그만인 조력자 정도라면, 그래서 마음에 안 들면 차 버리고 말 존재라면, 하나님도 역시 그런 존재라는 말인데 그런 어불성설이 없을 것이다.

구약시대에는 일부다처제가 용인되었던 것이 사실이다. 아브라함도 그랬으니 말이다. 그러나 이 모든 것은 죄가 들어온 이후에 가부장 사회가 만들어 낸 것이고, 일정 부분 당대에 하나의 문화로 자리 잡은 것임에 주목할 필요가 있다. 신약시대는 물론 오늘날에도 이 문화가 용인되고 있지 않음은 이제야 비로소 완성된 계시 시대에 살고 있어서다.

만일 사라가 그랬듯이 오늘도 문자적으로 주인님 모시듯 해야 한다면 송시열의 딸을 위한 교훈서에서처럼 그렇게 살아야 할 것이다. 일부다처제가 부활할 수도 있다. 그러나 그것은 불충분한 계시 시대에나 만들어졌던 유물이다. 오늘날 남녀평등 시대에는 적용될 수 없다. 완성된 계시가 주어진 신약시대가 이미 남녀평등을 선언하였고, 21세기 우리 시대는 남녀평등을 상식으로 알고 지낸다. 만일 우리가 시대를 거꾸로 산다면 일부러 미개인처럼 사는 것이다.

바울은 고린도전서 7장에서 남자와 여자가 부부 관계에 있어서 상호간에 의무를 갖는다고 말했으며, 이혼 문제에서도 피차 갈라서지 말라고 가르쳤다. 이는 "너희는 유대인이나 헬라인이나 종이나 자유인이나 남자나 여자나 다 그리스도 예수 안에서 하나"(갈 3:28)라는 원칙에 따라 주신 말씀이다.

그러면 왜 베드로는 초대교회의 결혼한 여자 성도들에게 사라의 이야기를 모델로 제시했을까? 첫째로, 여기서는 아마도 비기독교인 남편을 둔 여자 성도들을 염두에 두고 썼으리라 짐작할 수 있다. 둘째로, 사라 이야기는 복음 전도를 위한 전략적 차원에서 당시 보편적이었던 문화적 상황을 일정 부분 인정한 것으로 보인다. 끝으로, 아내건 남편이건 모든 그리스도인은 섬김을 제1 미덕으로 삼고 있으므로 남편을 잘 섬기는 것 자체가 성경적이 아닌 것은 아니라고 믿어서일 것이다.

남편에게 섬김의 도를 보이라

예수님은 하나님이심에도 불구하고, "섬김을 받으려 함이 아니라 도리어 섬기려 하고 자기 목숨을 많은 사람의 대속물로 주려"(막 10:45) 오셨다고 말씀하지 않으셨던가! 이런 의미에서 가정에서 기독교인 아내가 섬김의 모범을 보일 때, 그리스도인으로서의 모델을 제시하는 것이므로 그리스도가 영광을 받으시니 남편을 잘 섬기는 것을 악하다고 할 수 없다.

더욱이 당시 그리스와 로마를 중심으로 한 지중해 문화권은 여전히 남성 중심의 가부장적 사회였다. 이제 막 시작된 기독교가 사회 전복 혹은 혁명 세력으로 부각되지 않도록 하는 것이 전략적으로도 필요했다. 베드로를 비롯한 사도들과 초대교회의 활동 핵심은 복음화였기에, 안 믿는 남편과 사는 여자 성도들에게는 남편과 적이 되지 않도록 조심할 필요가 있었다.

그래서 아내의 섬김의 모범을 통해 남편을 구원할 방안의 하나로, 사라가 아브라함을 존경의 표시로 주라 불렀던 것처럼, 당시 안 믿는 남편에게 존경하는 마음과 행동을 보임으로써 그를 구원의 길로 인도할 수 있도록 하였던 것이다.

물론 남편에 대한 복종에 신앙의 포기는 포함되지 않는다. 신앙과 관련해서는 어떤 위협에도 절대 양보하지 않아야 했다. "아무 두려운 일에도 놀라지 아니하면"(벧전 3:6)이란 말씀이 그래서 덧붙여졌다. 남편을 존경하되 신앙을 잘 지킬 때, 비로소 사라의 딸, 곧 믿음의 권속에 속하게 된다는 말이다.

결론적으로, 이 말씀은 오늘날 결혼과 부부관계의 모델로 제시된 것이 아니다. 복음 전도와 신앙인의 윤리 안에서 적용되어야 할 말씀인 것이다. 즉 아내들은 무조건 남편에게 종처럼 절대복종하라는 의미에서 주어진 말씀이 아니라 안 믿는 남편이 있다면 섬김의 도를 보임으로써 남편과의 하나 됨을 굳게 하고 남편에게 그리스도의 이름과 영광을 드러내어 궁극적으로 남편을 전도하라는 말씀이다.

이러한 섬김의 삶이야말로 매우 기독교적이라는 사실을 인정하라는 말씀이다. 이 말씀은 믿는 남편들에게도(물론 안 믿는 남편들도 나중에 깨달아야 하겠지만) 의미를 부여한다. 이들에게는 자기 아내가 자신과 동등하다는 사실이 성경적임을 인식하고, 아내를 종처럼 부리지 말고 보물처럼 아끼고 존중하며 평생 자신을 구원해 줄 동반자partner로 대우하며 살아야 한다는 것이다(엡 6:25~33 참조).